現代哲學 12

學易初稿

于元芳 著

博客思出版社

◎目錄

學易三編序

易始於有天地。天地以前。聖人所不道也。非不道也。無可道也。聖人之於天地萬物。其體之精而語之詳矣。虛言之恐其無所麗也。而於是乎有象。渾言之恐其無可尋也。而於是乎有數。知象而不知道。其失也誣。知數而不知道。其失也賊。誣與賊聖人之所預知也。而卒不廢象與數。且以是著之書而詔後世。亦謂舍是則無以明道焉耳。畫卦之初。供人生之需而已。而道寓焉。象則取其近似者。數則取其固定者。不知天地。觀之人物。不知人物。觀之己身。不知己身。觀之天地萬物。此象之所由來也。天地萬物己身。各如其分而命之數。數者彼此相通者也。且往復如一者也。惟其彼此相通。故可以資變化。惟其往復如一。故預變而不失其宗。揲者而命之。數之事也。而道行焉。制器而用之。象之事也。而道存焉。象者吉凶之已具。數無吉凶。數與數遇而吉凶生。道則有吉有凶。吉凶者所以明道。而不足以盡道也。自有天地以來。道其與象數以俱生耶。繫辭傳曰。一陰一陽之謂道。陰陽象也。一數也。一陰一陽則道也。道不離乎象與數。舍象數以言道。未見其知道也。大學之言天下國家。推本於修身正心誠意。誠意本於致知。致知本於格物。物者何。天下國家之與吾身心相接者是也。故欲求諸外。必有諸內。欲有諸內。必求諸外。內外相資。如形影焉。古之明道者皆如是。元芳學易有年。始也由辭而求其意。久之略見其所謂象。又久之乃略見其所謂數。始也汎覽各家而嚴其去取。久之乃無非易者。大哉易乎。其爲道也。無方體。無久暫。無有疏而不備。偏而不舉。語其淺。雖禽獸草木土石。皆莫能外。語其至。雖聖人有所不能盡也。世儒滯於一而不相爲容。於是支離之弊生。空虛之謬出。蓋自漢以來。嘗斷之矣。元芳問道無涯。顧自有其所服膺而不能自祕者也。初稿詮釋經文。再稿則比類而觀其會通。初稿多論先儒解易之法。所謂象數者。略其如是。起丙辰。迄丁卯。歲星一紀。成此三編。於經文之範圍。未敢或軼。若知順造化之自然。悟乘除之所以。推之極於無垠。析之至於毫芒。世有知者。不難尋求而得。其因時變遷之繁。名稱度數之殊。既不可以成例拘。又不可以師心用。變古制以利推行。願以俟之異日。

民國十六年三月。舊曆丁卯二月。萊陽于元芳自序。

初稿取象法

一。母卦母爻。六子以乾坤爲母。諸卦以乾坤六子爲母。子肖其母。故象多相同。此散見於各卦。不煩枚舉。

二。本卦本爻。例如屯。坎。震其本卦也。乘馬匪寇。本卦之象。初稱建侯。則本卦中本爻之象也。

三。互卦互爻。初至三。四至上。本卦也。二至四。三至五。互卦也。或取初至四。三至上。初至五。二至上。合數爻而一之以成互。又或綜六爻以求象。如剝之床。頤之龜。大過之棟撓。小過之飛鳥。亦互體之一種。

四。變爻。即陽爻變陰。陰爻變陽之謂。爻變則卦變矣。六十四卦。三百八十四爻。惟遇震巽之終則多變。其餘取象於變爻者殊鮮。然亦有因卦義而取象於變者。例如睽。

五。爻之升降。乾二升五。坤五降二。坤初升四。乾四降初。乾上降三。坤三升上。此正軌也。然亦有不拘此例而爲升降者。凡三陰三陽之卦，多取象於是。其他以升降取象者。亦不乏其例。

六。旁通。如比與大有。師與同人是，凡一陰一陽之卦。多取象於旁通。

七。伏卦。謂乾伏坤。震伏巽。坎伏離。艮伏兌。八卦互相爲伏。易中取象於伏者。寥寥數條。漢後卜筮家。乃盛言飛伏。

八。倒卦。雜卦所謂反其類也。易中如損益否泰等卦。多取象於是。

九。兩卦相易。謂以下卦作上卦。上卦作下卦也。易中取象於是者。如履九五言夬。遯九三言畜皆是。

十。爻位。謂初二地爻。三四人爻。五上天爻。以人事言之。則初元士。二大夫。三三公。四諸侯。（亦曰三諸侯。四三公。）五天子。上宗廟。又如初足上首之類是也。

十一。八卦專爻。初震爻。二坤離爻。三艮爻。四巽爻。五乾坎爻。上兌爻。（鄭康成謂初四震巽爻。二五乾坤坎離爻。三上艮兌爻。）又每卦各有一坎離。謂初二三離。四五上坎象。

十二。卦名卦義。有是名則有是象。有是義則有是象。諸卦取象多此類。不拘於八卦之本之。

此外消息之象。多見於十二辟卦。至爻辰納甲星土諸說。乃卜筮家占驗之法。外稿備言之。初稿從略。

學易初稿卷之一

萊陽于元芳習

周易上經

易取簡易變易二義。（簡易靜也。變易動也。）於文日月爲易。即一陰一陽之謂也。周易者別於連山歸藏而言。即文王周公之易。以其代而名者也。上下經之分。義見序卦。

䷀ 乾下乾上

乾健也。其象爲天。序卦。有天地然後萬物生焉。自其渾然者言之。天地萬物一理也。一氣也。自其秩然者言之。則有陰陽健順寒暑晝夜高下燥濕榮枯生死之不同。庖犧畫一奇以象陽。一偶以象陰。陽象天。陰象地。天地而外。爲物正繁。一奇一偶。猶不足以窮其變。於是進而至於三。或三奇三偶。或一奇二偶。或二奇一偶。而乾坤坎離震巽艮兌之名以立。而天地山澤雷風水火之象以成。乾者三奇之名也。而象天。則凡類於天者可推。坤者三偶之名也。而象地。則凡類於地者可推。餘如震巽坎離艮兌。亦各隨其奇偶以爲象。今所傳說卦諸象。即三畫卦之所推也。繫辭傳曰。八卦成列。象在其中矣。因而重之。爻在其中矣。象者靜之體也。爻者動之用也。有體無用。則不足以參消息之機。而明失得之數。於是重而至於六。經所載乾坤屯蒙以下諸卦。皆六畫而爻在其中者也。六畫乃三畫之所重。邵子八生十六。十六生三十二。三十二生六十四之說。乃卦成後連比而演其義。庖犧當日。不應若是其數數也。

乾。元亨。利貞。

乾。庖犧所定卦名。元亨利貞。文王所演也。謂之卦辭。亦謂之象辭。餘卦仿此。元。大也。始也。亨。通也。利。和也。貞。正也。固也。分言之則爲四德。合言之則元亨而利於貞。蓋過剛過柔皆非貞。九三之厲。上九之悔。非貞故也。

乾以大稱元。坤以順天稱元。六子非乾坤比也。故卦辭皆不稱元。乾之亨曰。雲行雨施。品物流形。坤之亨曰。含弘光大。品物咸亨。震坎皆流行之物。得乾之亨。巽兌含弘。離則光大。得坤之亨。故卦辭皆稱亨。艮不言亨者。艮爲山。止而不流。非乾之亨也。乾以保合太和爲利貞。震坎艮無保合太和之象。故不稱利貞。坤以柔順爲利貞。卦辭曰安貞吉。安順以行。是坤之利貞也。離兌皆言利貞。巽不言貞者。巽爲風。上下無常。非坤之貞也。

初九。潛龍勿用。

凡畫卦自下而上。爲爻始。故曰初。九。筮數也。（詳見繫大衍章。）陽稱龍。坤文言。爲其嫌於無陽也。故稱龍焉。說卦。震爲龍。得乾之初也。初二於三才爲地位。龍在初陽潛地下。故曰潛龍。龍潛則勿用矣。非才不足。時未至也。

馬融等以爻辭爲周公所作。今從之。

九二。見龍在田。利見大人。

初潛二則見矣。在地上故曰田。陽大陰小。陽人陰鬼。乾純陽故曰大人。二地位。五天位。言大人者。二五乾之中。人受中以生也。易明人事。言天地皆所以爲人也。一說。三畫卦二五皆人位。故二五皆言大人。利見者。時至則大人以見爲利。而人亦利見之也。說卦。離。萬物皆相見。卦位初二三離。四五上坎。是每卦各具一坎離。又乾純陽必交坤。坤純陰必交乾。交則坎離之用彰。乾用在離。故二五均曰利見。利見者離之用也。他卦二與五偶。純陽非偶也。故各致其用。在天在田。用各異也。然其大中之德。則無不同。大人者秉大中之德以爲人。即文言所謂天地合德。日月合明。四時合序。鬼神合吉凶者。能如是則可爲君矣。二雖非君位。而有中德。故曰見龍在田。利見大人。君德也。

九三。君子終日乾乾。夕惕若。厲无咎。

三於三才爲人道。陽爲君子。故曰君子。卦有以一爻爲一日者。復象七日來復是也。有以一卦爲一日者。離九三日昃是也。本爻爲下卦之終。以一卦爲一日。故曰終日。日終則夕至矣。故曰夕。終日乾乾。行事也。夕惕若。夜而省察也。三居兩乾之間。故曰乾乾。以乾繼乾。自強不息也。惕。敬也。懼也。若。語辭。終日乾乾。動之事也。夕惕若。靜之事也。動陽也。靜陰也。三陽極陰生。故夕惕。不獨上之亢而有悔也。厲危也。過剛不中故厲。无咎者善補過也。曰乾夕惕。寡過之事。故无咎。（无。無。古文奇字。天屈西北爲无。）

九四。或躍在淵。无咎。

四居下卦之上故曰躍。居上卦之下故曰在淵。淵對天而言也。或之者疑之也。進不遽進。故无咎。

九五。飛龍在天。利見大人。

四躍五則飛矣。乾爲天。五天位。故曰在天。利見大人。與二同德。所異者。彼在田而此在天耳。

上九。亢龍有悔。

爲爻終故曰上。陽極則亢。悔者變之機也。繫憂悔吝者存乎介。上九陰陽之介也。過此則陰至矣。

用九。見羣龍无首。吉。

用。說文可施行也。从卜中。段注。卜中則可施行。九爲老陽。老變少不變。用九。六爻皆變也。揲蓍結果。九六少。七八多。（詳見繫大衍。）周易占變。舉九六以概七八。例如潛龍勿用。乾初九之象如此。令筮而得七。其象亦如此也。但周易占變。變則用。不變則不用。乾坤以用九用六。繼六爻之後。自以六爻皆變爲言。他卦不言者。他卦非純陰純陽。言用九用六則不辭也。例如屯六爻皆變則爲鼎。屯有九有六。既不可以用九言。亦不可以用六言。故必於乾坤發之也。（詳見筮例。）群龍无首者。剛變柔也。乾爲首。乾變爲坤。故无首。以柔濟剛。故吉。

或問乾六爻不言吉。獨用九言吉何也。曰。繫稱辨吉凶者存乎辭。辭而吉矣。雖不言吉。無害其爲吉也。如九二見龍。九五飛龍。不言吉而吉可見。用九羣龍无首。其辭若非吉者。（比上六无首凶。）故言吉以明之。非謂六爻皆不吉也。

彖曰。

先儒以上彖。下彖。上象。下象。上繫。下繫。文言。序卦。說卦。雜卦。十篇。爲孔子所贊。謂之十翼。初本與經各立。自鄭康成王輔嗣輩。合傳於經。而加以彖曰象曰等字。欲使學者尋省易了。沿襲至今不廢也。或曰合傳於經。始自費直。蓋無可考矣。

大哉乾元。萬物資始。乃統天。

資取也。統如公羊大一統之統。總繫之辭也。乾之元氣。育萬物。貫四德。故曰萬物資始乃統天。統天者統天德也。

雲行雨施。品物流形。

乾爲氣。坤爲形。乾以雲雨育物。而品物流形。是乾之亨也。

大明終始。六位時成。時乘六龍以御天。

乾始於元。終於貞。六位六爻之位也。陽稱龍。六陽爻故稱六龍。御如御車之御。上言乘則下言御。御天者行天道也。（古天子駕四。故四馬爲乘。漢以後乃本易義而用六。）時者不拘一端之謂。時成者順其自然。時乘則運用也。言聖人大明乾之終始。法六位之時成而乘六龍。隨時以行天道。此其所以元亨也。

乾道變化。各正性命。保合太和。乃利貞。

稟於天爲命。賦於物爲性。太和即元氣也。各正者。各守其正。物物各具一性命也。保合者。保而合之。萬物共育於太和也。各正者貞之事。保合者利之事。此萬物之利貞。乾道以變化而成萬物之利貞。乃其所以利貞也。

首出庶物。萬國咸寧。

首出庶物。一如乾道之變化。萬國咸寧。一如萬物之各正保合。此聖人之利貞也。虞翻曰。已成既濟。上坎爲雲。下坎爲雨。故雲行雨施。荀爽曰。乾起坎而終離。坤起離而終坎。離坎者乾坤之家。而陰陽之府。故曰大明終始也。按乾坤爲純陽純陰之卦。純則旁通之用章。其爻辭取象於坎離固也。但文王演易時。一說到乾。便自渾渾淪淪。拈出元亨利貞四字。以外更着一字不得。至孔子贊易時。於無可形容中。乃借萬物來發揮元亨利貞。又借聖人來發揮元亨利貞。實則元亨利貞。乃乾道之自然。無一毫安排在內。繫辭傳曰。象者材也。乾之材兼有六子。一言乾而萬象畢具。荀虞之消息升降。終有一番安排之跡也。

象曰。

此孔子卦象傳也。世謂之大象。其爻下傳世謂之小象。古本大象小象相連。乾坤即其例也。

天行健。君子以自強不息。

行者動也。行健則動而不息矣。不言重卦者。異於六子也。不言乾者。異於坤也。君子上下之通稱。言先王則天子之事。言后則隨其卦以爲名者也。（詳見姤象泰象。）陰弱陽強。君子法天行之健。以自強不息。聖人之事也。

潛龍勿用。陽在下也。

凡下陽上陰之卦。陽必上升。乾六爻皆陽。初九陽在下而不能上升。故潛龍勿用。

見龍在田。德施普也。

位非尊而德普。

終日乾乾。反復道也。

反如湯武反之也之反。九三才剛位剛。非中道矣。居下卦之終。陽極則變。所幸內乾外乾。強而不息。雖非從容中道。亦可反而復其道也。

或躍在淵。進无咎也。

四可進可退。則進无咎也。

飛龍在天。大人造也。

造猶作也。大人造即聖人作也。

亢龍有悔。盈不可久也。

用九。天德不可爲首也。

文言曰。

文言亦孔子所贊。所以明彖象未竟之義。內有子曰字。疑當時門弟子所加。如彖曰象曰之起自後代也。

元者善之長也。亨者嘉之會也。利者義之和也。貞者事之幹也。君子體仁足以長人。嘉會足以合禮。利物足以和義。貞固足以幹事。君子行此四德者。故曰。乾。元亨利貞。

元者仁也。仁統四端。故曰善之長。亨者陰陽相交之義。聖人法之以制禮。故曰嘉之會。義非利也。義之和爲利。貞者正也固也。正則智生。固則本立。故曰事之幹。君子體乾之元亨利貞。而長人合禮和義幹事。則與天地同德矣。按左傳穆姜引元者善之長也四語。在孔子前。疑此四語。傳自古代。而孔子述之。故下文加子曰以別之也。

初九曰。潛龍勿用。何謂也。子曰。龍德而隱者也。不易乎世。不成乎名。遯世无悶。不見是而无悶。樂則行之。憂則違之。確乎其不可拔。潛龍也。（不易乎世不成乎名集解本無二乎字）

初九震爻。震守宗廟爲世。震聲聞於外爲名。震笑言啞啞爲樂。震奮出爲行。初以五陽在上。鬱而不伸。故不易乎世而遯世。不成乎名而不見是。不爲樂而爲憂。不爲行而爲違。所幸陽爲龍德。能升能降。能顯能隱。故樂則行之。憂則違之。无悶者自全其德也。乾爲確。潛而不確。非无悶也。故又曰確乎其不可拔。

九二曰。見龍在田。利見大人。何謂也。子曰。龍德而正中者也。庸言之信。庸行之謹。閑邪存其誠。善世而不伐。德博而化。易曰。見龍在田。利見大人。君德也。

二離位實坤位也。以九處二。失其正矣。中可以概正。故曰正中。庸常也。陽信陰僞。陽謹陰肆。陽誠陰邪。陽善陰惡。陽德陰怨。九二非陰而陽。故曰信曰謹曰誠曰善曰德。有九五在上。非能異於衆也。故庸言之信。庸行之謹。非能使无邪也。故閑邪存其誠。不伐者中之德。博而化者坤之用也。說卦。乾爲君。九五當陽。君位也。二無其位而有其德。故曰見龍在田。利見大人。君德也。

九三曰。君子終日乾乾。夕惕若。厲。无咎。何謂也。子曰。君子進德脩業。忠信所以進德也。修辭立其誠。所以居業也。知至至之。可與幾也。知終終之。可與存義也。是故居上位而不驕。在下位而不憂。故乾乾因其時而惕。雖危无咎矣。（集解作可與言幾也。）

三爲人道。故言進德脩業。九三艮爻。艮爲篤實。故言忠信立誠。艮爲終始。知至始也。知終終也。三居下卦之上。故曰上位。在上卦之下。故曰下位。曰進。曰脩。曰知。曰不驕不憂。陽之德也。曰居曰存。艮之德也。立誠而言脩辭者。文勝質則史。脩辭而誠。尤所難也。九家逸象。乾爲言。辭即言也。

九四曰。或躍在淵。无咎。何謂也。子曰。上下无常。非爲邪也。進退无恒。非離群也。君子進德脩業欲及時也。故无咎。

四巽位也。巽爲進退爲不果。故曰上下无常。進退无恒。其性善入。故多疑。或。疑詞也。易例陽正陰邪。四非陰而陽。雖上下无常。而非爲邪也。六爻皆陽。群龍之象。四陰位陽德。雖進退无恒。而非離群也。九三德進業脩。四宜出而問世。故曰君子進德脩業。欲及時也。及時則无咎。

九五曰。飛龍在天。利見大人。何謂也。子曰。同聲相應。同氣相求。水流溼。火就燥。雲從龍。風從虎。聖人作而萬物覩。本乎天者親上。本乎地者親下。則各從其類也。

九五坎爻。實乾爻也。乾與坤交。萬物蕃殖。而親上親下。則各從其類。同聲相應。雷風相薄也。同氣相求。山澤通氣也。水流溼。火就燥。水火不相射也。六者皆物類之以對待而相從者也。雲之於龍。風之於虎。萬物之於聖人於天地。或以原本所生而相從。或以高下尊卑之等而相從。故曰則各從其類也。孔子言此。蓋即天地變化陰陽感應之理。以明首出庶物品類效順之情。故同聲相應。以聲從也。同氣相求。以氣從也。水流溼。火就燥。以性從也。此陰陽感應之自然也。爻辭言龍。文言推及於虎。爻辭言人。文言推及於物。爻辭言天。文言推及於地。龍虎天地。所以喻聖人。曰從曰覩曰親。則品類效順之自然也。以陰陽言。則乾龍坤虎。以方位言。則震龍兌虎。若渾言之。則皆所以明首出之義。虞氏拘拘於乾龍坤虎。即原本京氏龍德虎刑之說。解此處誠可通。在他卦則多鑿矣。

上九曰。亢龍有悔。何謂也。子曰。貴而无位。高而无民。賢人在下位而无輔。是以動而有悔也。

上兌位也。九來居上。兌象不見。故不爲說而爲悔。以六位言之。上爲倦勤之君。故曰貴而无位。高而无民。上又爲隱逸之士。（如蠱遯等卦是。）故曰賢人在下位而无輔。輔助也扶也。初九勿用。虞舜陶漁之時。上九无輔。夷齊扣馬之時也。

潛龍勿用。下也。見龍在田。時舍也。終日乾乾。行事也。或躍在淵。自試也。飛龍在天。上治也。亢龍有悔。窮之災也。乾元用九。天下治也。

此專以人事言之。舍次也。時舍。暫次於此也。陽極則變。故亢龍言窮。乾元用九。所以全其元也。坤貞用六。所以全其貞也。

潛龍勿用。陽氣潛藏。見龍在田。天下文明。終日乾乾。與時偕行。或躍在淵。乾道乃革。飛龍在天。乃位乎天德。亢龍有悔。與時偕極。乾元用九。乃見天則。

此以天時言之。六爻順序而進。不拘爻辰與十二辟卦之說。初九一陽在下。故曰陽氣潛藏。九二內卦之中。其位爲離。故曰天下文明。九三內卦之終。尚有外卦。故不曰極而曰行。九四至外卦矣。陽氣一變。故曰乾道乃革。九五外卦之中。乃乾之正位。故曰位乎天德。上九爲兩卦之終。故不曰行而曰極。用九則終而復始。故曰乃見天則。

乾元者。始而亨者也。利貞者。性情也。

此發明彖辭未竟之意。天之育物。始則無不亨也。至利貞則性情畢露。如蒲柳先零。松柏後凋是也。觀物之性情。則乾之性情可知矣。

乾始能以美利利天下。不言所利。大矣哉。（集解本能作而古通）

乾始即乾元也。前以元統亨。此復以元統利貞。他卦言利有攸往。利涉大川。是言所利也。

乾不言所利。不言所利而利貞。使萬物各順其性之自然。而無不得所。其爲利也大矣。

大哉乾乎。剛健中正。純粹精也。

趙汝楳周易輯聞曰。剛者一陽爻之稱。卦具陽爻者有之。健者乾卦之稱。卦遇乾者有之。二五之謂中。九五之謂正。諸卦所同也。兩卦不雜曰純。八純卦是也。剛柔不雜曰粹。乾坤是也。坤之爻貳。乾之爻一。故精則惟乾所獨。卦爻之德凡七。諸卦不能備。獨乾備之。此乾所以爲大也。

六爻發揮。旁通情也。

發動。揮變也。旁通。謂旁通於坤。以成六十四卦。

時乘六龍。以御天也。雲行雨施。天下平也。

陰陽交故雲行雨施。此與象傳語有重覆。二傳必非一時所作。

君子以成德爲行。日可見之行也。潛之爲言也。隱而未見。行而未成。是以君子弗用也。

此復即爻辭而詠嘆之。以成德爲行。謂行期於成德。德不必遽成。而行不能或息。故曰日可見之行也。震爲行。乾初龍潛。其象爲隱而未見。行而未成。故君子弗用。

君子學以聚之。問以辨之。（辨集解作辯）寬以居之。仁以行之。易曰。見龍在田。利見大人。君德也。

二乾德而坤位。乾自強不息。學聚問辨之事。坤厚德載物。寬居仁行之事。

九三。重剛而不中。上不在天。下不在田。故乾乾。因其時而惕。雖危无咎矣。

剛即乾也。三四上乾下乾。故皆曰重剛。

九四。重剛而不中。上不在天。下不在田。中不在人。故或之。或之者。疑之也。故无咎。

三四人位。四失正。故曰中不在人。

夫大人者。與天地合其德。與日月合其明。與四時合其序。與鬼神合其吉凶。先天而天弗違。後天而奉天時。天且弗違。而況於人乎。況於鬼神乎。（而況於人乎集解無而字）

以易象言之。乾交坤故與天地合其德。交成坎離震兌。故與日月合其明。四時合其序。乾神坤鬼。故與鬼神合其吉凶。以聖人言之。覆載合天地。照臨合日月。政令合四時。福善禍淫合鬼神。先天而天弗違。事之出於創者。後天而奉天時。事之出於因者。

亢之爲言也。知進而不知退。知存而不知亡。知得而不知喪。其唯聖人乎。知進退存亡而不失其正者。其唯聖人乎。

陽進陰退。陽存陰亡。陽得陰喪。乾純陽。上九陽極而亢。唯聖人當此。乃能不失其正。重言以見其難也。

䷁坤下坤上

坤。順也。其象爲地。說文。坤从土申。土位在申也。段氏注。伏羲三奇謂之乾。三耦謂之坤。傳至倉頡。乃有其字。坤𢀳特造之。乾震坎離艮兌。以音義相同之字爲之。愚按震之從辰。（天象。房爲大辰。支位。辰在巳前。）亦特造之字。

坤。元亨。利牝馬之貞。

坤與乾配。乾元亨坤亦元亨。乾不言所利。坤則利牝馬之貞。馬乾象也。牝馬則象坤。利牝馬之貞。順以致其健也。

君子有攸往。

坤順故有攸往。純陰則疑於小人長。故曰君子有攸往。一說。君子謂乾。有攸往乾交坤也。

先迷後得主。利。

陽明陰迷。陽先陰後。陽主陰從。坤純陰。先乾則迷。後乾則得主而利。

西南得朋。東北喪朋。安貞吉。

西南坤方。與離兌爲隣。故曰得朋。反乎西南者爲東北。東北艮方。其承乾之終。雖與坤同。（地道无成而代有終。艮一陽在上。得乾之終。）而陰陽各異。非坤朋也。故曰東北喪朋。總之東北西南。乃當時習見之語。本卦重坤。因西南而及東北。蹇卦下艮。因東北而及西南。解之言西南。承蹇來也。皆因卦而設辭也。安貞吉者。乾元坤貞。既安且貞則吉也。

陽得陰喪。震雖喪實得。巽雖得實喪。坤以承乾爲義。喪即是得。得即是喪。

象曰。至哉坤元。萬物資生。乃順承天。

乾之大無所不包。坤之至無所不盡。資始氣之始也。資生形之始也。順承者。合一而行。乾坤共一元也。

坤厚載物。德合无疆。

天氣清。地形厚。天覆物。地載物。故曰坤厚載物德合无疆者。謂坤與乾合。而成无疆之德也。

含弘光大。品物咸亨。

含者有容之謂。弘對細言。光明也。大對小言。或曰光廣通。光大即廣大也。

牝馬地類。行地无疆。柔順利貞。君子攸行。

地行莫如馬。牝馬陰物。故爲地類。順以致其健。故行地无疆。

先迷失道。後順得常。西南得朋。乃與類行。東北喪朋。乃終有慶。安貞之吉。應地无疆。

陰與陽合。斯生萬物。坤得朋而與類行。是得而非得也。喪朋乃終有慶。是喪而非喪也。

應地无疆者。安而且貞。應地道之无疆。與乾之无疆異也。

象曰。地勢坤。君子以厚德載物。

天以氣運故曰行。地以形載故曰勢。勢者力也。

初六。履霜堅冰至。

象曰。履霜堅冰。陰始凝也。馴致其道。至堅冰也。（本義言宜從魏志作初六履霜）

六。筮數也。初爲足。履象。說卦。乾爲寒爲冰。以方位言也。又乾性健。水至冰則健。人物遇寒則亦健。坤初六之言冰霜。則純屬陰象。蓋陽生陰殺。雨露生。冰霜殺。坤來消乾。履霜之象。乾消則冰。乾消盡則冰堅。象曰陰始凝。陰凝則霜。陰盛則冰。其與說卦不同者。易道之大。見仁見知。無不可通也。馴致其道。道即一陰一陽之道。甫交坤乾未即滅。以堅冰爲戒者。著之於始也。

六二。直方大。不習无不利。

象曰。六二之動。直以方也。不習无不利。地道光也。

乾直坤方。六二承乾之直以爲方。而大生焉。坎爲習。習重也。坤動交乾。則坎象見。二當位不動。故不習。不習无不利者。順而得也。凡事由習而利。非其至順者也。至順則不習无不利矣。六二爲坤正爻。故其象如此。二又爲離正爻。離日爲光。象故曰地道光也。（按直方大承乾而言。象故曰六二之動。不習无不利。坤之本體。雖不動亦利。象故曰地道光。二者固併行不悖。）

六三。含章可貞。或從王事。无成有終。

象曰。含章可貞。以時發也。或從王事。知光大也。

說卦坤爲文。章即文也。三陽位。居下卦之終。陰極則變。有不安於陰者。故曰含章可貞。貞正也。可貞謂可變至正。一說。貞固也。三在下卦。非如上之疑陽。故含章可貞。然貞久必變。變必待時。象故曰以時發也。乾爲王。坤爲事。從王事順以承乾也。成。乾成也。始與成對言。則乾始而坤成。成與終對言。則乾成而坤終。說卦。成言乎艮。得乾之終也。或之者疑之也。王事有可從者。有不必從者。六三待時而發。擇其可從而從之。故曰或。異乎純剛躁進者矣。象曰知光大。繫。乾知坤能。知光大謂坤交乾也。

六四。括囊。无咎。无譽。

象曰。括囊无咎。慎不害也。

坤爲布。爲吝嗇。爲藏。六四巽爻。巽爲繩。故取象於括囊。文言。天地閉。賢人隱。蓋以坤繼坤。陰盛之象。初則戒以履霜。四則繫以括囊。著之於始也。順而不妄動。故无咎。坤以二四爲當位。二之多譽。不待言也。四近五宜慎。故无咎亦无譽。

六五。黃裳元吉。

象曰。黃裳元吉。文在中也。

繫。垂衣裳而天下治。蓋取諸乾坤。乾衣坤裳。乾玄坤黃。六五得中承乾。故黃裳元吉。

象曰。文在中。坤爲文。文而得中。故見於外者如此。

上六。龍戰于野。其血玄黃。

象曰。龍戰于野。其道窮也。

乾爲野爲戰。上六陰窮反陽。故戰於野。戰者接也。坎爲血。坤大用在坎。故稱血。以方位言之。乾行至離與坤接。故乾終取象於見。坤行接乾則至坎。故坤終取象於血。餘詳文言。

用六。利永貞。

象曰。用六永貞。以大終也。

六爻皆變則用六。利永貞者。終其承乾之功。不敢以坤爲乾也。

文言曰。坤至柔而動也剛。至靜而德方。後得主而有常。含萬物而化光。坤道其順乎。承天而時行。

有常所以利也。程子以主利爲句。言主下當有利字。非是。

積善之家。必有餘慶。積不善之家。必有餘殃。臣弒其君。子弒其父。非一朝一夕之故。其所由來者漸矣。由辨之不早辨也。易曰。履霜堅冰至。蓋言順也。

陽爲善爲慶。陰爲不善爲殃。陽爲君爲父。陰爲臣爲子。陽爲朝。陰爲夕。初陽善之小者。積之則君君臣臣父父子子。而有餘慶。初陰不善之小者。積之則臣弒其君。子弒其父。而有餘殃。易於陰陽消息之機。未嘗不謹之於始。復象稱出入无疾。朋來无咎。姤象稱女壯勿用取女。則其意可知矣。弒父弒君。極言陰盛之害。虞氏謂坤消至二。艮子弒父。至三成否。坤臣弒君。是猶未免拘於跡象。夫易言君父一也。弒則均弒。何分乎遯否。若徒以跡象求之。噬嗑初九滅趾。上九滅耳。皆陽爻也。繫辭傳於初則曰小懲大戒。小人之福。於上則曰惡積罪大。是遵何道哉。蓋噬嗑獄象。初惡未終。猶可逭也。上惡已成。不可赦也。是固以終始論吉凶。非以陰陽定善惡。至坤初之履霜堅冰。則又戒之於始。無絲毫寬假之意。易誠不拘一例哉。辨別也。集解本作辯。義同。順猶馴也。即象之馴致其道也。

直其正也。方其義也。君子敬以直內。義以方外。敬義立而德不孤。易曰。直方大。不習无不利。則不疑其所行也。

乾爲直爲敬。坤爲方爲義。（以仁知對言。則乾知坤仁。以仁義對言。則乾仁坤義。）敬以直內乾之體。義以方外坤之用。陰陽合故德不孤。陰順陽故不疑其所行。

陰雖有美。含之以從王事。弗敢成也。地道也。妻道也。臣道也。地道无成。而代有終也。

三艮爻。艮終始萬物。又三爲下卦之終。故曰无成而代有終也。

天地變化。草木蕃。天地閉。賢人隐。易曰。括囊。无咎无譽。蓋言謹也。

震出則天地變化草木蕃。巽入則天地閉賢人隐。六四巽爻。以坤繼坤。陽伏不出。隐閉之象也。又爲外卦之始。故與初六同多戒辭。

君子黃中通理。正位居體。美在其中。而暢於四支。發於事業。美之至也。

風俗通。黃厚也光也。禮樂記。理發於外。而民莫不承順。注。理。容貌之進止也。黃中通理。即誠中形外見面盎背之意。正位。正其所處之位。如正衣冠尊瞻視之類。居安也。體支體也。居體如足容重手容恭之類。美在其中。而暢於四支。申言誠中形外之效。發於事業。則推言之也。爻稱黃裳。似無與於治理。文言則推原內外一致之故。而終歸於事業之發見。即此可以觀繇辭矣。左傳上美爲元。中美爲黃。下美則裳。亦是推言。

陰疑於陽必戰。爲其嫌於无陽也。故稱龍焉。猶未離其類也。故稱血焉。夫玄黃者。天地之雜也。天玄而地黃。

疑。荀虞姚蜀才作凝。嫌於无陽。荀虞陸董作兼于陽。鄭作慊于陽。慊雜也。皆通。蓋即坤上六本位言之。陰盛則疑於陽而與陽戰。象所謂道窮。稱龍所以譏也。猶未離其類者。陰未化也。用六則化陽矣。象曰大終。陽稱大也。若以陰陽消息言之。坤至九月建戌。十月建亥。戌亥者乾之方位。陰凝陽而與之接。故曰兼于陽。亥坤月也。故曰猶未離其類。血陰物也。血玄黃則陰兼陽矣。玄黃者天地之雜。雜即兼也。

䷂震下坎上

乾坤而後。繼之以屯。序卦。屯者盈也。屯者物之始生也。說文。屯。難也。象屮木之初生。屯然而難。从屮（徹）貫一屈曲之也。一。地也。故以象言之。下一陽爲根。中三陰爲地。地上一陽。象屮木之將出。最上一陰。猶覆土也。雜卦。屯見而不失其居。意正如此。以卦義言之。彖所謂剛柔始交而難生盡之矣。

屯。元亨。利貞。

物始生故元亨。鬱而未伸故利貞。文言元亨利貞爲四德。乾元亨利貞。四德備矣。坤乾之對也。四德同而貞體畧異。其餘六子。則無備四德者矣。然震與兌合爲隨。震乾之始。兌坤之終。由終反始。是亦乾坤之全象也。故隨稱元亨利貞无咎。乾與震合爲无妄。陽之盛也。故亦稱元亨利貞。陽盛而未純。（无妄與乾同德。而二三爻未純。）故又曰其匪正有眚。不利有攸往。坤與兌合爲臨。陰之盛也。故亦稱元亨利貞。陰盛而未純。（臨與坤同德。而初二未純。）故又曰至于八月有凶。（此祇明臨坤之不同而已。非謂臨之凶在陰之未純也。蓋純陰固亦有凶。如坤之初上是。）坎與震合爲屯。坎乾之中也。坎與震合。猶之乾與震合也。故亦稱元亨利貞。而繼以勿用有攸往。離與兌合爲革。離坤之中也。離與兌合。猶之坤與兌合也。故亦稱元亨利貞。而先以已日乃孚。革之已日乃孚。與臨之八月有凶。其意同也。屯之勿用有攸往。與无妄之不利有攸往。其辭同也。其意亦同也。或曰。坎與震合爲屯。坎上而震下。離與兌合爲革。離下而兌上。元亨利貞。不繫於睽（睽離上兌下。）而繫於革者何也。曰屯坤在中。（二至四。）革乾在中也。（三至五。）卦詞之設。豈偶然哉。

又按易稱元亨利貞者七。屯與乾初相類。臨與乾二相類。隨與乾三相類。革與乾四相類。无妄與乾上相類。九五乾之本位。用九則乾反爲坤。試比例如左。

乾。初九。潛龍勿用。

屯。（象勿用有攸往。）

乾。九二。（見龍在田。文言。君德也。）

臨。（六五。大君之宜。）

乾。九三。（君子終日乾乾。夕惕若厲。无咎。文言。與時偕行。）

隨。（彖。隨時之義。象曰。君子以嚮晦入宴息。）

乾。九四。（或躍在淵。文言。乾道乃革。）

革。（彖。天地革而四時成。）

乾。上九。（亢龍有悔。文言。窮之災也。）

无妄。（上九。行有眚。象曰。窮之災也。）

乾。用九。（見羣龍无首。）

坤。（彖。利牝馬之貞。又西南得朋。東北喪朋。）

觀上所列。易言元亨利貞。適合乾六爻及用九之數。（九五即乾本爻。不列。）豈繫辭之偶符耶。抑有深意於其間耶。表而出之。以待識者。

勿用有攸往。利建侯。

震動也。坎行有尚。震內坎外。動而遇險。故勿用有攸往。勿用者勿所用之。非不利之謂也。震象守宗廟社稷以爲祭主。侯象也。屯時得主則定。故利建侯。

六子以乾坤爲母。諸卦以八卦爲母。乾坤卦辭。均爲特設。其餘諸卦之辭。有同於母卦者。有異於母卦者。同於母卦者。意同辭同。同也。即相反亦同也。異於母卦者。特設辭也。同則有所因。特設則有所創。有創而無因。六子如艮。諸卦如姤是也。有因而無創。六子如兌。諸卦如大有剝遯大壯鼎旅是也。其餘則創因兼之矣。今於每卦下注明其同異。

元亨利貞見坤。亨見震坎。有攸往見坤。勿用建侯。特設辭。

彖曰。屯。剛柔始交而難生。（釋卦名。）

動乎險中。大亨貞。（釋元亨利貞。）

雷雨之動滿盈。（集解盈作形。）

屯者盈也。雷雨之動滿盈。所以爲元亨。

天造草昧。宜建侯而不寧。

造。生也。草。草創物也。昧。冥也。乾坤始交。雷雨將作。故云天造草昧。建侯所以濟屯。不寧猶未出險也。猶未出險故利貞。

彖傳未釋勿用有攸往。然始交難生。動乎險中。建侯不寧。均含有勿用有攸往之意。且諸卦彖傳。往往合釋卦辭。不可強分。屯彖其一例也。

象曰。雲雷屯。君子以經綸。

屯難未通。故坎不云水而云雲。經綸。程傳猶營爲也。綸。集解作論。荀爽曰。經者常也。論者理也。君子以經論。不失常道也。

初九。盤桓。利居貞。利建侯。（盤他本多作磐此從集解）

象曰。雖盤桓。志行正也。以貴下賤。大得民也。

卦由二體而成。爻者二體之一畫也。坎震爲屯。屯初即震初也。自二至五。則兼取於互。繫所謂同功異位者也。故屯二爲震二。互坤初。屯三爲震三。互坤二。艮四。屯四爲坎四。互坤三。艮五。屯五爲坎五。互艮上。屯上爲坎上。餘卦仿此。乾坤六子之爻。今假稱爲母爻。諸卦假稱爲子爻。爻各有其位與時。故繫辭未可強同。然細按三百八十四爻中。其母子吉凶相反者。不過二十餘爻。亦可謂語不離宗者矣。

母爻爲震初。震初九吉。本爻亦吉爻也。屯時天下未定。震爲長子。爲侯。初九陽爻爲震主。故利建侯。盤桓。動而退也。屯象草木初生。初爲地。見而不失其居。故曰盤桓。利居貞者。利於處正以守也。虞氏逸象。坎爲志。志行正者。謂初志上行。而位得其正也。易例陽貴陰賤。陽君陰民。初陽在下。故又曰以貴下賤。大得民也。

六二。屯如邅如。乘馬班如。匪寇婚媾。女子貞不字。十年乃字。

象曰。六二之難。乘剛也。十年乃字。反常也。

母爻爲震二互坤初。震六二厲。象曰乘剛。本爻屯如邅如。乘馬班如。乘剛之象也。坤數十。故曰十年。初至五大離。離爲大腹。故曰字。字。乳也。五坎爲寇。二五正應。義無他適。故曰匪寇婚媾。屯如邅如。貞不字。乃字。皆屯意也。陽男陰女。二陰故稱女子。乘初非正。故貞不字。應五得正。而牽於初。故十年乃字。女以字爲常。數終於十。過此則反其初。十年乃字。象故曰反常也。坤初六未言吉凶。本爻亦未言吉凶。

六三。即鹿无虞。惟入于林中。君子幾不如舍。往吝。

象曰。即鹿无虞。以從禽也。君子舍之。往吝窮也。

母爻爲震三。互坤二。艮四。艮六四无咎。坤六二无不利。震六三位不當行无眚。本爻處兩卦之間。坎險在前。憂尚未艾。即鹿獵者之事。虞虞人。掌獵者也。屯時官不能備。即鹿所以无虞。林中鹿所居。（麋性喜澤。鹿性喜林。詩瞻彼中林。甡甡其鹿是也。）惟入于林中。無所得也。世亂出處宜慎。三妄動求獲。吝可知矣。故曰君子幾不如舍。往吝。以象言之。震爲鹿。陽實陰虛。陽有陰無。二至四純陰。无虞之象。卦惟三上無應。亦无虞之象。坎木多心。艮木多節。在山間。林象。鹿起於初而止於五。（震起艮止。）入于林中之象。君子三自謂。震終窮宜變。此獨往吝者。屯時英雄起於下。三居初五之中。可初可五。然以幾言之。則五之屯其膏。不如初之利建侯。故曰君子幾不如舍。震爲幾。舍者舍五也。

六四。乘馬班如。求婚媾。往吉。无不利。

象曰。求而往明也。

母爻爲坎四。互坤三。艮五。坎六四无咎。坤六三有終。艮六五悔亡。本爻无不利。馬。婚媾。均指初言。逼於五故班如。班分也。往。四往初也。虞言之外稱往。之內曰來。原非定例。繫。日往月來。月往日來。寒往暑來。暑往寒來。何分內外乎。故往者自此之彼之詞。來者自彼之此之詞。彼此易地皆然。象曰求而往明也。陰以向陽爲明。初陽故也。

九五。屯其膏。小貞吉。大貞凶。

象曰。屯其膏。施未光也。

母爻爲坎五。互艮上。艮上九厚終。坎九五无咎。本爻中正得應。宜可有爲。惟時當屯難。五剛而寡恩。不足以養奇士。此如坎雲在上。密而不雨。屯其膏也。小貞吉大貞凶。

貞解如左傳衛侯貞卜之貞。謂貞其小事則吉。貞其大事則凶。五以處常之道處變。故其象如此。一說。貞固也。守而不變也。陰稱小。陽稱大。二。十年不字。女子之貞也。五。屯其膏。大君之貞也。亦通。象曰施未光。五爲上陰所揜。故施未光。或曰。九五當位。而初九淂民何也。曰。此中男遇長男之故。義見蹇三。

上六。乘馬班如。泣血漣如。

象曰。泣血漣如。何可長也。

母爻爲坎上。坎上六有徽纆之凶。本爻有泣血之占。乘馬班如。謂乘五而下無正應。心有所分。震坎皆馬。二乘初。上乘五。初五皆陽。陽爲馬也。鹿善奔之獸。馬。怒也。武也。取象如此。所以見屯之不寧。坎爲血。離爲目。泣血憂之深也。黍離之詩。洪範之篇。非血也耶。

䷃坎下艮上

序卦。物生必蒙。蒙者物之穉也。以卦象言之。屯爲始生之物。上有覆土。蒙則出乎地而上矣。以卦義言之。山下有險。險而止。莫知所之。蒙之意也。其在人。則坎中男。艮少男。蒙之時也。分析言之則坎長於艮。又二互震爲長男。五爲艮中。乃卦之所謂童蒙也。

蒙亨。匪我求童蒙。童蒙求我。初筮告。再三瀆。瀆則不告。利貞。

蒙有可通之道。故亨。我謂二。童蒙謂五。筮以決疑。蒙之求道於師似之。故假筮以立言。初筮意誠。再三則煩瀆也。坎有孚心亨。其意誠矣。水性淫佚。獘或至於煩瀆。又坎稱習坎。習者再三之謂。再三者自脩之道。非問人之道。故設象以爲戒。坎行震起。故告。艮止故不告。貞正也。養蒙之道。利於貞也。

觀卦辭可見。養蒙之道。擇師宜專。求教宜誠。論語之言。學無常師。又言三人行。必有我師。此成人之道。非養蒙之道也。

亨見坎坤震。利貞見坤。不見艮。餘特設辭。

彖曰。蒙。山下有險。險而止蒙。

險而止。謂險而且止也。若云見險而止。則蹇矣。

蒙亨。以亨行時中也。匪我求童蒙。童蒙求我。志應也。

二五得中而相應。而皆失位。在蒙家則剛柔相接。爲得其時。故曰時中。以亨行時中者。謂蒙之亨以其行時中也。剛柔相接故志應。艮爲時。坎爲志。

初筮告。以剛中也。

剛中足以孚人。指二言。

再三瀆。瀆則不告。瀆蒙也。

學者不明。亦教者之過。故曰瀆蒙。卦自二以上。三四皆陰。再三瀆之象。

蒙以養正。聖功也。

體頤故曰養。五得正則成聖人。

象曰。山下出泉蒙。君子以果行育德。

泉之始出。如蒙之初基。程傳。君子觀其出而未能通行。則以果決其所行。觀其出而未有所向。則以養育其明德。按坎彖行有尚。象。常德行。習教事。果行育德之象。又艮剛在外。果象。静而不動。育象。

初六。發蒙。利用刑人。用說桎梏。以往吝。

象曰。利用刑人。以正法也。

坎初六凶。本爻當蒙之始。所貴有以發之。利用刑人。嚴以防其惰也。用說桎梏。寬以遂其生也。過寬則放而不收。過嚴則拘而不適。寬嚴得中。蒙乃可發。往自此之彼之謂。以往。任其自往。即任蒙之性而往也。蒙而任其自往。故吝。以象言之。坎爲刑爲法。桎梏刑具也。坎上係用徽纆。寘于叢棘。蒙初陷溺未深。故利用刑人用說桎梏。初四皆陰。故以往吝。如上解。則說讀作脱。又或讀作悅。而用說句。桎梏以往句。亦通。

九二包蒙吉。納婦吉。子克家。

象曰。子克家。剛柔接也。

震初九吉。坎九二不言吉凶。實吉爻也。本爻剛中而應。乃童蒙之所求者。包。說文妊也。象人褱妊在中。象子未成形也。自蒙言之。則包蒙如子在妊。成否未必。自訓蒙者言之。則包有容納之意。如泰之言包荒也。納婦吉。子克家。既冠而婚之時。成蒙也。卦有男無女。故納婦吉。有坤無乾。故子克家。婦指五陰。二位大夫。有家。震爲長子。克家之象。象曰剛柔接。謂五與二接也。

六三。勿用取女。見金夫。不有躬。无攸利。

象曰。勿用取女。行不順也。

震六二厲。坤六四无咎无譽。坎六三入于坎窞勿用。本爻即屯之四也。屯四求婚媾无不利。本爻取女无攸利。女者未嫁之稱。亦蒙象也。蒙以養正爲利。三乘二而應上。從違莫定。其象爲見金夫不有躬。失其正矣。何利之有。金夫謂二。震爲夫。得乾之陽故稱金。（按姤象勿用取女。姤五陽一陰。初爲二包。故勿用取女。蒙二陽四陰。三爲二包。故勿用取女。易例陽男陰女。不必巽離兌爲女也。）大離爲見。躬身也。艮象艮其背不獲其身。是艮即躬也。象曰行不順。以柔乘剛。逆而非順也。

六四。困蒙。吝。

象曰。困蒙之吝。獨遠實也。

坤六五元吉。震六三无眚。艮六四无咎。本爻即屯之三也。屯蒙均吝。言困蒙者。困。陽爲陰揜。本爻遠陽。陽實陰虛。象故曰獨遠實也。（子母相反。言相反者不及互。蓋互見於重卦之後。非爻之原始也。）

六五。童蒙。吉。

象曰。童蒙之吉。順以巽也。

坤上六道窮。艮六五悔亡。本爻得中應剛故吉。艮爲少男。五艮之中。故稱童。順以巽者。陰順陽也。巽爲入。五以上順下。故曰巽。與家人六二漸六四巽。

上九。擊蒙。不利爲寇。利禦寇。

象曰。利用禦寇。上下順也。

艮上九吉。本爻蓋由凶而吉者也。蒙至上聖狂已判。故不用包而用擊。艮爲手。擊象。坎爲寇。寇害蒙者也。禦止也。艮爲止。又初至五體師。寇象。艮爲門闕。一陽在上。憑高視下。禦寇之象。上禦寇則利。爲寇則不利。所以保蒙也。擊之勵其成也。不利爲寇利禦寇。去其害蒙者也。上爲卦終。故推言養蒙之變如此。象曰上下順。上爲陰所承。下順者也。禦寇而不爲寇。則上亦順矣。一說。三爲上應。被動於二。其行不順。上於蒙則擊之。於寇則禦之。匪寇婚媾。故上下順。

䷄乾下坎上

需。須也。有所待也。古文作䨣。今文從雨而。而。難辭也。以卦象言之。雲上於天。萬物待以潤澤。以卦義言之。乾健遇坎險。有待而行也。序卦。物穉不可不養也。故受之以需。需者飲食之道也。此爲需之別象。乾三陽爲人。互兌爲口。水火既調。人承以口。飲食之道也。

需。有孚。光亨。貞吉。利涉大川。

上坎故有孚。互離爲光。陽剛居中爲亨。進有所待故貞吉。大川謂坎。乾剛不陷故利涉。有孚見坎。光即離象之所謂明也。於彖爲特設辭。亨見乾坎離兌。貞見乾離兌。吉見離。利見乾離兌。涉大川特設辭。彖利涉大川。往有功也。坎彖行有尚往有功也。詞多相同。

象曰。需須也。險在前也。剛健而不陷。其義不困窮矣。

上兌下坎爲困。困剛揜也。需乾陽在下。其勢必升。坎陽水也。在上則必降。與困之以陰揜陽者異。故曰剛健而不陷。其義不困窮矣。

需有孚。光亨。貞吉。位乎天位。以正中也。

指九五言。

利涉大川。往有功也。

古者交通阻滯。以涉川爲最險。乾體剛健。險在前而不遽進。故曰利涉大川。若訟之險在下而相爭者。則不利矣。往有功謂三陽俱進。可以濟險而與五同功。不專指九五一爻言也。

象曰。雲上於天。需。君子以飲食宴樂。

飲食自養。宴樂共養也。治勿欲速。學勿助長。其需之義乎。

初九。需于郊。利用恒。无咎。

象曰。需于郊。不犯難行也。利用恒。无咎。未失常也。

乾初九潛龍勿用。本爻當需之始。進不遽進。故无咎。乾爲郊。在需家故曰需于郊。恒卦上動下入。初九陽氣潛藏。故利用恒。乾四或躍在淵。故進退无恒。恒者常也。不犯難行。謂坎難在前。需之而不犯也。

九二。需于沙。小有言。終吉。

象曰。需于沙衍在中也。雖小有言。以吉終也。

兌初九吉。乾九二見龍在田。本爻坎水在前。田變爲沙。沙非久居之地。需于此或來兌之口舌。所幸在中遠害。故雖小有言而終吉。衍。優衍也。衍在中。謂優衍而處於中。無所害也。一說。沙衍。水中有沙者。穆天子傳。天子乃遂東征。南絕沙衍。辛丑。天子渴於沙衍。求飲未至。是沙衍本可連讀。又說文。衍。水朝宗於海也。小爾雅。澤之廣者謂之衍。諸說均堪參証。

九三。需于泥。致寇至。

象曰。需于泥。災在外也。自我致寇。敬慎不敗也。

兌九二吉。離九四焚死棄。乾九三厲。本爻逼近外坎。剛而不中。故其象如此。致寇者。寇由己招。所以戒進也。九三終日乾乾。故象曰敬慎不敗。

六四。需于血。出自穴。

象曰。需于血。順以聽也。

兌六三凶。離六五出涕沱若。坎六四納約自牖。本爻處乾坎之間。坎爲血卦。乾行至此。已入坎中。故需于血。當位而應。上承九五。終有可出之理。故出自穴。坎爲坎窞。坎窞即穴也。出自穴。亦納約自牖之意歟。象曰順以聽。六四以柔承剛。順以聽五也。

九五。需于酒食。貞吉。

象曰。酒食貞吉。以中正也。

離上坎五均无咎。本爻乃象之所謂有孚光亨貞吉者。坎爲酒食。兌上坎下。則困于酒食。坎上乾下。則需于酒食。

上六。入于穴。有不速之客三人來。敬之。終吉。

象曰。不速之客來。敬之終吉。雖不當位。未大失也。

坎上六失道而凶。本爻不當位而終吉。坎上以陰乘陽。陷溺已深。本爻雖以陰乘陽而得應。此吉凶之別也。入于穴在坎之終也。有不速之客三人來。乾在下也。乾三陽故曰三人。乾陽上升。自然之理。故曰不速。乾爲敬。故敬之終吉。以終始言之。上以九爲當位。（詳見坎注。）陰不宜居上。故象曰不當位。得乾之應。故又曰未大失。（子母相反。）

䷅坎下乾上

訟，爭也。序卦。飲食必有訟。謂生民之慾，起於飲食。有慾則有爭也。以卦象言之。天上行。水下行。所以爭也。以卦義言之。上剛下險。險而健訟。天澤不爲訟者。上健而下說。訟無由起。山水不爲訟者。下險而上止。訟無由成也。

訟。有孚。窒惕中吉。終凶。利見大人。不利涉大川。

坎中實故有孚。陽陷陰中故窒。爲加憂故惕。二陽剛得中。故中吉。乾上有悔。坎上凶。故終凶。大人謂五。乾九五利見大人。訟者所以定是非也。故亦利見大人。大川謂坎。不利涉大川。天水違行也。卦初至五渙象。渙爲舟楫。在訟家則無同舟共濟之義。故同人利涉大川。訟則不利涉大川。

有孚見坎。吉見離。利見大人見巽。窒惕中終凶。特設辭。

彖曰。訟上剛下險。險而健訟。

訟之生也。始於險而成於健。

訟。有孚窒惕中吉。剛來而得中也。

卦乾在上。是剛在外也。二以剛集於二柔之間。故曰剛來。蓋卦成後假以取義。非必自某卦來而後成卦也。訟以得中爲吉。剛來得中。故雖窒惕而中吉。

終凶。訟不可成也。

凡成訟無不終凶者。又乾尊非坎所能訟。故曰訟不可成。九二象言自下訟上。患至掇也。即發明此義。

利見大人。尚中正也。不利涉大川。入于淵也。

坎在他卦多以濟險爲吉。勵之欲其進也。如蹇渙既未濟等卦是。在訟則前進爲凶。故有入淵之戒。荀爽曰。坎在下爲淵。

象曰。天與水違行。訟。君子以作事謀始。

天之生水。始本一體。違行遂至於訟。人之於人也。始相近。終相違。則訟生焉。謀之於始。可無違戾之事。所以絕訟端也。繫。乾知大始。洪範。謀屬水。故君子法乾坎而作事謀始。

初六。不永所事。小有言。終吉。

象曰。不永所事。訟不可長也。雖小有言。其辯明也。

坎初六凶。本爻終吉。所以然者。上剛下險。險而健訟。初與三陰柔。險而不健。如有所爭。其事也。不足稱訟。永長也。應巽爲長。言。爭辯之言。九家乾爲言。初位卑才柔。不能上抗。當訟之時。非無事也。而不永。非無言也。而小有。互離在中。故辯明而終吉。（子母相反。）以卦言則上剛下險爲訟。以爻言則健乃可訟。

九二。不克訟。歸而逋。其邑人三百戶。无眚。

象曰。不克訟。歸逋竄也。自下訟上。患至掇也。

離初九无咎。坎九二有險小得。本爻險而且健故稱訟。與五敵體。彼得天。我弗能勝。故不克。坎爲隐伏。故歸逋。坤爲邑爲戶。坎爲三。乾爲百。九二陽居坤中。撫有二陰。故曰其邑人三百戶。二位大夫。三百戶下大夫之邑。未足與五抗。而歸以自省。故无眚。又坎爲多眚。二得中故无眚。掇。拾取也。

六三。食舊德。貞厲終吉。或從王事无成。

象曰。食舊德。從上吉也。

巽六四悔亡。離六二元吉。坎六三勿用。本爻介兩剛之間。從上則食舊德。雖貞厲而終吉。或欲奮發有爲。從事於王則无成。乾爲舊德爲王。食舊德有所因也。或從王事。則欲創矣。在險中故貞厲。陰柔失位故无成。（與坤三同。）象曰。從上吉。二四所爭者三耳。從上謂從乾。不專指上九一爻也。

九四。不克訟。復即命。渝。安貞吉。

象曰。復即命。渝。安貞不失也。

離九三凶。巽九五貞吉悔亡。乾九四无咎。本爻乃承五之命與二訟者。二既不可訟而歸逋。四即不克訟而復命。安貞之吉。可以無訟矣。巽爲命。渝變也。謂變而不訟也。四失位故宜變。

九五。訟。元吉。

象曰。訟。元吉。以中正也。

巽上九凶。乾九五利見大人。本爻爲卦之主。自訟得正。聽訟得中。所以元吉。元。乾元也。

上九。或錫之鞶帶。終朝三褫之。（**褫鄭本作拕徒何反**）

象曰。以訟受服。亦不足敬也。

乾上九有悔。本爻健而在上。訟之勝者也。乾爲衣。巽爲繩。衣之繩爲帶。錫帶終褫。雖勝非吉。需上敬不速之客。若此者其亦不足敬也矣。平旦至食時爲日之朝。離日在下故稱終朝。坎爲三故稱三褫。

繫辭。天一地二天三地四天五地六天七地八天九地十。卦爻言十年者三。屯十年乃字。復十年不克征。頤十年勿用。言七日者三。復七日來復。震既濟七日得。言三歲者五。同人三歲不興。坎三歲不得。困豐三歲不覿。漸三歲不孕。言三年者二。既濟三年乃克之。未濟三年有賞于大國。言三日者三。蠱先甲三日。明夷三日不食。巽先庚三日。言三錫者一。師王三錫命。言三驅者一。比王用三驅。言三百者一。訟其邑人三百戶。言三接者一。晉晝日三接。言三褫者一。訟終朝三褫之。言三品者一。巽田獲三品。言三狐者一。解田獲三狐。言三就者一。革三就有孚。言三人者二。需有不速之客三人來。損三人行。他如臨之八月。震之九陵。睽之一車。旅之一矢。損之二簋一人。則皆一見。推本論之。自一至十。皆乾坤之數。而散見於卦爻。則有未可強同者。大抵十爲陰之多數。二爲陰之少數。九爲陽之多數。一爲陽之少數。三爲一卦小成之數。七爲一卦由終反始之數。（六爲卦之終數。以其非所以明陰盛也。故言三而不言六。一爲卦之始數。以其非所以明陽微也。故言七而不言一。）茲分晰言之。屯復頤之言十年。損之言二簋。皆坤數也。（屯頤互坤。復上坤。）即皆陰數也。意取其多則言十。意取其少則言二。非定例也。睽之一車。旅之一矢。震之九陵。皆乾數也。即皆陽數也。意取陽盛則言九。意取陽微則言一。非必有乾象也。震六二曰勿逐七日得。復彖曰七日來復。（復下震。）則七爲震數。無可疑者。巽九五曰先庚三日。後庚三日。先三後三。合庚而爲七。蠱彖曰。（蠱下巽。）先甲三日。後甲三日。先三後三。合甲而爲七。巽雖不明言七。而隐寓七數於其中。蓋卦有六爻。七者由終反始之數。震陽之始。巽陰之始。震之言七也明。巽之言七也暗。震巽雖陰陽不同。而以由終反始之義推之。則均七數也。然則既濟何以言七日。曰既濟定也。剛柔正而位當。（既濟六爻皆正。與他卦變而之正者異。）其卦辭曰。初吉終亂。由初至終。其爻爲六。終而反始。則七日來復。非必有震象也。坎上六曰。三歲不得。師訟解困未濟下坎。比既濟上坎。需明夷漸互坎。革巽豐互大坎。之數卦者。均言三。三爲坎數明矣。乃同人有離无坎。亦稱三歲。且諸卦除師比外。無不有離在內。（一陰一陽之卦。多取象於旁通。故師比有離。同人有坎。）蓋三者小成之數。亦重卦之中數。坎爲陽之中。離爲陰之中。故坎離之卦多言三。由是推之。六爲卦之終。或亦艮兌之數。特易未明言耳。（乾六位時成。時乘六龍。六爻發揮。繫。周流六虛。均指卦之六爻言。不在取象之列。然曰時成。曰時乘。艮爲終始爲時。則乾之言六。或以艮歟。）至於臨之八月。則十二辟卦消息之說。需之三人。則指乾三爻在下。損之三人一人。則言乾坤往來。與以上諸卦殊例。易固不爲典要也。

䷆坎下坤上

師衆也。古兵農不分。衆聚則爲兵。序卦。訟必有衆起。故受之以師。訟者以理判曲直者也。判之以理而不服。則師由此興。師所以次訟也。以卦象言之。物莫大於地。地莫衆於水。地中有水。衆象也。又水伏地中。其象純陰。易例。陽生陰殺。師陰象也。又引申爲傳道於人之師。古者將帥之於士卒。如師傳之於弟子。比以一陽居五。君位也。師以一陽居二。將帥位也。師位也。以卦義言之。內險而外順。所以征不服也。

師。貞。丈人吉。无咎。

坤順故貞。陰在外陽在內居中。亦貞也。丈人年長而有威信者。互震爲長子。故稱丈人。

二以一陽馭衆陰。丈人之象也。吉无咎者。彖所謂剛中而應。行險而順盡之矣。貞吉見坤。丈人无咎特設辭。

彖曰。師。衆也。貞。正也。能以衆正。可以王矣。剛中而應。行險而順。以此毒天下而民從之。吉又何咎矣。

剛中謂二。應謂五。行險謂坎。順謂坤。毒藥之攻疾者也。兵以征不義。與毒藥之攻疾相同。虞云坎爲毒。

象曰。地中有水師。君子以容民畜衆。

坤爲民爲衆。容寬也。畜養也。坤坎皆有容畜意。

初六。師出以律。否臧。凶。

象曰。師出以律。失律凶也。

坎初六凶。本爻亦凶。震爲出。坎爲律。在卦始故曰師出。臧善也。以律也。否臧不善也。失律也。春秋傳宣十二年。執事順成爲臧。逆爲反。又隐十一年。師出臧否亦如之。注謂善惡得失也。初六失位無應。故其凶象如此。

九二。在師中吉。无咎。王三錫命。

象曰。在師中吉。承天寵也。王三錫命。懷萬邦也。

震初九恐致福。坎九二求小得未出中。本爻在師中。即坎二之未出中也。王三錫命。即震初之恐致福也。（周禮一命受職。再命受服。三命受位。一說。三錫如宋祖解裘之類。）

坎稱三。王謂五。二與五應。故三錫命。五天位。故象曰承天寵。虞氏逸象。坤爲邦。卦外坤互坤。故象曰萬邦。二爲卦主。故吉无咎。

六三。師或輿尸。凶。

象曰。師或輿尸。大无功也。

坤六四括囊。震六二喪貝。坎六三來之坎坎。象曰來之坎坎。終无功也。本爻失位乏應。其无功必矣。師出无功。輿尸之象。坤爲喪。坎爲輿多眚。或之者不盡然也。與二同出。其輿尸者偏師也。故或之。一說。輿衆也。尸主也。春秋傳有帥而不從。臱子尸之。即師或輿尸之意。三乘剛故有是象。（程傳即以衆主爲解。）

六四。師左次。无咎。

象曰。左次无咎。未失常也。

坤六四无咎无譽。六五元吉。震六三无眚。本爻上承五君。位居坤邑。守兵也。凡師一宿爲舍。再宿爲信。過信爲次。次者守而不戰之意。震東方故稱左。象曰未失常。次者師之常。出者師之變也。

六五。田有禽。利執言。无咎。長子帥師。弟子輿尸。貞凶。

象曰。長子帥師。以中行也。弟子輿尸。使不當也。

坤六五元吉。上六龍戰于野。本爻位尊而才柔。威靈不能及遠。若用以田獵則无咎。用以興師則貞凶。何則。田有禽則害稼。其利在執。無可疑也。興師則貴乎明斷。五居中應二。二長子也。故曰長子帥師。而象曰以中行。五陰柔失位。乏明斷之才。不能知三之無功而弗用。故又曰弟子輿尸。而象曰使不當。坤爲田。五得二應。故田有禽。白虎通云。田者爲田除害也。平地之上。耕作以樹五穀爲田。驅除禽獸以衛五穀亦爲田。禽者鳥獸之總名。震爲稼。坎爲豕爲狐。爲隐伏。狐豕之屬。隐於稼中。故曰田有禽。坤爲括囊。爲歸藏。故曰利執言。言語辭。又博雅。言問也。執言執而問之也。亦通。貞正也。興師所以正人。五失位。不能正己。何能正人。故貞凶。

上六。大君有命。開國承家。小人勿用。

象曰。大君有命。以正功也。小人勿用。必亂邦也。

坤上六龍戰。謂陰極則反爲陽也。本爻居卦之上。反則爲比。萬民從焉。故曰大君有命。班師之後。賞罰行焉。故曰開國承家。小人勿用。開國承家。指九二言。坤爲國。二位大夫。有家。（國家連言。皆以明祚土分茅之意。不強分諸侯大夫亦可。）小人勿用。指六三言。三陰爲小人。象曰大君有命。以正功也。小人勿用。必亂邦也。上六總結一卦之事。故其象如此。二能以衆正。故曰正功。三在坤中。陽治陰亂。故曰亂邦。一說。師旁通同人。同人上乾。乾爲大君。互巽。巽爲命。九二之王三錫命。亦取象於旁通。

䷇坤下坎上

比親輔也。亦含有阿比之意。序卦。衆必有所比。故受之以比。以衆相比。則親輔與阿比兼之矣。故比者吉凶參焉者也。以卦義言之。一陽當位。其下順從。更無他陽以分其勢。

衆之所比也。以卦象言之。水附於地。更無他物足以間之。子夏傳曰。地得水而柔。水得土而流。比之象也。

比。吉。原筮元永貞。无咎。

衆陰比一陽故吉。原再也。仍舊也。禮。卜筮不過三。蒙彖。初筮告。再三瀆。初再三爲流行之詞。比彖原筮。原與初爲對待之詞。蓋言再則往往順序以至於三。言原則止於此也。原筮者。卦成之後。從而復筮。故稱原筮。如國語貞屯悔豫是也。（詳見筮例。）元。乾元也。九五一陽居中。得乾之元。故稱元。永貞。永守其正也。坤用六永貞。卦內坤互坤。故稱永貞。又五剛而二柔。得位之正。亦可稱貞。无咎者無過咎也。言比輔之義雖吉。但當審之又審。以求得人。如占者原筮而得元永貞之爻。乃无咎也。蓋初筮以求審。原筮則尤審也。互艮故稱无咎。

蒙言初筮。比言原筮。義各有當。若舍義而言象。蒙坎在下。比坎在上。是坎爲筮也。說卦離爲龜。推之則坎爲筮。繫。蓍之德圓而神。卦之德方以知。乾圓坤方。易有明文。意者坎得乾之中。故亦爲蓍歟。蓍筮同條共貫。則坎之爲筮。或以此也。來矣鮮曰。蒙之剛中在下卦。故曰初筮。比之剛中在上卦。故曰原筮。其說即以坎爲筮。

不寧方來。後夫凶。

坤爲寧爲方。坎爲險。有不寧之象。不寧方來者。言雖不寧之方。亦來而比於五也。夫謂五陽。後夫謂上六。坎爲後。又上在艮背之後。彼此不相見。故稱後。後夫之凶。非不來也。乘陽而無應。雖來亦凶。故曰比者吉凶參焉者也。

吉見坤。元與貞亦見坤。无咎見艮。原筮永不寧方來後夫凶。特設辭。

象曰比吉也。比輔也。下順從也。（本義。比吉也三字。疑衍文。）

其吉在下之順從。不在上六也。

原筮元永貞无咎。以剛中也。

明剛中之无咎。則原筮指外坎而言可知。

不寧方來。上下應也。

此則兼指上下而言。五以一陽馭衆陰。無他陽相爭。非獨下應之。上亦應之。

後夫凶。其道窮也。

道即一陰一陽之道。陰陽過則道窮。不在其位則道亦窮。坤上道窮。坎上失道。比上乘陽而無正應。故曰道窮。道窮則爲後夫之凶。此比之不得其終者。

以五論則上下皆應。以上論則雖應亦凶。易固不拘一義。

象曰。地上有水。比。先王以建萬國。親諸侯。

建萬國不自後代始也。故稱先王。諸侯長民者也。先王建萬國親諸侯。以比諸侯者比民也。虞氏逸象。坤爲國。

初六。有孚。比之无咎。有孚盈缶。終來有他吉。（他集解作它）

象曰。比之初六。有他吉也。

坤初六未言吉凶。本爻與四爲正應。四陰也不可比。乃轉而比五。有孚謂五也。坤爲缶。有孚盈缶。言其意之誠且質也。終來者。初既比五。終得其懷來也。舍四故曰有他。

六二。比之自內。貞吉。

象曰。比之自內。不自失也。

坤初六未言吉凶。六二无不利。本爻爲五正應。吉可知矣。二內五外。言自內者。明二之應五自內已定。非外求也。貞吉。守正則吉。異乎初之有他也。象曰不自失。陽得陰失。二陰而應陽。故曰不自失也。

六三。比之匪人。

象曰。比之匪人。不亦傷乎。

艮六四无咎。坤六二无不利。六三含章可貞。本爻比之匪人。所以然者。三與上爲正應。上无首匪人也。二應五。四承五。初與五則君民之正位也。故初二四均比於五而吉。三位剛才柔。失上之應。故其占爲比匪而傷。（子母相反。）

六四。外比之。貞吉。

象曰。外比於賢。以從上也。

艮六五悔亡。坤六三可貞。坎六四无咎。本爻承五而比於五。爲從上。在外卦。故曰外比之貞吉。陽賢陰否。故象曰外比於賢。二應五。四近五。一言比之自內。一言外比於賢。此比於人而最吉者。

九五。顯比。王用三驅。失前禽。邑人不誡吉。（誡集解作戒驅鄭作敺）

象曰。顯比之吉。位正中也。舍逆取順。失前禽也。邑人不誡。上使中也。

艮上九吉。坎九五无咎。本爻爲比之主。顯比者。五爻皆陰此獨陽。陰晦陽顯也。五王位。坎稱三。三驅。軍禮。大司馬仲冬教大閱。鼓戒三闋。車三發。從三刺。注。鼓一闋。車一轉。徒一刺。三而止。象服敵。禽者鳥獸之總名。坎爲弓輪。爲馬。艮爲狗。爲鼠。爲黔喙之屬。卦體兼此。故取象於三驅。前禽喻上。失前禽逆而不殺也。古軍禮。驅禽在前。舍其逆來者。而取其背我而去者。（古禮。三殺。上殺自膘達腢。次達耳本。次自髀達䯚。皆自後射達前。是取順也。面傷者不獻。是舍逆也。）所謂舍逆取順也。上雖逆而不順。五以寬宏之道馭之。不加討也。坤爲邑。邑人不誡。孚之所感也。象曰上使中。言五以中正之道使民。民咸遵守而不煩擾。無待於誡也。

上六。比之无首。凶。

象曰。比之无首。无所終也。

坎上六凶。本爻亦凶。一陽横於坤五。斷其首也。說卦。乾爲首。用九。見群龍无首。謂九變爲六也。上不爲九而爲六。无首之象。又上爲一卦之終。豎言之則爲首。横言之則爲終。故爻稱无首。而象曰无終。

☴☰乾下巽上

畜。止也。藏也。聚也。小畜爲小所畜。所畜者小。兼斯二義。序卦。比必有所畜。故受之以小畜。謂比而聚則有所畜也。以卦義言之。巽以止健。此爲小所畜也。一陰不能止衆陽。此所畜者小也。以卦象言之。天爲風所蔽。不能終蔽也。故曰小畜。又風行天上。能使晴止而陰。陰止而晴。亦小畜之象也。

小畜。亨。密雲不雨。自我西郊。

亨詳彖傳。又畜久則通故亨。密雲不雨。有所畜也。易以陰陽和爲雨。小畜陰畜陽。小過陰過陽。皆不能雨也。我。作易者自謂。西郊。歧周也。文王當商周之際。以臣畜君。忠不見納。觀象而有會於心。曰此小畜不雨時也。然畜久則通。及其雨也。仍自我西郊。所謂託事於物。易義而兼詩體者也。若以象言之。互兌爲澤。乾陽動於下。離日煊於上。澤氣蒸騰。鬱而爲雲。遇風則蒸氣流蕩。散爲密雲。密雲則不雨。然風無久動之理。風定則雲合。雲合則雨下。雨下則自我西郊。我謂四。四爲卦主。故稱我。乾爲郊。兌爲西。故稱西郊。自我西郊。明雨之所由來也。

亨見乾巽離兌。密雲不雨自我西郊。特設辭。

彖曰。小畜。柔得位而上下應之。曰小畜。

卦惟一陰。非惟下應之。上亦應之。以陰畜陽。故曰小畜。

健而巽。（亨道之一）剛中而志行。（亨道之二）乃亨。

巽象剛巽乎中正而志行。蓋以九五據六四。無與分權者。故中正而志行。此言剛中而志行。剛中謂二五也。剛雖爲柔所畜。然所畜者小。志終得行。得行乃亨。乃者難詞也。又卦體似中孚。故曰志行。

密雲不雨。尚往也。

言乾陽在下。蒸氣往而外散。尚者已然而未止也。

自我西郊。施未行也。

雲由兌起。已施之矣。行猶未也。行則雨矣。亨矣。

象曰。風行天上。小畜。君子以懿文德。

天道小畜以待行。君子懿文德。亦小畜以待行。說文。懿。專一而美也。大畜言多識。小畜言懿。亦卦情然也。以象言之。乾爲德。中間一陰。所以文也。又風行澤止。自然成文。故曰文德。

初九。復自道。何其咎。吉。

象曰。復自道。其義吉也。

乾初九潛龍。以陰陽消息言之。即一陽之復也。繫。一陰一陽之謂道。坤初馴致其道。凡陰陽皆稱道。特陽言復陰不言復。復者還有所固有。一若陽爲本體也者。所以抑陰扶陽也。小畜言陰陽之卦。故本爻稱復自道。謂陽之自道而復也。何其咎吉。極言其无咎而吉。陽復得應。其義吉也。

下乾上巽。與下震上坤同義。故初二均稱復。詳見再稿初九條。

九二。牽復。吉。

象曰。牽復在中。亦不自失也。

兌初九和兌。乾九二見龍。皆吉爻也。本爻以消息言之。爲臨不爲復。取其與初牽連並進。故稱牽復。得失以位言。二雖失位無正應。而在中亦不自失。故吉。應巽爲繩。牽象。

九三。輿說輻。夫妻反目。（輿集解作車輻作輹）

象曰。夫妻反目。不能正室也。

兌九二吉。離九四焚死棄。乾九三厲。本爻逼近四陰。乾行至此。畜而不得進。輿說輻之象。乾巽非偶。三上非應。離爲目。巽多白眼。夫妻反目之象。輿。車之總名。說卦。坤爲大輿。輻。輪輻也。乾馬坤輿。所以行也。乾息坤滅。見畜於巽。故曰輿說輻。三至上體家人。偏於上卦。故象曰不能正室。

六四。有孚。血去惕出。无咎。

象曰。有孚惕出。上合志也。

兌六三來兌凶。離六五出涕沱若戚嗟若吉。巽六四悔亡。本爻乃卦之所以名畜者。有孚謂中虛孚人。即中孚之孚。血陰類。惕陽德。血去惕出。即離五出涕巽四悔亡之意。謂以陰畜陽。不終於畜也。四陰爻而陽應。與坤上之疑陽必戰者異。故曰有孚。血去惕出。象曰上合志。上指五言。四五均稱有孚。五陽據陰則志行。四陰承陽則合志。爻稱无咎。亦以得位而上下應之之故。

九五。有孚攣如。富以其鄰。

象曰。有孚攣如。不獨富也。

離上九有嘉。巽九五悔亡无不利。本爻陽剛得中。有孚之象。（四孚人。五自孚。）攣連也。巽爲繩。攣象。凡畜則無不富者。五之富四爲之。五富則四亦富。故曰富以其鄰。巽近利市三倍。富象。

上九。既雨既處。尚德載。婦貞厲。月幾望。君子征凶。（德集解作得）

象曰。既雨既處。德積載也。君子征凶。有所疑也。

巽上九貞凶。本爻則婦貞厲君子征凶。巽終多變。本爻蓋以變爲象者。變成坎。風止雲合。故雨。體需不進故處。德即大象之所謂文德。載。坤載也。坤伏乾下。至上則乾升坤見。故曰載。既雨對不雨言。既處對尚往言。尚德載對輿說輻言。婦即三爻之所謂妻。君子即三爻之所謂夫。妻有敵意。婦則順也。夫男之通稱。君子則其婦尊之之辭也。（詩君子于役是。）坎爲月。偏對離日。幾望之象。婦貞厲者。卦以陰畜陽。變陰居上。雖貞亦厲。君子征凶者。需而不進。不犯難行也。象曰既雨既處。德積載也。君子征凶。有所疑也。畜之終故曰積。變坎故曰疑。以義言之。既雨既處尚德載。畜之有所成也。畜成則滿。故曰月幾望。以陰畜陽非常也。故曰婦貞厲君子征凶。（此卦與大畜可參看。）惠士奇易說。大畜陽畜乾。至上而道大行。小畜陰畜乾。至上而德積載。積者陰氣也。陰伏而沈故稱積。載者陰德也。厚德載物故稱載。至此則陰疑於陽。故又稱疑。

䷉兌下乾上

履。足所依也。本作履。从尸。服履者也。从彳夊。从舟。象履形。字書。草曰扉。麻曰屨。皮曰履。引申之爲禮。謂飾足以爲禮也。爲踐。履之用也。本卦實兼禮踐二義。序卦。物畜然後有禮。故受之以履。禮之義也。象履虎尾。踐之義也。以卦象言之。上天下澤。分位秩然。禮之所由起也。以卦義言之。尊者健以臨下。卑者説以事上。禮之所由成也。（觀此可知衣裳之制。莫先於履。）

履虎尾。不咥人亨。（集解亨下有利貞二字）

履踐也。虎尾危地也。不咥人危而安也。人能以禮自持。則轉危爲安。如履虎尾而不咥人也。亨者嘉之會。嘉會足以合禮。故履象稱亨。以象言之。乾爲人而在上。履象。兌爲虎而在下。尾象。又兌口所以咥人。下説而上巽。故不咥人。卦辭蓋渾言之。以明有禮則安之義。必指某爻履某爻。則不可強通。

亨見乾兌離巽。虎尾不咥人。特設辭。

彖曰。履。柔履剛也。

此釋卦名。禮之起始於剛者不恤其柔。設爲禮以防之。而柔乃有以自立。禮爲柔者設。故曰柔履剛也。（項安世訓履爲行。按即踐履也。故言人之行曰實踐。）

説而應乎乾。是以履虎尾。不咥人。亨。

此釋卦義。履虎尾不咥人。蓋當時成語。作易者引此。以明制禮之意。虎喻剛。對剛而履之以柔。以柔履剛。乃能履虎尾而不咥人。故以象論。則乾履而兌虎。以義言。則兌說而乾剛。乾剛而以兌說承之。其象如履虎尾而不咥人者。非必兌爲履而乾爲虎也。故象義二者。有時宜分別觀之。

言說以應乎乾。則或爲以兌履乾。言說而應乎乾。則說與應乎乾。均爲所以不咥人者。故兌之虎象。惟說而應乎乾。雖履虎尾而不咥人。此蓋統全卦渾言之。

剛中正。履帝位而不疚。光明也。

禮須上下共守。故又專指九五言之。乾爲君故稱帝。剛中而志行。故不疚。互離爲光明。

象曰。上天下澤履。君子以辯上下。定民志。

莫上於天。莫下於澤。辯上下定民志。履之象也。

初九。素履往。无咎。

象曰。素履之往。獨行願也。

兌初九和兌吉。象曰和兌之吉。行未疑也。本爻居履之初。雜卦。履不處也。故以往爲无咎。初位在下。故曰素履。應四巽爲白。白即素也。象言獨行願者。初無所藉。其行獨也。

九二。履道坦坦。幽人貞吉。

象曰。幽人貞吉。中不自亂也。

兌九二吉。離初九履錯然敬之无咎。本爻履道貞吉。二於三才爲地位。地之可履者道也。

得中故坦坦。以三畫卦言之。二又人位。處澤中故稱幽人。象曰中不自亂。亂即離初之錯然也。二得中故不自亂而吉。

六三。眇能視。跛能履。履虎尾。咥人凶。武人爲于大君。（能集解作而）

象曰。眇能視。不足以有明也。跛能履。不足以與行也。咥人之凶。位不當也。武人爲于大君。志剛也。

巽六四悔亡。離六二元吉。兌六三來兌凶。象曰位不當。本爻履虎尾咥人凶。象曰位不當。離目能視。巽股能行。遇兌毀折。既眇且跛。得應故能視能履。失位故不足以有明。不足以與行。兌爲口。本爻口之所在。履虎尾咥人凶者。言三位不當。履而得禍。不拘拘於初尾上首也。履禮也。武人寡禮。（介胄不拜。）大君則制禮之宗也。巽外剛似武人。（巽初六利武人之貞。虞氏逸象。乾爲武人。）乾爲大君。六爻惟三非陽。（陽禮陰刑。）如禮之有闕者然。故曰武人。才柔而言志剛者。履五爻皆剛。三居剛位。柔不安於柔也。不安於柔。故曰爲于大君。

一陰之卦。除大有外。惟小畜六四得位无咎。同人六二雖得位尚以吝稱。履六三失位。又居多凶之地。故卦稱不咥人。爻言咥人凶。爻與卦各有所當。

九四。履虎尾。愬愬終吉。

象曰。愬愬終吉。志行也。

離九三凶。巽九五貞吉悔亡无不利。乾九四无咎。本爻終吉。象言履虎尾。爻惟三四兩爻言之。三四乃兩卦相接處。故均言履虎尾。三爲兌口故咥人。四多懼故愬愬。互巽。以剛據柔。故志行。又按。履。躡也藉也。以此爲解。非獨乾履兌。兌亦履乾。故三四均言履虎尾。而宋儒多以乾爲虎。義亦可通。此爻與卦當分別言之者。

九五夬履。貞厲。

象曰。夬履貞厲。位正當也。

乾九五利見。巽上九貞凶。本爻貞厲。履者上履下也。上過剛則難爲下。乾剛卦。五剛位。九剛德。居剛應剛。剛之極也。故貞厲。又上下兩卦。相易成夬。夬卦剛勝。履九五似之。又兌爲附決。夬者決也。故曰夬履。象曰位正當。五以當位居正。故雖厲而不疚也。

上九視履考祥。其旋元吉。

象曰。元吉在上。大有慶也。

乾上九亢龍有悔。本爻所以元吉者。三應於下。與乾上之過亢者異。視履考祥者。謂視其所履。考其祥否。應三離目視也。旋謂周旋。乾爲圜故稱旋。上九禮之成。亦乾之終。元吉。乾元也。象曰大有慶。陽爲慶也。陰陽消息。極則必反。禮取其完美無闕。往而不來非禮。來而不往亦非禮。乾道往來不窮。所謂旋也。三有闕故凶。上無闕故吉。虞以三上易位爲旋。夫易位則成夬。夬上无號終有凶。何以稱元吉乎。（子母相反。）

履下三爻。其吉凶與母卦相同。兌三失位。在諸卦似以承陰爲宜。故節臨損六三非凶。餘卦多凶辭。履外乾。所承皆剛。故凶。彖稱不咥人。即一卦全體言之。爻稱咥人。則析言之。此以位而異者。乾九五。在諸卦皆吉。在履則曰貞厲。乾尊無與併。兌在下則上下懸殊。其位益尊。故爻著戒辭。彖言履帝位而不疚。以孔子當時。君弱臣強。故言此以明上下之分。此以時而異者也。言刑之卦上多凶。如噬嗑上九。坎上六是。履者禮也。故上稱元吉。此以義而異者也。

又按旋有周旋折旋之別。周旋中規。折旋中矩。三百三千。周旋折旋盡之矣。周旋屬乾。折旋屬坤。本卦上乾。旁通謙。上坤。

䷊乾下坤上

泰通也。安也。天地交故通。君子道長。小人道消。故安。序卦。履而泰。然後安。故受之以泰。謂有禮則通而安也。凡十二辟卦。多以陰陽消息定吉凶。不復拘拘二五應與常例。泰陽息至三。非無陰也。而陽浸長。故取義於泰。以象言之。則天氣下降。地氣上騰爲通也。陽不終下。陰不終上。故六爻多具往復之義。君子持盈保泰者以此。

泰。小往大來。吉亨。

小謂陰。大謂陽。陰在外故曰往。陽在內故曰來。天地交萬物通。故吉亨。

吉見坤。亨見乾坤震兌。來見震。往見坤。小大特設辭。

彖曰。泰。小往大來。吉亨。則是天地交而萬物通也。上下交而其志同也。內陽而外陰。內健而外順。內君子而外小人。君子道長小人道消也。

至治之世。非無小人。小人道消則泰也。

象曰。天地交。泰。后以財成天地之道。輔相天地之宜。以左右民。

后。說文。繼體君也。故厂之从一口。發號者君后也。假借爲先後之後。泰之言后者。重熙累洽。必世後仁。姤之言后者。蓋取一口發號之義。至復之言后。則與商旅對舉。且上有先王。其取意不在后也。財成節其所過。輔相贊其所不及。其道則備見月令一書。左右民謂教養兼施。如左右之也。坤爲民。震爲左。兌爲右。

初九。拔茅茹以其彙。征吉。

象曰。拔茅征吉。志在外也。

乾初九潛龍勿用。本爻雖潛而志在上進。否泰言陰陽之卦也。有往必來。有來必往。無時或息。初與二並進。如拔茅然。虞云巽爲茅。由大過初六而知之。否互巽故初稱茅。泰倒互巽。（凡取象於倒卦者。其爻辭多同。如否泰損益夬姤等是。）故初亦稱茅。（按震爲萑葦。亦茅屬。）茹。茅根也。初在地下。故爲茹。彙。類也。初與二同類。故曰以其彙。震爲征。當位得應故征吉。象曰志在外。外者外卦也。

九二包荒。用馮河。不遐遺朋亡。得尚于中行。（荒集解作巟虞注大川也）

象曰。包荒。得尚于中行。以光大也。

兌初九吉。乾九二見龍在田。本爻乃卦之所以致泰者。包荒言其量。馮河言其勇。不遐遺朋亡。言其正直。得尚于中行。言其光大。說文。荒。蕪也。艸掩地也。坤土在上。震生蓄鮮。荒象也。二稱包荒。即無所不容之意。拔茅舉賢。包荒則容衆也。坎爲河。升五成坎。（取象於升降者。多係言陰陽之卦。）馮河之象。乾爲遠。遐遠也。不遺。與初三同進也。坤爲朋。升五坤壞。故朋亡。尚。上也。得上于中行。上升而得中和。象所謂光大也。又尚右也。助也。得尚于中行。謂二得五之右助也。

九三。无平不陂。无往不復。艱貞无咎。勿恤其孚。于食有福。

象曰。无往不復。天地際也。

兌九二孚兌吉悔亡。震九四遂泥未光。乾九三惕厲无咎。本爻爲乾之終。與坤相接。際即接也。平陂往復。猶言消息盈虛。艱貞无咎。即乾三之惕厲无咎。勿恤其孚。即兌二之孚兌悔亡。爻以初二爲地位。二陽橫於下。可謂平矣。三震出地。无平不陂也。震爲往。三至上復體。无往不復也。兌口震稼食也。乾爲福。故曰有福。總之泰反則否。三爲卦之小成。否泰循環之理已具。故曰无平不陂。无往不復。泰者席豐履厚。三爲卦之小成。宜享其賜。故曰于食有福。

六四。翩翩。不富以其鄰。不戒以孚。

象曰。翩翩不富。皆失實也。不戒以孚。中心願也。

兌六三來兌凶。震六五震往來厲。坤六四无咎无譽。本爻所謂翩翩。即震兌之所謂來也。鄰指五上言。群陰翩翩飛下。欲交乾也。陰虛故不富。（又按說卦巽近利市三倍。是巽爲富也。小畜上巽。故九五富以其鄰。震巽之反也。奮發於外。無所畜積。故不富。泰謙均上互震。故泰六四。謙六五。均言不富以其鄰。）體同則心願。不戒以孚者。不言而信也。下與陽交。三陰同願。故不戒以孚。兌爲口舌。震爲言。翩翩群下。則震兌體改。故不戒也。（震上六象傳。以戒釋言。）

六五。帝乙歸妹。以祉元吉。

象曰。以祉元吉。中以行願也。

震上六婚媾有言。坤六五黃裳元吉。本爻以陰處尊。下降於二。帝乙歸妹之象。帝乙紂父。其嫁妹必合於禮法。故周易兩引之。祉福也。乾坤交故以祉元吉。震兌合故取象於歸妹。五與四同願。五得中。故象曰中以行願。

上六。城復于隍。勿用師。自邑告命。貞吝。

象曰。城復于隍。其命亂也。

坤上六龍戰道窮。本爻則勿用師。卦至此反否。坤來居下。城復于隍也。勿用師自邑告命。威靈無以及遠也。否時小人道長。故貞吝。泰之上否之三也。否三羞。泰上吝，其義相同。坤爲土。坤三畫在上。積土成城之象。隍。城下溝。無水稱隍。有水稱池。坤反於下。城復于隍也。師時坤在上。否時坤居下。勿用師也。（序卦。師者衆也。說卦。坤爲衆。凡易言師必有坤象。復泰豫謙是也。同人非坤而旁通於師。故亦稱師。）坤爲邑。巽爲命。否則互巽見。故自邑告命。

初。志在外。二。得尚于中行。四。中心願。五。中以行願。又二言尚。五言歸。均足見上下交泰之美。三上泰極而否。故皆言復。三之象曰天地際。猶曰氣數使然。上之象曰其命亂。則專責之人事矣。

䷋坤下乾上

否。泰之反也。序卦。泰者通也。物不可以終通。故受之以否。不可終通者。不能終通也。陰陽消息。其機甚微。泰極則否來矣。爲卦天上地下。陰陽隔絕。若以位言之。五中正而得應。未嘗不可有爲也。然卦象如此。蓋純以陰陽消息定吉凶者也。

否之匪人。不利君子貞。大往小來。

六爻初二爲地道。三四爲人道。五上爲天道。否時二五得正。是天地定位也。三四陰陽失序。故曰匪人。匪人者匪人道也。三位君子。位不當故不利。貞正也。二五得正。故曰貞。貞而不利者。大往小來。陽由此消。非可爲之時也。爻三羞而四无咎者。九四以據陰爲吉。故无咎也。

否之匪人特設辭。坤稱得朋。匪人之類也。利貞見乾坤。利亦見巽。不利利之反也。君子見坤。大往小來特設辭。單言之則小往見巽。往亦見坤。

彖曰。否之匪人。不利君子貞。大往小來。則是天地不交。而萬物不通也。上下不交。而天下无邦也。內陰而外陽。內柔而外剛。內小人而外君子。小人道長。君子道消也。

坤爲邦。无邦无善邦也。否泰反其類。於彖傳見之。

象曰。天地不交。否。君子以儉德辟難。不可榮以祿。（榮集解作營）

即天地閉賢人隱之意。析言之。乾爲德爲祿。坤性吝嗇。故以儉德辟難而不可榮以祿。辟難者辟否之難也。

初六。拔茅茹以其彙。貞吉亨。

象曰。拔茅貞吉。志在君也。

坤初六履霜堅冰至。言陰漸盛也。本爻一陰始生。隨二三並進。故有拔茅茹以其彙之象。貞吉守正則吉。泰初言征此言貞者。陰進消陽。不可征也。亨者守正以奉五則亨。初陰處下。惡尚未著。故貞吉亨。象曰志在君。泰五非正。否五得正。故彼曰志在外。此曰志在君。

六二。包承。小人吉。大人否。亨。

象曰。大人否亨。不亂群也。

艮初六无咎。坤六二无不利。本爻乃下卦之主。聯初三上進。亦如泰二之兼容并包者然。惟坤道承天。乾陽在上。包也而實承之。爲小人計。舍包而承。得吉之道。爲大人計。陰性反覆。潛滋暗長。終屬可慮。故以否而得亨。否閉塞之意。謂不與通也。不言君子者。君子以德言。大人則德位之通稱。象曰大人否亨。不亂群也。有位者慎勿入小人之群哉。坤爲衆。故稱群。

六三。包羞。

象曰。包羞。位不當也。

巽六四悔亡。艮六二其心不快。坤六三含章可貞。本爻爲坤之終。罪惡已著。欲同二而進包乎陽。適以貽羞而已。小人之害君子。無所往而不見其羞也。虞云坤爲羞。失位故象曰位不當。

九四。有命。无咎。疇離祉。

象曰。有命无咎。志行也。

艮九三厲。巽九五貞吉悔亡无不利。乾九四无咎。本爻逼近坤陰。非能獨與陰敵也。承五之命。合其疇類。則同麗於福。祉福也。離麗也。乾爲福。疇離祉者。其疇同麗於福也。巽爲命。四承陽據陰。故爻稱有命。而象曰志行。

九五。休否。大人吉。其亡其亡。繫于苞桑。（苞集解作包）

象曰。大人之吉。位正當也。

巽上九貞凶。乾九五利見大人。本爻剛中以正。處否得休。昔之小人吉者。今則大人吉矣。然其心未可以爲安也。必曰其亡其亡。其繫于苞桑乎。苞桑叢生之桑。繫于此蓋危之也。（竹苞。盛之之辭。桑苞。脆弱之象。然苞有生意。與枯楊株木不同。故否反則泰。）休美也。乾始能以美利利天下。故曰休。巽爲木。獨言桑者。取與喪同音。（禮。載牲之匕。吉禮用棘。喪祭用桑。是桑喪同音之証。）象曰位正當。九五當陽。時雖否而位則當也。

上九。傾否。先否後喜。

象曰。否終則傾。何可長也。

乾上九亢龍有悔。本爻蓋亦悔而思反者。傾否。傾覆而反也。反初爲震。震來虩虩後笑言啞啞。先否後喜之謂也。否泰爲陰陽消息之卦。以六位言之。泰二五失位。否二五得位。得位則静。失位則動。泰六爻多取象於變。否惟上九言變。動静之別也。

又按陽息之卦。陽不必吉。如大壯之初九九三。夬之初九九三九四是。陰消之卦。陽不必凶。如遯否觀剝諸陽爻皆吉。惟姤之九四凶。九三上九非吉。此固由卦情而異。然亦可見陰陽貴於調和。夬大壯陽盛於陰。故於諸陽爻多戒辭。此與乾上九同意。姤陰始生。慮陽之爲陰所誘也。故於諸陽爻多危辭。此與坤初六同意。否三陽三陰。陰陽數均。以卦言。固爲大往小來。天地不交。以爻言。則爲陽在上陰在下。得事之宜。故否三陽爻皆吉。以其在上位也。初以陰而在下位故吉。二進於初矣。而非高位。故小人吉。大人否。小人以其才柔。在下位故吉。大人以其得中。在下位故否。其言亨者。亦以得中之故。三位之較尊者也。故爻稱包羞。象曰位不當。卦天地不交。故諸爻均不論應與。

學易初稿卷之二

萊陽于元芳習

䷌ **離下乾上**

同人者同於人也。序卦。物不可以終否。故受之以同人。否時上下隔絕。必同人乃可有濟。同人所以次否也。以卦象言之。天體居上。火生於下而炎上。是其體同也。又離爲日。日麗於天而能久照。是其德同也。又乾用在離。坤用在坎。坎正爻五。故水地爲比。離正爻二。故天火爲同人。以義言之。則彖所謂柔得位得中而應乎乾者是也。

同人于野。亨。利涉大川。利君子貞。

乾爲人爲野。彖言全體。義取乾之廣大。故曰同人于野。利涉大川者。古以涉川爲履險。合同人之力。則利於涉也。又野者無求之地。同人於此。則利涉大川。所謂貧賤之交。可與同患難也。卦無坎象而言利涉大川者。乾健則有涉川之才。巽木則有涉川之具。又卦名同人。有其才有其具。合同人之力。故利於涉也。（易言利涉大川。多爲乾巽。乾以義言。巽以象言。）卦有坎象而不利涉大川者。訟是也。卦無坎象而利涉大川者。同人。大畜。中孚等卦是也。故相違則不利涉大川。相同則利涉大川。渙中孚之言利涉。以象言也。同人之言利涉。以義言也。一說。卦旁通師。師下坎。故稱大川。亦通。利君子貞者。同人宜公不宜私。必如君子之貞而後可也。乾爲君子。明而健。君子之德也。同人于野特設辭。亨利見乾離巽。貞見乾離。涉大川。君子。特設辭。巽卦利有攸往。利見大人。意多相類。

彖曰。同人。柔得位得中而應乎乾。曰同人。

成卦之義在二。故先以二言。

同人曰。同人于野亨。利涉大川。乾行也。

加同人曰三字。凡易卦名與卦辭相連。爲文之省。觀此而益明也。乾行謂乾道得行。乾在上而其下同德。故曰乾行。此又指五言。

文明以健。中正而應。君子貞也。

文明謂離謂乾。中正而應。兼指二五。

唯君子爲能通天下之志。

通即同也。通天下之志。則不獨與二同。即三四亦同。唯仁人爲能好人能惡人。九五大師克相遇。惡以濟其愛。故能通天下之志。

象曰。天與火同人。君子以類族辨物。

族。家族也。物。事物也。類其族辨其物。於不同者求同也。虞云乾爲族爲物。然則類與辨。其取象於離明可知也。

初九。同人于門。无咎。

象曰。出門同人。又誰咎也。

離初九无咎。本爻亦无咎。同人于門者。進與二遇。不事遠求也。繫稱乾坤爲易之門。又天地設位。而易行乎其中。成性存存。道義之門。又闔戶謂之坤。闢戶謂之乾。由是推之。乾坤皆門。出門則乾之事也。初本與四應。奈敵應不與。未交四於外。已同二於門。象曰出門同人。言出門而得其所同也。卦惟一陰。陰者陽所求也。故上下各爻。皆求同於二。初承二得同。故无咎。

六二。同人于宗。吝。

象曰。同人于宗。吝道也。

巽初六進退利武人之貞。離六二黃離元吉。本爻中正得應。宜可獲吉。而陰寡陽衆。疾之者多。五二所宗也。同人于宗。三四間之。故吝。虞云。乾爲宗。荀云。宗衆也。謂上下衆陽。皆欲與二同。又周禮。諸侯朝於天子。春見曰朝。夏見曰宗。二朝於五。在離中。夏時。故稱宗。亦通。（子母相反。）

惠士奇易說。禮。檀弓。鄭注。宗在廟門內之西牆。然則宗猶墉也。曰野。曰門。曰宗。曰陵。曰墉。曰郊。詞多相類。

九三。伏戎于莽。升其高陵。三歲不興。

象曰。伏戎于莽。敵剛也。三歲不興。安行也。

乾九四或躍在淵无咎。巽九二巽在牀下。離九三日昃之離。本爻蓋比二而忌五者。巽在牀下。伏也。或躍在淵。升而不興也。離爲甲胄爲戈兵。戎象。巽爲木。莽象。爲長爲高。陵象。廣雅。四隤曰陵。小陵曰邱。以易考之。言邱者。指艮。賁邱園。頤邱頤。渙有邱是也。言陵者指巽。同人升其高陵。漸鴻漸于陵是也。（震九陵。下有伏巽。）蓋艮一陽在上。巽二陽在上。巽大艮小。故艮爲門闕。巽爲墉。艮爲邱。巽爲陵。三歲詳見訟注。當日昃之時。比其所同之人。而外有所忌。則敹乃甲胄。鍛乃戈兵。伏戎于莽者有之。既又懼其不勝。而升彼高陵。徘徊瞻顧。三歲不興者有之。巽爲進退爲不果。故其象如此。旁通師。上坤下坎。坎上六三歲不得。互震。震六二躋于九陵。象曰。伏戎于莽。敵剛也。三歲不興。安行也。三與五争二。故曰敵剛。敵剛則所行不遂。故曰安行。安行者無可行也。

九四。乘其墉。弗克攻。吉。（墉集解作庸）

象曰。乘其墉。義弗克也。其吉則困而反則也。

巽九三頻巽吝。乾九四或躍在淵。九五飛龍在天。飛躍皆乘象。本爻蓋欲下同於二者。忌五得應。則乘其墉以攻之。攻之而義弗克也。巽爲墉。四在巽上。故乘其墉。以下攻上。故義弗克。弗克云吉者。離。萬物皆相見。同人二體同德。始雖相違。終有可遇之理。故九五大師克相遇。九四以弗克攻而相遇。困相遇也。（見雜卦。）困而反則。蓋相遇而復其常。亦猶九五之先號咷而後笑也。

九五。同人先號咷而後笑。大師克相遇。

象曰。同人之先。以中直也。大師相遇。言相克也。

乾上九有悔。九五利見大人。本爻蓋以兵力得同於二者。離六五出涕沱若戚嗟若。又巽爲風爲號令。皆號咷之象。旁通師。故曰大師。師時互震爲笑。故曰後笑。一說笑號咷。皆離火聲。亦通。五與二爲正應。中間三四。未遇之先。憤不得伸。則號咷以明之。既遇之後。同心同德。則破涕而爲笑。雜卦。同人親也。與旅之親寡者異矣。二至上姤體。姤遇也。乾爲直。五剛中正。故象曰中直。二五剛柔相濟。故曰克。書洪範。沈潛剛克。高明柔克。是其義也。

上九。同人于郊。无悔。

乾上九有悔。本爻所以无悔者。與二非應非比非間。超然於是非之外也。郊遠地。乾爲郊。同人于郊。寡偶之象。雖遯世无悶。然志未得也。（子母相反。）

象曰。同人于郊。志未得也。

䷍乾下離上

大有者所有者大也。陰得位而有五陽。故稱大有。比以陽剛居尊位。無賢才以佐之。其終則凶。大有以陰柔居尊位。有賢才以佐之。其終則吉。故至治之世。非一人之力所能致。合衆有以爲有。所以爲大有也。以象言之。火在天上。其明及遠。日當天中。萬狀畢露。皆富有之象也。序卦。與人同者物必歸焉。故受之以大有。六五有容德大。萬物之所歸往也。

大有。元亨。

元。坤元也。坤以承天爲元。六五得坤之中。順而應乎乾。故承乾之元而元亨。元見乾。亨見乾離兌。此卦辭之有因無創者。

彖曰。大有。柔得尊位大中而上下應之。曰大有。

陰得位。無他陰以分其勢。故曰上下應。凡一陰一陽之卦十有二。夬剝有下無上。姤復有上無下。履師謙豫。其成卦之義。不在上下應。同人則取兩者相同。非五陽附一陰也。故皆不言上下應。比則五陰附一陽。大有則一陰有五陽。小畜則一陰畜五陽。故彖傳皆言上下應。

其德剛健而文明。應乎天而時行。是以元亨。

日之在天。有冬有夏。故曰時行。

象曰。火在天上大有。君子以遏惡揚善。順天休命。

離明在上。故能遏惡揚善。柔得位而應乎乾。故能順天休命。以陰陽言之。乾爲善。坤爲惡。卦乾見坤伏。故曰遏惡揚善。休。美也。大有之世。衆善畢臻。故曰休命。順天休命者。自然之美也。

初九。无交害。匪咎。艱則无咎。

象曰。大有初九。无交害也。

乾初九潛龍。潛則无交无害亦无咎。本爻以陽處下。上無應與。無交之象。無交而大有。保無有害之者乎。然匪其咎也。當大有之初。知厥艱則无咎矣。虞云坤爲害。蓋一陰一陽之卦。每取象於旁通。卦旁通比。比內坤故稱害。又大有陽盛。陽盛則陰伏。易例陽福陰害。初三純陽而失中。陰伏其下。故均稱害。艱。難也。五爲卦主。四近五而不與初交。則初之艱可知。初當位不宜變。四宜變而不遽變。然則初之无交。四爲之。匪初之咎也。且艱者有之基也。大有之世。特患其不知艱耳。艱則无咎矣。大有內實外明。豐內虛外廓。故吉凶各殊。

九二。大車以載。有攸往。无咎。（車集解作轝）

象曰。大車以載。積中不敗也。

乾初九潛龍。九二見龍在田。大有至此。亦有不能終祕者。則見其大車以載有攸往无咎。旁通比。坤爲大輿。坤伏乾下。載象。天行健。本爻中正得應。故有攸往无咎。又坤象君子有攸往。象曰積中不敗。積者有之象也。中者二之位也。不敗則乾之德也。

九三。公用亨于天子。小人弗克。

象曰。公用亨于天子。小人害也。

兌九四未寧有喜。乾九二見龍。九三君子惕若。本爻陽剛得位。亦君子也。稱公以位言。三爲三公。離日在上。天子當陽之象。兌口向上。亨象。小人指伏坤。離明尚賢。故小人弗克。然其時不無小人者。陰居尊位。明而非斷也。

九四。匪其彭。无咎。（彭虞作尫）

象曰。匪其彭。无咎。明辨晢也。（晢虞作折）

兑九五有厲。乾九三无咎。離九四无所容。本爻所以无咎者。大有以五陽應一陰。九四近五而舍初。有匪其彭之象。故无咎。韻會。彭。多也。由初至四。兩乾相積。可謂多矣。四舍初而承五。匪其彭也。又積乾必變。變則乾消。亦爲匪其彭。又程傳。彭盛多之貌。以義言之。大有而不以爲有。匪其彭也。四陰位知懼。故匪其彭。象曰明辨晢。謂離明也。（子母相反。）

虞翻曰。匪。非也。其位尫。足尫。體行不正。失位折震足。故尫。變而得正故无咎。離四在乾則尫。在坤爲鼠。在震噬胏得金矢。在巽折鼎足。在坎爲鬼方。在離焚死。在艮旅于處。言无所容。在兑睽孤孚厲。三百八十四爻。獨无所容也。

六五。厥孚交如。威如。吉。

象曰。厥孚交如。信以發志也。威如之吉。易而无備也。

兑上六引而未光。離六五戚嗟若吉。本爻乃卦之所以名大有者。中虛故孚。上下應故交如。離爲戈兵故威如。五陰非能自孚。故象曰信以發志。言五之孚惟信以發之。與陽爻在中之有孚者異。陰居尊位。無威則狎。然威非暴戾之謂。故象曰易而无備。言五之威如。戒其易而无備而已。應乾。乾爲易。通比。坎爲信爲志。

上九。自天祐之。吉无不利。（祐集解作右下同）

象曰。大有上吉。自天祐也。

離上九有嘉。本爻吉无不利。繫辭之解備矣。履信謂履五也。五孚爲上所履。故履信。兌說故思順。離明故尚賢。上本天位。乾陽積於下。五恭己無爲。以歷史觀之。其周之成康。漢之文景乎。上則倦勤之君也。上之大有。五奉之。乾予之。乾天也。五天位也。故曰自天祐之。

䷎艮下坤上

謙有退讓之意。序卦。有大者不可以盈。故受之以謙。謙者盈之反也。以卦象言之。山體高而在地下。不自有其高也。又謙通銜。地中有山。有所銜也。以義言之。內篤實而外柔順。有而不以爲有也。凡有諸己者必慊於心。故謙又通慊。

謙。亨。君子有終。

謙則能亨。君子謂三。謙三即乾三。故稱君子。艮成終成始。故曰有終。亨見坤震坎。君子見坤。有見坤坎。終特設辭。

象曰。謙亨。天道下濟而光明。地道卑而上行。

濟。止也。詩。既不我嘉。不能旋濟。又救濟也。相濟爲用也。卦中一陽爲天道。天道本高。今下止於三。與陰相濟。其道光明。（艮象其道光明。謂一陽止於二陰之上。光明之道也。）坤爲地道。地道本卑。今上行與陽相濟。其亨必矣。下濟上行。乃卦成後有是象。如虞說乾上九來之坤。蔡景君說剝上來之三。皆非成卦本義。然不妨取以解易。

天道虧盈而益謙。地道變盈而流謙。鬼神害盈而福謙。人道惡盈而好謙。

乾爲盈。爲益。爲神。爲福。爲人。爲好。坤爲虧。爲鬼。爲害。爲惡。一陰一陽之卦。每取象於旁通。故彖傳屢以天地對言。互坎在坤中。坎性就下。故曰變盈流謙。若以義言之。山高而處地下。有刳盈濟虛之意。故其辭如此。

謙尊而光。卑而不可踰。君子之終也。

以謙道處尊而光。處卑而不可踰。謙者君子之道。尊而光。卑而不可踰。君子之終也。乾道尊。坤道卑。乾下濟而在二陰之上。故光。坤上行而在艮山之上。故不可踰。王引之曰。尊讀撙節之撙。說文無撙字。古多借作尊。儒行。其尊讓有如此者。

象曰。地中有山謙。君子以裒多益寡。稱物平施。（裒集解作捊）

卦象以下蘊高。推之於事。有裒多益寡稱物平施之象。以陰陽分言。乾爲多爲益爲物爲施。坤爲裒爲寡爲稱爲平。

初六。謙謙君子。用涉大川。吉。

象曰。謙謙君子。卑以自牧也。

艮初六艮其趾无咎。本爻所處最卑。謙而又謙之象。涉大川謂履險。艮趾所以涉也。坎爲川。艮爲山。不言登山者。古以涉川爲險也。涉川不可以侈大爲之。必如謙謙之君子。而後可以涉大川。故曰用涉大川吉。卦稱君子。指三言。初與三同身。（同卦。）三爲卦主。故初亦稱君子。牧。養也。謙謙君子。其養之者深矣。又謙。子夏易作嗛。嗛嗛猶小小。君子連下讀。言君子用之以涉大川。所謂不敢馮河也。象曰。嗛嗛君子。言處此嗛嗛之君子也。

艮初本静。坤順在外則可動。動而高爲躋陵。動而卑爲涉川。謙爲卑不爲高。故取象於涉川。又乾旁通履。乾伏於外。有涉大川之才。故取象於涉川。

六二。鳴謙。貞吉。

象曰。鳴謙貞吉。中心得也。

坎初六凶。艮六二心不快。本爻鳴謙貞吉。三至五互震。震爲善鳴。貞正也。居中得正故吉。又謙通衜。通愜。愜足也。中有所得也。衜恨也。中不能容也。愜於中則自鳴其得意。衜於中則自鳴其不平。二與上鳴謙。均有不愜於心之意。蓋三以一陽横於卦中。如心之有所衜者。然二爲三所蔽。上與三應。皆衜也。惟衜故鳴。但二居中得正。有自安於謙之象。安則愜矣。故象曰中心得。上陰柔不中。故曰志未得。易有辭同而吉凶各異者。位在則然也。（子母相反。）

九三。勞謙。君子有終。吉。

象曰。勞謙君子。萬民服也。

震九四未光。坎九二小得。艮九三厲熏心。本爻乃象之所謂君子有終吉者。坎爲勞卦。故曰勞謙。艮所以終始萬物。故曰有終。震諸侯之象。坤爲民。三以一陽馭衆陰。故曰萬民服。與屯初得民同意。（子母相反。）

六四。无不利。撝謙。

象曰。无不利撝謙。不違則也。

震六五无喪有事。坎六三勿用。坤六四无咎无譽。本爻无不利。謙古兼。从手禾。撝音麾。手指揮也。撝謙。謂指揮皆愜也。象曰不違則。即從心所欲不踰矩之意。坎爲則。震稱後有則。

六五。不富以其鄰。利用侵伐。无不利。

象曰。利用侵伐。征不服也。

震上六征凶。不于其躬于其鄰。无咎。婚媾有言。坤六五元吉。本爻无不利。鄰指四上言。不富謂陰虛也。又謙爲小。小亦不富之象。侵伐或作征伐。人過謙則招侮。二至上師體。故利用侵伐。上則明言行師矣。

上六。鳴謙。利用行師征邑國。

象曰。鳴謙。志未得也。可用行師征邑國也。

坤上六龍戰于野。本爻行師征邑國。坤爲邑國。征邑國。威不及遠也。利用謂可用。非无不利也。上失中陰盛。陰疑於陽則戰。故其象如此。在謙家故非凶。離爲甲兵。上九王用出征。陽在上也。既濟之三。未濟之四。與離上同。地水爲師。帥師者必用長子。泰上勿用師自邑告命。夬彖告自邑不利即戎。陰在上也。晉上維用伐邑者。晉反明夷之故。謙五利用侵伐。陰在中也。謙上陰在上。雖利用行師。而威不及遠。故祇言征邑國。與離上之言出征有異。復上陰消於陽。故用師大敗也。同人之五。陽剛得位。故大師克相遇。蓋師者陰類。而用師則必賴陽剛。謙五利用侵伐。其以九三爲長子乎。五之象曰征不服。三之象曰萬民服。不服於五而三征之。此謙之所以爲勞也歟。

䷏坤下震上

豫樂也。序卦。有大而能謙必豫。故受之以豫。以謙處大有。則樂可知也。雜卦。謙輕豫怠。謙之失則輕。豫之失則怠也。又謙小也。小則輕。豫大也。大而豫樂則怠。謙母老子弱。豫母老子強。謙陽伏地中。豫陽出地上。故豫者謙之反也。以卦義言之。順以動故豫。以卦象言之。雷出地奮。萬物昭蘇。所以豫也。又豫有預備之義。居樂出威之謂也。

豫。利建侯行師。

震爲侯。坤爲國邑。震在坤上。建侯之象。三至上體師。居樂出威。行師之象。豫者豫爲之備。故曰利建侯行師。

利見坤。建侯師特設辭。行見坎。

彖曰。豫剛應而志行。順以動豫。

九四爲衆所應。故曰剛應。一陽在中。志象。震出。志行之象。順謂坤。動謂震。

豫順以動。故天地如之。而況建侯行師乎。

如。從也。一陰一陽之卦。每取象於旁通。故以天地對言。

天地以順動。故日月不過而四時不忒。聖人以順動。則刑罰清而民服。

天地順動。而成坎離震兑。故日月不過。四時不忒。聖人順動。以建侯行師。故刑罰清而民服。坎爲刑罰。坤爲民。一陽統衆陰。則刑罰不濫。而民從之。

豫之時義大矣哉。

反覆詠嘆以盡其義也。易言時義者五卦。豫隨遯姤旅。言時用者三卦。坎睽蹇。言時者四卦。頤大過解革。大抵推論事理。以示不拘一端之意。曰時義。曰時用。曰時。行文之辭宜然。無他說也。

象曰。雷出地奮豫。先王以作樂崇德。殷薦之上帝。以配祖考。

雷出地奮。宣鬱通塞。先王作樂。以發揚蹈厲爲用。雷出地之象也。又坤順也。震。陰陽相激而成聲也。和順積中。而發於聲。樂之義也。殷盛也。薦之上帝以配祖考。所以崇德報功。乃樂之盛者。上帝。天也。以配祖。禘郊也。以配考。祖宗也。震象守宗廟社稷以爲祭主。卦母老子強。長子繼世。故祀上帝配祖考。

初六。鳴豫。凶。

象曰。初六鳴豫。志窮凶也。

坤初六履霜堅冰。本爻與謙上同。謙上以應三而鳴。本爻以應四而鳴。鳴謙猶可言也。鳴豫則已侈矣。又豫早也。逆備也。初在下。宜豫爲備。而陰柔失位。觸震而鳴。無遠大之志。故象曰志窮凶。志窮者。志不在遠也。一說。雷出地奮。初在地下。伏既不甘。出又不得。故爻稱鳴豫。象曰志窮。

六二。介于石。不終日。貞吉。

象曰。不終日貞吉。以中正也。

艮初六艮其趾无咎。坤六二直方大不習无不利。本爻介于石不終日貞吉。四爲動幾。初當幾而不得其方。三失幾有悔。二以中正之德而知幾。其豫備之速。有如介于石不終日者。貞。正。六二中正。故貞吉。二至四艮。艮爲石。介有堅確之意。六二見幾宜決。故曰介于石。卦以一爻爲一日。二之去四。中間六三一爻。故曰不終日。餘詳繫辭。

六三。盱豫。悔。遲有悔。

象曰。盱豫有悔。位不當也。

坎六四无咎。艮六二心不快。坤六三无成有終。本爻爲四所蔽。與謙二同。盱豫有悔。心不快也。盱。上視也。不平故上視。遲。失幾也。艮止故遲。位不當故有悔。豫有舒緩之意。三艮體。故戒以遲有悔。

九四。由豫。大有得。勿疑。朋盍簪。

象曰。由豫大有得。志大行也。

坎九五无咎。艮九三厲。震九四遂泥未光。本爻震起而艮以止之。又坎爲疑。故其象由豫。由豫即猶豫也。或曰衆陰由四陽而豫。故曰由豫。坤爲朋。四爲豫主。一陽而得衆陰。故曰大有得。盍。合也。簪。虞作戠。與埴同。謂摶埴也。京作撍。荀作宗。皆合聚之意。衆陰合聚於陽。陽可勿疑矣。象曰志大行。坎爲志。震爲行。上下皆應。故大行也。

六五。貞疾。恒不死。

象曰。六五貞疾。乘剛也。恒不死。中未亡也。

坎上六凶。震六五往來厲。无喪有事。本爻爲四所阻。不能得衆。故雖貞亦疾。得中故恒不死。不死即无喪也。坎爲心疾。震爲反生。

上六。冥豫。成有渝。无咎。

象曰。冥豫在上。何可長也。

震上六征凶无咎。本爻處豫之終。怠心生焉。故冥豫。震極則變。故成有渝。成猶終也。渝變也。不渝則凶。渝則无咎。冥。夜也。暗也。乾晝坤夜。上六坤之積故冥。又離爲明。卦有坎無離。故冥。震變則渝。渝則成晉非冥。故无咎。

䷐震下兌上

隨從也。序卦。豫必有隨。故受之以隨。凡豫悅則我隨人。人隨我。兼有其義。隨所以次豫也。以卦象言之。震爲長男。兌爲少女。男下女。女隨男也。震爲雷。兌爲澤。雷動澤隨之而動也。又澤爲膏澤。雷動而膏澤隨之也。以義言之。五剛二柔。內隨外也。震一剛下二柔。兌二剛下一柔。合二體則震之剛下兌之柔。又陰陽往來。乾上九下居坤初。亦爲以剛下柔。以剛下柔。剛動而柔說。故謂之隨也。隨所以不爲困者。困剛揜。隨則震主乎動。非如坎之隐伏澤中。故不曰剛揜。而曰剛下柔。

隨。元亨利貞。无咎。

震乾之始。兌坤之終。震兌合亦乾坤之終始也。故曰元亨利貞。有是四德。隨而无咎。左傳穆姜之言信矣。

按易稱无咎。多屬静象。卦震處兌下。安息無事。故彖稱无咎。

亨見震。亨利見巽。亨利貞見兌。无咎見艮。元特設辭。

彖曰。隨。剛來而下柔。動而說。隨。

程子不信卦變之說。至此亦曰乾之上九。來居坤之下。坤之初六。往居乾之上。實則三陰三陽之卦。俱有乾坤往來之象。卦與爻取義於是者亦多。然謂自某卦變某卦。取象則宜爾。究非成卦本意也。

大亨貞无咎。而天下隨時。

天下隨時。即所謂利也。王肅本時作之。

隨時之義大矣哉。

隨時之義。即變動不拘之意。六十四卦。皆隨時而設也。故極言其大以詠嘆之。一本時在之字下。

象曰。澤中有雷。隨。君子以嚮晦入宴息。

澤中有雷。隨時而休。亦隨時而動。其休也雷隨澤而休。動也澤隨雷而動。卦之名隨以此。易例乾明坤晦。乾上九之坤初。有嚮晦入宴息之象。又兌屬西方。爲晦。互巽爲入。艮爲宴息。君子法之。以嚮晦入宴息。又宴通燕。詩。燕燕居息是也。卦陰隨陽。婦隨夫。有燕私之象。

初九。官有渝。貞吉。出門交有功。

象曰。官有渝。從正吉也。出門交有功。不失也。

震初九吉。本爻亦吉。官猶事也。禮樂記。禮明樂備。天地官矣。謂各得其事也。乾上坤下。天地官矣。隨坤初變而爲震。故曰官有渝。得正故貞吉。門。乾坤之門也。坤初出門與乾交而之上。乾上出門與坤交而之初。有功謂變而得正。象曰出門交有功不失也。謂不失其正也。一說。門者至近之地。出門交謂與二交也。隨時以下係上。初陽二陰。故不言係而言交。修辭官與功相屬。故稱功。繫。二四同功。三五同功。推言之。凡六爻均可稱功。或以功專指五。拘矣。

六二。係小子。失丈夫。

象曰。係小子。弗兼與也。

艮初六无咎。震六二喪貝勿逐七日得。本爻係小子失丈夫。丈夫謂初陽。小子謂三陰也。師卦二爲長子。三爲弟子。故丈夫小子。以陰陽言。不以上下言。巽繩艮手。係象。釋詁。係。繼也。隨時不拘應與常例。而各係於上。初爲動主。可與也。乃以係三之故而失之。象曰弗兼與。既有所係。則比初應五皆失之。弗能兼也。（應以位言。與以陰陽相合言。艮象上下敵應而不相與。渾言之。即應即與。析言之。應不盡與也。專言之。凡應而與者謂之與。通言之。非應而與者。亦得稱與也。）

六三。係丈夫。失小子。隨有求得。利居貞。

象曰。係丈夫。志舍下也。

艮六二不拯其隨。本爻則志舍下而失小子。巽六四田獲三品。本爻則隨有求得。震六三震行无眚。本爻則利居貞。爻與震異者。彼純震。初二曰來。至三則行。此則外遇兌澤。嚮晦宴息。故利居貞。係者下係上也。丈夫謂四。小子謂二。故象曰志舍下也。

九四。隨有獲。貞凶。有孚在道。以明何咎。

象曰。隨有獲。其義凶也。有孚在道。明功也。

巽九五貞吉悔亡。艮九三厲熏心。兌九四未寧有喜。本爻陽剛失位。逼近五尊。得三之係故有獲。(三得二係曰有得。)承五之嘉故有孚。貞凶。惡其鄰於專也。以明何咎。明王在上。有可自明也。巽爲獲。震大塗爲道。有孚謂五。在道與失道反。五當位曰在道。有孚在道。猶言有孚當位也。二係三。三係四。二三皆四所獲。明王在上。有以明之則功。無以明之則罪也。

九五。孚于嘉。吉。

象曰。孚于嘉吉。位正中也。

巽上九凶。兌九五孚于剝厲。象曰位正當。本爻孚于嘉吉。象曰位正中。陽稱嘉。五自孚而不隨人。故孚于嘉。(子母相反。)

上六。拘係之。乃從維之。王用亨于西山。

象曰。拘係之。上窮也。

兌上六引兌。本爻處卦之終。進無所係。於是拘係於九五。拘係之不已。乃從而維之。拘止也。執也。維則有固結之意。詩所謂縶之維之是也。王用亨于西山。言有孚也。王謂五。兌爲西。艮爲山。故曰西山。又兌爲巫。所以事神者。故取象於亨。亨于西山。謂王之孚可與神交。上之爲其所係也。不亦宜乎。說卦艮爲狗。集解作拘。餘詳再稿。爻情上六類。

隨時以下隨上。故曰係。上窮故拘於五。拘有曲意。謂隨下也。初四五不言係者。陽自立不可言係也。

象傳言窮。豫初。大壯初。旅初。巽三。屯三。乾上。坤上。巽上。隨上。无妄上。姤上。節上。上位極故多窮。初位卑次之。三與上同。二五得中。無言窮者。四於上卦爲下。下卦爲上。亦不窮。三於下卦爲上。上卦爲下。宜與四同。而言窮者二。然則高亢之致窮。轉多於卑遜。君子之於世。宜慎所自處矣。又按陰陽之極則窮。如乾上坤上无妄上姤上是。其次則屯三巽三巽上。雖非陰陽之極。而處震巽終變之勢則亦窮。其次則以不得其應而亦窮。如大壯初是。其次則以位而窮。如豫初隨上旅初是。其次則以失道而窮。如蹇是。

䷑巽下艮上

蠱。皿畜蟲也。造蠱之法。以百蟲置皿中。俾相啖食。其存者爲蠱。卦巽爲風。風从虫凡聲。凡虫由風生也。傳。皿蟲爲蠱。艮覆皿也。覆皿以畜蟲。故卦名爲蠱。又蠱事也。序卦。以喜隨人者必有事。謂壞亂由此終。事由此始也。以象言之。巽以長女。下艮之少男。爲女惑男。巽以風落艮之實。爲風落山。又巽爲木。木阻於山。鬱而不達。久則腐矣。數者皆蠱象也。以義言之。下巽上止。積久弊生。遂至壞亂。雜卦。隨无故也。蠱則飭也。凡事隨則无故。不飭則蠱。蠱則飭也。卦三至五互震。震者振也。即飭也。蠱而飭幹蠱之謂。（王引之經義述聞。釋文曰。蠱一音故。公羊傳。習于邾婁之故。何休注。故。事也。）

蠱。元亨。利涉大川。

巽坤之始。艮乾之終。巽艮合亦乾坤之終始也。故有元亨之象。又元始也。元亨者蠱而始亨。謂蠱由此終。亨由此始也。又與損同義。上九一陽。自乾變而來。六五以坤中承乾故曰元。以隨例推之。蠱當言元亨利貞。今言元亨利而不言貞者。壞亂已極。不可守也。利涉大川。謂履險以濟也。初之四大坎。故曰大川。蠱不終於蠱。故曰利涉。

先甲三日。後甲三日。

十干以戊己爲中。首於甲。更於庚。巽重巽以申命。而无初有終。故九五取象於庚。蠱有摧陷廓清之意。而終則有始。故卦辭取象於甲。先甲三日。愼於始也。後甲三日。圖厥終也。以天時言之。春爲歲首甲也。春不以春始。由秋及冬。所以開此春也。春不以春終。由夏及秋。所以成此春也。以人事言之。創制顯庸甲也。創非一日所可創。是在先甲而爲之。創非一日所可成。是在後甲而爲之。故先甲後甲。事之序也。言三日者。事至三則詳。思至三則周。卦以一爻爲一日。三畫卦則三日也。又先甲後甲。合甲而爲七。震之言七也。明復七日來復是也。巽之言七也暗。先甲先庚是也。總之先甲後甲。所以明終始相循治亂相因之理。以其事出於創。故取象於甲。馬融以東方爲甲。艮東北故先甲。巽東南故後甲。虞仲翔以變乾爲甲。乾納甲在甲也。其餘言象者。或以先甲三日爲辛壬癸。後甲三日爲乙丙丁。（子夏傳。）而按之經文。皆非定解。蓋執象以言義。往往有不可通者。分別觀之可也。（餘詳再稿虞氏易）

亨見巽震兌。利見巽兌。元及先甲二句。均特設辭。

彖曰。蠱。剛上而柔下。巽而止蠱。

乾初之坤上。艮一剛在上。二柔在下。巽二剛在上。一柔在下。皆爲剛上柔下。凡剛至上則止。柔在下則巽。巽而止所以成蠱。

蠱。元亨而天下治也。

蠱者亂之極也。亂極思治。故有元亨之道。元亨而天下治也。

利涉大川。往有事也。

蠱事也。涉大川有所事也。坤爲事。乾初歷大坎而往坤上。往有事之象。

先甲三日。後甲三日。終則有始。天行也。

卦有六爻。七日來復。先甲三日。蠱之始也。後甲三日。蠱之終也。由終反始。乃天行之道。又卦初爲始。上爲終。乾爲始。坤爲終。乾初爲始。坤上爲終。今乾初之坤上。終則有始之象。又說卦。艮成終成始。以方位言之。陽至艮而終。亦自艮而始。以消息言之。陽不可以中斷。終於艮上。即始於艮上。易象成終之義。於艮剝見之。成始之義。宜見於震復。爲陽之不可中斷也。乃變其文曰來。故震艮者。相爲終始者也。頤上艮下震。終始備矣。然反復不衰。不見往來之跡。其於一卦而具見終始往來之跡者惟蠱。蓋蠱一陽在上。爲乾之終。而上之陽即從初來。故曰終則有始。隨不言終則有始者。隨陰在上也。巽无初有終。以陰下陽上而言。坤无成而代有終。坤純陰非終。言代有終者。坤與乾配。代乾而有終。用六象曰以大終。言用六則變乾矣。故終始者。以陽爲主。未濟五陰不與上相接。象故曰不續終也。

象曰。山下有風蠱。君子以振民育德。

坤爲民。乾爲德。巽風發。振象。艮山静。育象。振民育德。修己治人之道。所以幹蠱也。又互震爲振。體頤爲育。

初六。幹父之蠱。有子。考无咎。厲。終吉。

巽初六未言吉凶。本爻實乾位也。乾初之上成艮。艮爲少男。故曰有子。乾爲父。父死曰考。乾已變體壞。故稱考。變而皆失位。故厲。艮上厚終。故終吉。子終吉則考无咎矣。

象曰。幹父之蠱。意承考也。

象曰。幹父之蠱。意承考也。言初變爲巽。以形言之。爲陽變陰。變而之上。成艮幹蠱。

所承者意也。非形也。

九二。幹母之蠱。不可貞。

象曰。幹母之蠱。得中道也。

巽二兑初皆吉。本爻亦吉爻也。蠱事也。幹能事也。又草木之莖爲幹。巽艮皆木。故曰幹。又十干本作幹。彖先甲後甲。幹也。蠱卦原於乾坤。初上易位。乾坤體壞。在蠱家爲蠱象。自巽艮視之。乾之蠱父蠱也。坤之蠱母蠱也。九二巽中。巽長女也。應五坤中。坤爲母。故曰幹母之蠱。貞固也。失位故不可貞。得中故不言凶。

推本論之。凡卦均成於乾坤。三陰三陽之卦。均以乾坤往來爲義。獨蠱言父蠱母蠱者。陽死於下而生於上。終則有始。繼志述事之象。謂父母由此終。子由此始也。又蠱非一日之故。必歷世而後見。故初至五均以子之幹蠱爲言。但諸爻各自爲義。解家強指某爻幹某爻之蠱。則鑿矣。又按乾坤變而六子畢見。惟隨蠱二卦。隨以隨從爲義。蠱以治事爲義。故蠱言幹父之蠱。幹母之蠱。

九三。幹父之蠱。小有悔。无大咎。

象曰。幹父之蠱。終无咎也。

巽九三吝。震九四未光。兑九二吉。蠱爻均有幹蠱之象。本爻獨與上應。上乾初之變也。故亦曰幹父之蠱。乾陽在上。亢而有悔。巽稱小。故小有悔。得正故无大咎。又三上敵應。故小有悔。艮厚終。故象曰終无咎。

六四。裕父之蠱。往見吝。

象曰。裕父之蠱。往未得也。

震六五往來厲。兌六三凶。艮六四无咎。本爻應初。初乾位也。變巽爲柔。六四以柔應柔。故裕父之蠱。裕。寬裕不振也。以此而往。吝可見矣。兌爲見。震初爲往。象曰往未得。謂無應也。又往有變動之意。四變則爲離四鼎四。故曰往未得。（子母相反。）幹蠱以陽剛爲貴。二三上皆陽。五得中應陽。初雖失位。然卦以終始立義。初與上爲終始。故終吉。惟四以陰應陰。故吝。

六五。幹父之蠱。用譽。

象曰。幹父用譽。承以德也。

震上六征凶无咎。艮六五悔亡。本爻應二。二乾體多譽。故曰幹父之蠱用譽。承以德者。謂九二承之以德。一說。蠱以終始立義。初上爲卦主。五承上故承以德。乾爲德。繫。巽德之制。

上九。不事王侯。高尚其事。

象曰。不事王侯。志可則也。

艮上九敦艮厚終。本爻乃初之所謂有子者。以陰陽互生言之。巽艮皆乾坤之子。特乾可以概坤。故初三四五諸爻。均言幹父之蠱。惟九二言幹母之蠱。至上九則蠱極而治。超然物外。雖由乾變而來。而不事王侯。高尚其事。蓋所事在乎天下後世。非一身一家之業。故曰志可則。乾爲王。震爲侯。巽爲高。坎爲志爲則。

䷒兌下坤上

序卦。有事而後可大。故受之以臨。臨者大也。陽息之卦。初復。二臨。三泰。復小也。臨大也。泰通也。其序如此。又以尊適卑謂之臨。卦象。澤上有地。是地臨澤也。消息。陽息陰消。是陽臨陰也。又臨者至也。坤靜土。澤止水。坤上兌下。卦體不動。春秋傳不行之謂臨也。又臨有相臨之意。卦陰上陽下。陽臨陰。陰亦臨陽。二體互相爲臨。故六爻皆取象於臨。

臨。元亨利貞。至于八月有凶。

坤純陰。兌坤之終也。坤兌合故稱元亨利貞。陽息至二。可謂大矣。以二體皆陰。（陽息之卦。惟臨二體皆陰。）慮陽之不能久大也。故又曰至于八月有凶。臨建丑之月也。以周曆言之。遯爲八月。以殷曆言之。否爲八月。鄭虞主周曆。侯果主殷曆。二說均通。然遯者臨之反。似以鄭虞說爲是。有凶謂陰消陽也。言八月有凶。則八月或爲曆數之辭。謂由此至彼。凡歷八月。言至于八月有凶。則八月必爲固定之辭。謂時至八月。則有凶也。李鼎祚謂由建丑至建申。凡歷八月則成否。於經文至于二字。恐有未合。苟以兌爲八月。虞氏已非之。又或以觀爲八月。益失之矣。或曰。卦辭演於文王。何以用周曆。曰。書甘誓。怠棄三正。是虞夏以前。已有三正之說。或岐周土俗。早以建子爲正。或卦爻辭至姬周得天下後。續有增益。皆不可知。總之臨與遯反。臨者來臨。遯者遠去。八月有凶。指遯言。視他說爲優。又按以十二辟卦主十二月。於子正爲近。故卦氣以冬至爲首。然則以遯爲八月。蓋易之定例。

元見坤。亨見坤震兌。利貞見坤兌。有見坤。至于八月凶。特設辭。

彖曰。臨。剛浸而長。（此釋卦名。）說而順。剛中而應。大亨以正。天之道也。（此釋元亨利貞。浸長成乾。故曰天道。）

至于八月有凶。消不久也。（言陽不久即消。）

象曰。澤上有地。臨。君子以教思无窮。容保民无疆。

兌爲講習。故曰教思。坤爲民爲衆。萬物皆致養。故曰容保民。臨者大也。故曰无窮无疆。又坤彖稱行地无疆。

初九。咸臨。貞吉。

象曰。咸臨貞吉。志行正也。

兌初九和兌吉。象曰行未疑。本爻咸臨貞吉。象曰志行正。咸速也皆也。咸臨謂陽臨之速。且與二皆臨。喜之也。貞正也。貞吉得正而吉也。志行正者。謂初志上行而位得其正。與屯初同意。

九二。咸臨。吉。无不利。

象曰。咸臨吉。无不利。未順命也。

震初兌二皆吉。本爻吉无不利。與初皆陽。故曰咸臨。應五坤中。故曰无不利。（坤六二无不利。）巽爲命。大觀在上。順命也。本卦倒巽。故象曰未順命。說卦坤順也。象傳言順。如師比泰豫臨觀明夷升。皆指坤。萃言順。一指坤。一指卦中陰爻。旅巽兌言順。皆指卦中陰爻。至象傳則指陰爻爲多。如蒙六三。六五。頤六五。咸六二。明夷六二。家人六二。六四。萃上六。漸六四。渙初六。皆是也。蒙上九。利用禦寇。上下順也。漸九三。利用禦寇。順相保也。此雖陽爻。而用戒辭。欲其化剛爲柔也。臨九二陽爻。應五陰爻。命者以上命下。上陰下陽。故言未順命。蒙六三陰爻。以其乘剛。故言未順命。一利一不利者。蒙三乘剛。非童蒙所宜。臨二陽息。終有順命之理也。

六三。甘臨。无攸利。既憂之。无咎。

象曰。甘臨。位不當也。既憂之。咎不長也。

震六二厲。坤六四无咎无譽。兌六三凶。本爻居下卦之上。陰尚未變。甘之則无利。憂之則无咎。甘厭足也。自以爲足而不思變。失位乘剛無應。何利之有。憂則已變矣。三變陽體乾。惕若无咎。惕即憂也。象曰咎不長。陽息至二。行將及三。故曰咎不長。兌爲澤故曰甘。一說三震體。震恐懼。憂象。震爲稼。稼穡作甘。

又按甘臨與甘節之甘同。君子道長之世。小人亦未嘗不欲君子之臨。故曰甘臨。君子臨而小人之勢殺。无攸利也。然由此而遷善改過。亦可化而爲君子。既憂之无咎也。餘詳易稿外録。

六四。至臨。无咎。

象曰。至臨位當也。

震六三无眚。坤六四无咎无譽。六五元吉。本爻亦吉爻也。至臨者。謂陽息至二。中間一陰。時尚未至耳。時至則臨。何咎之有。震爲往來。故稱至。四得位應初陽。故其象如此。

六五。知臨。大君之宜。吉。

象曰。大君之宜。行中之謂也。

坤六五黃裳元吉。上六龍戰。本爻居尊臨下。宜爲大君。知所臨而臨之。大君之宜也。說卦乾爲大君。繫辭。乾以易知。卦純坤伏乾。陽息之卦。乾雖伏而易見。五君位。臨至於五。大君之象也。象曰大君之宜行中之謂也。五居中應中。互震爲行。行中者乾陽行至於中也。（荀謂二升居五。故曰大君之宜。蓋升降之說。適用於陰陽消息之卦。說亦可通。）

上六。敦臨。吉。无咎。

象曰。敦臨之吉。志在內也。

坤上六陰極而戰。本爻敦臨而吉。坤爲厚。敦厚也。卦二體不動。上六積陰。得坤之厚。故吉无咎。象曰志在內。臨內陽外陰。志在內謂上雖敦厚不動。而陰附於陽。其志在內也。復五稱敦。至上則終有大敗。臨上稱敦。其占爲吉无咎。則敦者亦物之至於其極。而不可復加者也。（子母相反。）

坤兌皆不動體。故初九九二皆曰咸臨。咸臨者。謂同時並臨。非一一動之也。三土在澤中。不能堅定。以臨爲甘。故无攸利。四至臨。謂時至則臨。五知臨。謂知臨之道。皆順其自然之謂。上敦臨。敦者坤之德。明其爲不動也。彖稱八月有凶者。以消息言之。陽至三三月。至四四月。至五五月。反初則七月姤來。（周曆。）凶已見矣。必稱八月者。臨非動卦。至八月成遯。二陽始泯。非如復之震陽在下。至上而反也。故坤上六。在他卦則陰極而動。動則非吉。在臨獨吉。不行之謂臨。臨者不動者也。又參伍以變。六三至上六。數不過五。故吉。

䷓坤下巽上

觀。視也。常視曰視。非常曰觀。序卦。物大然後可觀。故受之以觀。地上之物。大而可觀者。莫若林木。巽爲木。在地上。故曰觀。又觀有以上觀下之象。風行地上。巡視周徧。故曰觀。又觀爲門闕。所以懸象示民也。卦兩陽在上。民衆所仰。門闕之象。鄭氏謂艮爲鬼門。爲宮闕。虞云。坤爲國。艮在坤上。是國之門闕。故取象於觀。以義言之。則象所謂大觀在上。順而巽。中正以觀天下者是也。

觀。盥而不薦。有孚顒若。

盥灌祼通字。酌鬱鬯於地以求神也。周禮。鬱人掌祼器。凡祼事沃盥。分言之。盥。潔手以爲祼也。薦進也。穀梁傳注。無牲而祭曰薦。薦而加牲曰祭。大祭則薦牲薦幣薦璧。皆謂之薦。以象言之。坤爲地。巽爲茅。艮爲手。其體若覆皿。以手覆皿。藉之以茅。而酌於地。盥象也。巽爲入。在坤上。灌以求神之意。卦二體皆順。伏而不見。故曰不薦。有孚謂剛中。顒即顒顒。仰也。若形容辭。卦九五一陽爲君。下四陰爲民。上九一陽。位在君上。宗廟之象也。又艮爲鬼門。鬼門者。宗廟之門也。以義言之。王者以神道設教。莫先於尊祖。尊祖莫重於祭。祭莫尚於禘。禘莫盛於灌。論語孔子曰。禘自既灌而往者。吾不欲觀之矣。蓋灌禮最盛。其餘簡畧。非大觀也。盥而不薦。謂精誠專一。如祭祖者在未薦之先。始盥之時。信意顒顒。無他適也。一說。有孚顒若。指下之觀上言。亦通。

此卦辭之出於創者。惟有字見坤巽。不字見艮。

象曰。大觀在上。順而巽。中正以觀天下。

二陽在上。故曰大觀。中正謂九五也。

觀盥而不薦。有孚顒若。下觀而化也。

言在上者有孚顒若。如始盥之時。則下亦相觀而化。一說。有孚顒若。即下觀而化之事。

觀天之神道。而四時不忒。聖人以神道設教。而天下服矣。（集解无以字）

古代人民。知識未開。情誼分離。聖人有作。使民知敬神以堅其信仰。堅其信仰。而民易治。觀二陽在上。四陰在下。以下觀上。有信仰之意。物之得人信仰者。曰天曰神。天以變化成四時。神妙莫測。故人知所尊。聖人觀之。以神道設教。而祭祀之禮與。使民知信仰。以事神者事君上。天下所以服也。衆人觀聖人。聖人觀天。其信仰無二。卦辭取象於盥薦者。亦以信仰之道。惟祭爲盛耳。

象曰。風行地上。觀。先王以省方觀民設教。

坤爲方爲民。巽爲號令。設教之象。先王觀風之巡行地上。以省方觀民設教。非專以神道得民也。

初六。童觀。小人无咎。君子吝。

象曰。初六童觀。小人道也。

坤初六履霜。本爻處觀之下。去陽爲遠。觀時近詳而遠畧。故曰童觀。童觀小人之道。君子當之則吝矣。應四艮爲童。

六二。闚觀。利女貞。

象曰。闚觀女貞。亦可醜也。

坤初六履霜。六二无不利。本爻雖與五應。而中間二陰。去陽尚遠。繫稱闔戶爲坤。又坤道成女。故爻有闚觀女貞之象。象曰亦可醜。亦字由初六來。初六童觀。所見未明。六二闚觀。所見者小。故曰亦可醜也。

六三。觀我生進退。

象曰。觀我生進退。未失道也。

艮六四艮其身无咎。坤六二无不利。六三或從王事。无成有終。本爻處下卦之上。上觀九五。下爲初二所觀。觀我生即觀我身也。上觀下觀。進退之象。應上巽爲進退。象曰未失道。雖不當位。有與也。

荀爽曰。三欲進觀於五。四既在前。而三故退。未失道也。

六四。觀國之光。利用賓于王。

象曰。觀國之光。尚賓也。

巽四艮五均悔亡。坤六三或從王事。本爻乃下觀之最近者。坤爲國。九五爲王。自他至者謂之賓。六四與內三爻同類。由下之上。從王事而觀光於國。賓象也。

九五。觀我生。君子无咎。

象曰。觀我生。觀民也。

艮上九厚終。巽九五无不利。本爻乃象之所謂中正以觀天下者。觀天下有道。觀我生而已。觀我生即所以觀民。君子居之。何咎之有。民指下四陰言。坤爲衆。故稱民。五尊位。一身之言動。下民之安危係之。故曰觀我生觀民也。

上九。觀其生。君子无咎。

象曰。觀其生。志未平也。

巽上九凶。本爻處觀之上。與衆異位。故不曰觀我生而曰觀其生。其生指五以下而言也。上憑高視下。感念身世。容有不平之志。若以君子處之。目擊道存。固无咎矣。上與五陽剛。陽爲君子。故皆稱君子。巽爲高。其究爲躁。均不平之意。故象曰志未平。（子母相反。）

䷔震下離上

噬嗑。亨。利用獄。

噬嗑。噬而合也。初上象頤。二三五象齒。中一陽象物。物在頤中。不噬則不合。噬嗑與鼎皆象也。又噬嗑有斷制之義。爲卦離上震下。震威離明。事至而斷。於折獄爲宜。序卦。可觀而後有所合。故受之以噬嗑。觀者兩相對。合則彼此爲一。噬嗑所以繼觀也。

噬之而中無所間。故亨。一說。謂天地交也。坎爲刑獄。離明所以辨也。震威所以斷也。故利用獄。

亨見離震坎。利見離。用獄特設辭。

彖曰。頤中有物。曰噬嗑。（釋卦名。）**噬嗑而亨。**（釋亨。亨由於噬嗑也。）

剛柔分動而明。雷電合而章。柔得中而上行。雖不當位。利用獄也。

此釋利用獄之意。初五未變之先。剛與剛類。柔與柔類。今坤初之乾五。剛與剛分。柔與柔分。剛分則剛減。柔分則柔減。折獄之道。取剛柔相濟。分剛分柔。故利用獄。動而明。則物無隐情。雷電合。則事無間隔。二者皆折獄之要。卦以五爲尊。獄之主也。柔進居五。位雖不當。然離明震威。得中而治。用之於獄。固無不利。

象曰。雷電噬嗑。先王以明罰勑法。

雷電以相激而合。噬嗑之象也。坎爲法。罰。法之用也。先王象電之明以明罰。雷之威以勑法。（卦本爲電雷。今云雷者。明雷電之本爲一物。故曰雷電合而章。）

初九。屨校滅趾。无咎。

象曰。屨校滅趾。不行也。

震初九恐以致福。本爻則警以免禍。屨校所以警也。屨貫也。坎爲刑。校。刑具也。滅趾不見趾也。震爲足。初足位也。故取象於趾。應四艮。艮初六艮其趾。滅趾則無不艮者。又趾偶形也。坤時初偶。陽來滅之。滅趾之象也。得正故无咎。震爲行。遇艮止故不行。噬嗑有獄象。故初曰屨校。上曰何校。屨校无咎。所謂小懲大戒。何校凶。所謂罪大惡極。

六二。噬膚滅鼻。无咎。

象曰。噬膚滅鼻。乘剛也。

艮初六无咎。震六二厲。象曰乘剛。本爻噬膚滅鼻。象曰乘剛。噬食也。古以肉食爲美。二膚。三腊肉。四乾胏。序宜如此。五稱乾肉者。柔處中也。卦中四爻取象於噬。初上不然者。兩陽如頤之有輔車。非噬具也。滅鼻不見鼻也。艮爲鼻。鼻頤上之官也。二噬膚滅鼻。受初之動。妄用其噬也。所以无咎者。正而得中也。

六三。噬腊肉。遇毒。小吝。无咎。（腊集解作昝義同）

象曰。遇毒。位不當也。

坎六四樽酒簋貳用缶。艮六二心不快。震六三震蘇蘇震行无眚。本爻得坎之樽簋。以恣啗噬。然未足以快其心。譬之噬腊肉者。有遇毒之象焉。周禮天官。腊人掌乾肉。凡田獸之脯腊。注。大物解肆乾之謂之乾肉。腊。小物全乾者。腊肉。剛堅之肉也。漸近離日。故曰腊肉。小吝即蘇蘇也。无咎即无眚也。坎爲毒。遇毒承四也。三遠初而近四。其動雖緩。其遇實艱。故遇毒。繫。震无咎者存乎悔。震終以悔而變。故小吝而无咎。又腊久也。前漢五行志。味厚者腊毒。是腊肉有致毒之道。

飲食男女。人生大欲。而患亦随之。故噬嗑頤咸恒。爻多不吉。

九四。噬乾胏。得金矢。利艱貞吉。

象曰。利艱貞吉。未光也。

坎九五无咎。艮九三厲熏心。離九四焚死棄。本爻蓋被噬者。以其據陰志行。在噬嗑家亦可作噬物解。胏。肉之有聯骨者。離日熯之故乾。乾胏難噬之物也。乾爲金。離爲矢。九四剛直如矢然。故曰噬乾胏得金矢。金言其堅也。初至五屯艱象。貞吉。之正則吉也。

離在坎中。故象曰未光。（子母相反。）

周官疏云。入束矢鈞金。不直則沒入官。噬嗑獄象。四得金矢。五得黃金。或即束矢鈞金也。若然則噬膚蓋爲弱者聽曲直。噬乾胏乾肉。蓋爲強者聽曲直。噬腊肉。蓋爲勢微而性強者聽曲直。

六五。噬乾肉。得黃金。貞厲。无咎。

象曰。貞厲无咎。得當也。

坎上六凶。離六五戚嗟若吉。本爻體陰故曰肉。在離故曰乾肉。乾爲金。坤爲黃。六五以坤入乾。故曰得黃金。以柔噬剛。故曰噬乾肉得黃金。失位乘剛故貞厲。得中故无咎。

上九。何校滅耳。凶。

象曰。何校滅耳。聰不明也。

離上九折首。本爻與初爲終始。初屨校。上何校。屨校則不見其趾。何校則不見其耳。趾耳偶象。遇奇而滅。鼻奇象。遇偶而滅。震趾艮鼻坎耳。卦之象也。屨校言趾。噬膚言鼻。何校言耳。詞之類也。指六二爲鼻。上九爲耳。則非矣。

上九何校。亦訟則終凶之意。故豐上九亦凶。又雷電則陰晦迷離。故本卦與豐多幻象。

䷕離下艮上

序卦。物不可以苟合而已。故受之以賁。賁者飾也。三陰三陽之卦。其剛柔相間者。惟賁噬嗑既未濟四卦。既未濟噬嗑。別有取義。故以文剛文柔歸之賁。爲卦上艮下離。艮爲山。離爲火。書。日月山龍華蟲作會。宗彝藻火粉米黼黻絺繡。以五彩彰施于五色。作服。古者繪畫之事。多取材於山火。山火賁象也。又賁天地之雜色。呂氏春秋高誘注。賁。色不純也。山火即今之所謂山中出火者。其土石往往如敗灰。如燒粉。駁而不純。亦賁象也。鄭康成曰。離爲日。天文也。艮爲石。地文也。天文在下。地文在上。天地二文。相飾成賁者也。以義言之。則象所謂天文人文盡之矣。

賁。亨。小利有攸往。

凡物致飾則可通。然飾者末也。必有其本。而飾乃可施。故又曰小利有攸往。又剛柔交故亨。離火炎上。坎行有尚。震動於中。艮止在上。不得大施。故曰小利。（以上二解。與象傳雖有出入。而實相通。）

亨見離坎震。利見離。有見坎。小攸往特設辭。

彖曰。賁亨。柔來而文剛。故亨。分剛上而文柔。故小利有攸往。

剛爲本。柔爲末。柔來文剛。本末有序。故亨。剛上文柔。本末失宜。故小利有攸往。分言之。柔來文剛。大者亨也。剛上文柔。小者利也。大亨由於柔來。是小者亦亨也。小利由於剛上。是大者亦利也。大者必大利而後謂之利。大者而利小。故亦謂之小利。賁之彖曰。賁亨小利有攸往。是亨者自亨。小利者自小利。易辭固可分別觀之。

天文也。文明以止。人文也。觀乎天文。以察時變。觀乎人文。以化成天下。

柔文剛。剛文柔。隨時而變。如日月寒暑冬夏晝夜之不同。天之所謂文也。推之於人事。則長幼尊卑冠昏喪祭。以及車馬衣服。飲食起居。莫不各有所應止之地。大學止於至善。即文明以止之謂。文明以止。人之所謂文也。聖人觀乎天文。以察時變。觀乎人文。以化成天下。向明而治。使時事得其所變而變。人人得其所止而止。賁之所以亨也。

象曰。山下有火。賁。君子以明庶政。无敢折獄。

法離之明。可以明庶政。明而止。則留獄也。故无敢折獄。一說。無文不行。致飾乃庶政所宜。折獄而飾。則不得其情。故无敢折獄。

初九。賁其趾。舍車而徒。

象曰。舍車而徒。義弗乘也。

離初九履錯无咎。本爻賁其趾。賁其趾有所飾矣。舍車而徒。飾之小者。彖所謂小利有攸往也。艮爲止。止趾古今字。又初爲趾。在賁家故曰賁其趾。應四坎爲車。四爲三所間。初不能與爭。故舍車而徒。象曰義弗乘。初在下位。不宜過飾。抱義而處。終得婚媾也。或曰。坤爲車。二之上坤體壞。故舍車而徒。若然則二舍之。非初舍之矣。恐未合。

六二。賁其須。

象曰。賁其須。與上興也。

坎初六凶。離六二元吉。本爻與上易位。乃卦之所以名賁者。象所謂與上興也。噬嗑頤象。賁亦頤象。須繞頤者也。頤無可賁。則賁其須。賁亦外矣。一說。上爲須。二之上。故曰賁其須。

九三。賁如濡如。永貞吉。

象曰。永貞之吉。終莫之陵也。

震九四遂泥。坎九二有險。離九三凶。本爻間於衆陰。故賁如。在坎中。故濡如。濡潤也。坎水故潤。又滯也。（孟子。是何濡滯。）坎險故滯。又含忍也。（史記聶政傳。無濡忍之心。）頤中有物。故含忍。永貞吉。謂與上敵應。永守其正則吉也。承陰而震起。故莫之陵。（子母相反。）

又按賁以剛柔相間爲文。二上爲成賁之由。二與上興。上得志。明其爲賁之主。九三雖無正應。而衆陰相間。其賁爲盛。故曰終莫之陵。

六四。賁如皤如。白馬翰如。匪寇婚媾。

象曰。六四。當位疑也。匪寇婚媾。終无尤也。

震六五厲。坎六三勿用。艮六四无咎。本爻與屯二繇辭畧同。屯二應五而乘剛。本爻應初而乘剛。屯二坎上震下艮在中。本爻自二以上。艮上坎下震在中。此其所以同也。馬作足横行曰皤。翰。白色馬也。坎爲寇。卦惟初四得應。有婚媾之象。故曰匪寇婚媾。賁無色故曰白。震起艮止。在坎中。故皤如。應初而三間之。象故曰當位疑。初四正應。終得相合。故曰終无尤也。

震巽艮兑相重。多取象於夫婦。咸恒随（係丈夫）蠱（女惑男）漸歸妹是也。惟坎離相重。無夫婦之象。即坎離與他卦相重。亦多爲變象之夫婦。屯坎在上。賁離在下。睽離在上。屯二賁四睽上。皆言匪寇婚媾。雖取象於夫婦。猶有寇意存焉。蓋水火爲相厭之物。非水滅火。則火滅水。與夫婦之相洽者異。故曰水火不相射。

六五。賁于丘園。束帛戔戔。吝。終吉。

象曰。六五之吉。有喜也。

震上六征凶无咎。艮六五悔亡。本爻位尊才柔。不能以人文化天下。二至上蒙體。五爲童蒙。尤頼求賢以自助。賁于丘園。求賢也。束帛戔戔。賁之小也。失正無應。故吝。得中承上。故終吉。丘園猶山林也。艮爲山。丘亦山類。坤爲地。艮爲果蓏。地生果蓏。園象。坤爲布帛。變成艮。一陽在上。如帛之束然。象曰有喜。陽爲喜。謂陽在上也。

上九。白賁。无咎。

象曰。白賁无咎。上得志也。

艮上九敦艮吉。本爻成賁之終。繪事後素。故稱白賁。剛上文柔。故得志而无咎。

䷖ 坤下艮上

剝。削也。落也。序卦。致飾然後亨則盡矣。故受之以剝。凡致飾之物。其終無不剝落者。剝所以次賁也。以卦象言之。山附於地。變盈流謙。日久則山削。以義言之。陰消至五。不絕如綫。陽氣剝落之時也。

剝。不利有攸往。

陰長陽消。艮止於外。故不利有攸往。

利有攸往見坤。不見艮。此卦辭之出於因者。

象曰。剝。剝也。柔變剛也。不利有攸往。小人長也。

言君子不利。

順而止之。觀象也。君子尚消息盈虛。天行也。

觀剝之象。宜順時而止。消息盈虛。乃天行之自然。君子尚之。所以自保也。

象曰。山附於地剝。上以厚下安宅。

剝上則厚下。君子法之。以厚下安宅。又坤與艮皆有厚象安象。

上者對下而言。於爻則指上九。六十四卦。或言先王。或言君子。或言后。言上者惟此卦而已。

初六。剝牀以足。蔑貞凶。

象曰。剝牀以足。以滅下也。

坤初六陰始凝。本爻剝之始也。剝本乾卦。乾爲坤剝。剝初。初至三巽。剝二。二至四巽。剝三。三至五巽。剝四。四至上巽。巽爲牀。故爻辭皆取象於牀。初爲足。故曰剝牀以足。蔑貞。消陽也。陽由下消。故象曰滅下。

六二。剝牀以辨。蔑貞凶。

象曰。剝牀以辨。未有與也。

坤初六陰始凝。六二无不利。本爻居中得正。似可獲吉。剝時以近陽爲貴。三應陽。五比陽。尚可免凶。六二陰之主也。蔑貞甚矣。蔑無也。象曰未有與。無陽與也。(子母相反。)

六三。剝之。无咎。

象曰。剝之无咎。失上下也。

坤六二无不利。六四无咎无譽。六三无成有終。本爻位剛才柔。衆陰剝陽。三不能獨異也。故剝之。爲上正應。其志不與衆陰同也。故无咎。象曰失上下。言與上下衆陰異也。

六四。剝牀以膚。凶。

象曰。剝牀以膚。切近災也。

坤六三可貞。六五元吉。艮六四艮其身无咎。本爻所謂膚。即艮四之所謂身也。初足。牀足也。辨。牀足之上。牀身之下也。六三則至牀身矣。六四則至人身矣。至人身則切近災。其凶也尚待問乎。（子母相反。）

六五。貫魚以宮人寵。无不利。

象曰。以宮人寵。終无尤也。

坤上六龍戰。艮六五言有序悔亡。本爻无不利。五君位。在剝時爲后象。魚陰類。其行有序如貫然。宮人之承寵於君上者似之。巽爲繩爲魚。貫魚之象。艮爲宮闕。剝時陰盛。宮人之象。近上厚終。故象曰終无尤。

上九。碩果不食。君子得輿。小人剝廬。（得輿集解作德車）

象曰。君子得輿。民所載也。小人剝廬。終不可用也。

艮上九敦艮厚終。本爻一陽在上。剝之則盡。陽無終盡之理。果者剝於上復生於下。陰陽消息似之。故曰碩果不食。君子謂陽。小人謂陰。陽處上據坤。如得輿然。陰在下剝削。如剝廬然。艮爲果。上陽也。陽爲碩。故曰碩果。食。蝕也。陰蝕陽至五。惟上九一陽尚存。故曰不食。坤爲輿。陽爲得。故曰得輿。廬所以覆物。上一陽覆下如廬然。在剝家卦曰剝廬。

䷗震下坤上

復。反也。序卦。物不可以終盡。剝窮上反下。故受之以復。剝之反則復。卦所以名復也。坤爲地。震爲雷。雷在地中。陽氣發生之象。陽生不曰生而曰復。明陽之不絕也。復一陽在下。其勢甚微。而卦象若深喜之者何。陽漸長也。陽長則君子之道行矣。（剝復對言。則剝之反即復。若論其消息之序。則陰消至陽息。凡歷六爻。非剝反爲復也。）

復。亨。出入无疾。朋來无咎。

復亨。陽道得亨也。入。陽消也。出。陽長也。疾。病也。（坎爲心病。以中有所銜也。震奮發不留。故无疾。）出入无疾。如久蟄思起。喜其無病也。坤象西南得朋。朋陰類也。自二至上皆陰類。陰以陽爲歸。朋來者。如豫九四之言朋盍。蹇九五之言朋來也。无咎者。陽爲陰乘。宜若有咎。在復則无咎。言出入无疾。則屯難不足以限之。言朋來无咎。則陰類不足以累之也。

反復其道。七日來復。利有攸往。

道即一陰一陽之道。反復其道。謂反復於其道。猶言消息往來也。卦由六畫而成。七者由終反始之數。震始出。故曰七。卦以一爻爲一日。故曰七日。終始循環。故曰來復。（漢儒主六日七分說。不拘可也。）利有攸往。君子道長也。

亨見坤震。來見震。利有攸往見坤。朋見坤。餘係特設辭。

彖曰。復亨。剛反。（釋亨。外卦無剛。故不言剛自外來。）

動而以順行。是以出入无疾。朋來无咎。

下動上順。與動輒得咎者異。

反復其道。七日來復。天行也。利有攸往。剛長也。復其見天地之心乎。

天地以生物爲心。陽之消所以長也。物之殺所以生也。當其消。當其殺。天地之心隱而微。及其長。及其生。天地之心顯而著。故曰復其見天地之心。

象曰。雷在地中復。先王以至日閉關。商旅不行。后不省方。

雷在地中。其形未著。言復者機已動也。至日。冬至之日。陰消於此終。陽長於此始。先王知陽之始動。其機甚微。故静以養動。閉關而商旅不行。静於下也。后不省方。静於上也。象言利有攸往。機已動也。象言商旅不行。后不省方。動尚微也。繫。闢戶爲乾。闔戶爲坤。閉關者闔戶之象。豫震上坤下爲重關。復坤上震下爲閉關。蓋一奇臨衆偶。閉關之象。商旅者。出入於關者也。震爲大塗。坤爲衆。塗上有衆。商旅之象。閉關則商旅不行。其事爲一貫。坤爲方。陽來滅坤。不省方之象。陽君陰民。陽潛於下。后不省方之象。又震爲恐懼脩省。脩省者省於內。省方者省於外。陰陽未定時。齋戒檢身。省內爲要。何暇省外乎。

初九。不遠復。无祇悔。元吉。

象曰。不遠之復。以脩身也。

震初九震來虩虩。後笑言啞啞吉。本爻乃卦之所以名復者。陰消陽長。一轉移間耳。故曰不遠。祇大也。凡復必由於失。失則悔。悔而速復。故无祇悔。乾象大哉乾元。萬物資始。本爻剛柔始交。得乾之元。故稱元吉。象曰不遠之復。以脩身也。即震象恐懼脩省之意。

祇九家作㩼。音支。廣雅㩼多也。古音支歌二部相通。故支聲與多相近。此王引之說。

六二。休復。吉。

象曰。休復之吉。以下仁也。

坤初六履霜。震六二喪貝勿逐七日得。剝復皆以近陽爲貴。本爻比而得中。故休復。休美也。乾始能以美利利天下。陽息乾來。其美可知。象曰休復之吉。以下仁也。下謂初。仁人心也。亦天地之心也。初復則天地之心見矣。

六三。頻復。厲。无咎。

象曰。頻復之厲。義无咎也。

坤六二无不利。六四无咎无譽。震六三震蘇蘇震行无眚。本爻去初已遠。故頻復厲。頻古作顰。說文。水厓人所賓附。顰顣不前而止。又廣雅。頻比也。六三在復家。比於初二而復。而顰顣不前。蘇蘇自失。所以厲也。凡陰陽消長。至三而變。震至三則蘇蘇。巽至三則頻巽。剝至三則剝之无咎。復至三則頻復厲。在復家與初同體。故无咎。象曰。義无咎。隨初俱復。義在則然也。一說。頻數也。三才柔故頻。失位故厲。震終則變。變則爲陽。在陽長之卦。故无咎。

六四。中行獨復。

象曰。中行獨復。以從道也。

坤六三无成有終。六四无咎无譽。六五元吉。本爻處五陰之中。應初震爲行。故曰中行。復至三已頻。六四爲初正應。不與三同。象曰中行獨復。以從道也。道也者不可須臾離。初九不遠而復於道。四應初。故曰以從道。
又按中行猶中道。即半塗也。四應初。初不遠而復。四待至中行而後復。不能與初同時。故曰獨復。二與初同體。曰休復。則同時俱復者也。

六五。敦復。无悔。

象曰。敦復无悔。中以自考也。

坤六五黃裳元吉。上六龍戰。元吉者。以承天而獲元吉也。本爻以坤中而復於乾。復至此可謂敦矣。繫。安土敦乎仁故能愛。安土敦仁謂坤。爻之稱敦復者以此。得中而敦復。何悔之有。自考者。即初九脩身之意。五得中故能自考。二比初。四應初。皆非自考者也。
臨二至上。凡四陰爻。復初至五。凡四陰爻。臨上言敦。復五亦言敦。繫。參伍以變。易之數不過五。過五則變。乾坤之五不變者。得中之故。至上則或亢或戰矣。

上六。迷復。凶。有災眚。用行師終有大敗。以其國君凶。至于十年不克征。

象曰。迷復之凶。反君道也。

坤上六龍戰。本爻所以用行師也。（師象詳泰注。）陰與陽戰終敗。故曰終有大敗。坤爲國。乾爲君。卦以乾滅坤。言以其國君凶者。坤迷不復。陰陽交戰。凶及其君。象所謂反君道也。至于十年不克征。言克復之難也。顧天下終無不可克復之理。則上六之不復。亦徒自取災眚耳。此坤之迷也。迷而後復。十年乃克。故凶。坤象曰。先迷失道。後順得常。坤固不終於迷。而亦未易竟復。凡物既失而復。往往起於倉卒。而欲完美無闕。有非旦夕所能奏效者。卦之言七日。謂其始也。爻之言十年。謂其終也。

初九不遠復。三月不違者也。三頻復。日月至焉者也。二休復。四獨復。則進於是矣。五敦復。安仁者也。上迷復。所謂下愚不移。

䷘震下乾上

无妄。無偽妄也。序卦。復則不妄矣。故受之以无妄。又无妄漢儒多作无望。說文。望。出亡在外。望其反也。復則不望矣。故太玄準无妄以去。又无妄謂無期望也。雜卦。无妄災也。朱英所謂无望之福无望之禍者是也。凡人無偽妄則無所期望。無望而得。意外之得也。無望而失。意外之失也。關氏易傳。无妄而災者災也。有妄而災者。則其所宜。非災之也。又無望謂絕望也。易无妄傳（書名）。災氣有九是也。爲卦乾上震下。以象言之。天下雷行。萬物響應。無偽妄也。天下雷行。出人不意。無期望也。天下雷行。往而不返。則絕望也。又京氏謂無雲而雷。大旱之卦。萬物皆死。無所復望。漢儒多主其說。以義言之。動而健。其動也以天。無偽妄也。剛自外來。而爲主於內。既來則不望矣。其來也忽然。無期望也。震主動。動而上升。遇健則止。絕望也。

无妄。元亨。利貞。其匪正有眚。不利有攸往。

乾陽之主。震乾之始。震乾合陽之盛也。故亦曰元亨利貞。陽盛而未純。故又曰其匪正有眚。匪正則不利有攸往。既元亨利貞矣。而又言不利有攸往者。乾在上爲得位。震動而上行。有干天之嫌。干天則匪正。匪正則不利有攸往。言元亨利貞。卦之所以稱无妄。言不利有攸往。无妄之所以爲无望也。

元亨利貞見乾。亨亦見震。其匪正有眚特設辭。利有攸往見巽。不利者利之反也。

彖曰。无妄。剛自外來而爲主於內。

乾在上是剛外也。坤得乾之剛而爲震。剛自外來也。剛自外來。而爲主於內。非始望所及。故曰无妄。又未來則望其來。已來則不復望。故曰无妄。

三陰三陽之卦。彖傳多往來之辭。如隨蠱噬嗑賁咸恒損益渙等是。其非三陰三陽之卦。或言往不言來。或言來不言往。如訟无妄大畜晉睽鼎是。其畧具往來之意者。如蹇解是。然細考之。大抵皆以上下卦之卦情而異。蓋乾坤交而爲六子。震坎艮本坤卦。震在下則乾四之坤初。坎在下則乾五之坤二。艮在上則乾三之坤上。大畜言剛上。艮在上也。訟言剛來。坎在下也。无妄言剛來。震在下也。蹇。坎在上。故言往得中。艮在下。故言不利東北。解。震在上。故言往得衆。坎在下。故言乃得中。巽離兌本乾卦。離在上則坤二之乾五。（巽兌可類推。）晉睽鼎。言柔進而上行。離在上也。隨蠱噬嗑賁咸恒損益渙。乃本卦上下自爲往來。其義易曉。學者狃於自爲往來之例。於是倡爲卦變之說。而於无妄剛自外來一語。究屬無法安置。蓋无妄乾外震內。所謂外來者。究屬何爻而來。雖善辯者亦無以自圓其說。不知彖傳凡言往來。惟三陰三陽之卦。其變更之跡。確可指數。餘則因卦成義。不拘自爲往來之例。震初本自乾來。未遇乾則其來不顯。故復言剛反。即震本卦。亦不過曰震來而已。未嘗明其所自也。无妄外乾。至此乃明其所以然之故。曰剛自外來。一若爲往來之卦。下一總解釋者。世儒紛紛。盡拘泥之見也。

動而健。剛中而應。大亨以正。天之命也。

大亨以正。故無僞妄。天命自然。故無期望。互巽。巽爲命。

其匪正有眚。不利有攸往。无妄之往。何之矣。天命不祐。行矣哉。（祐集解作右）

震爲長男。疑於無乾。動與天合。天之命也。動而逆天。天命不祐。言天之命者。合內外卦而併言之。動而健也。言天命不祐者。分內外卦而各言之。天位定於上。震體動於下。動無所往。窮之災也。凡震居下體。動必上升。屯九五雖當位。初九猶有得民之象。惟无妄則乾居九五。震之動不能逆天。匪正有眚。所以戒之者深矣。

象曰。天下雷行物與。无妄。先王以茂對時。育萬物。

與猶應也。雷行而物與之。無所遁飾。无妄之象也。茂盛也。對配也。茂對時所以配天也。育萬物所以養衆也。二者即保合太和各正性命之義。乾爲物。艮爲時。

京氏以无妄爲大旱之卦。說亦可通。雷出地者。啓蟄之象也。雷在天下。無啟蟄之意。以卦體言之。上乾下震。互巽互艮。初至四有離象。是晴天之下。風雷交作。無雨之徵也。但大象言天下雷行物與。似無災禍之意。如以災禍取象。言天下雷行足矣。不當言雷行物與也。時解以物與无妄連續。亦非。物與者。即萬物響應之義。物與无妄。殊覺費解。

初九。无妄。往吉。

象曰。无妄之往。得志也。

震初九吉。本爻動之主也。得正故往吉。象曰得志。二陰在上。初陽奮發。得志之象也。

（凡陽在上陰在下者。多言志行。）

六二。不耕穫。不菑畬。則利有攸往。

象曰。不耕穫。未富也。

艮初六艮其趾无咎。震六二喪貝勿逐七日得。本爻中正得應。亦有勿逐自得之象。田一歲治爲菑。三歲治爲畬。耕而穫菑而畬常也。不耕穫。不菑畬。妄也。當无妄時。妄象迭見。故曰不耕穫不菑畬。然二承三之陰。固非艮其趾而不往者。二隨初以爲動。初既以往爲吉。二則利有攸往。利有攸往。是不廢耕穫也。象曰未富。陰虛故不富。知六二之不富。則知不耕穫不菑畬之爲妄象矣。震當春作。初至上益體。故有耕穫菑畬之象。在无妄家。故曰不耕穫不菑畬。

六三。无妄之災。或繫之牛。行人之得。邑人之災。

象曰。行人得牛。邑人災也。

巽六四田獲三品。艮六二其心不快。震六三震行无眚。象曰位不當。本爻失位非正。故有災。坤爲牛爲邑。震爲行。巽爲繩。巽繩遇艮手。繫也。或之者。疑之也。巽爲進退。爲不果。或象。巽下有坤。或繫之牛也。震來破坤。坤象不見。邑人之失牛也。震爲行。自外來而爲主於內。行人之得牛也。凡此皆非六三之事。而六三實遇之。此无妄之災也。三處震終。終則必變。又處艮下。其心不快。故妄象如是。八卦惟乾剛健純粹。可稱无妄。震得乾體。而二三陰柔。非能无妄也。故六二六三多妄象。五之有妄象者。无妄之主也。又上下二體皆陽往。爻至三則變。故三六均稱災。上無可再往。故象曰窮之災也。

九四。可貞。无咎。

象曰。可貞无咎。固有之也。

巽九五貞吉悔亡。艮九三厲熏心。乾九四无咎。本爻以陽處陰。不得爲正。言可貞者。五上皆陽。進無可往。二三皆陰。退有所據。四居其間。守其固有而无咎也。无妄多妄象。四互艮之主。艮爲篤實。妄象不見。故无咎。

九五。无妄之疾。勿藥有喜。

象曰。无妄之藥。不可試也。

乾九五利見大人。巽上九巽在牀下。喪其資斧。貞凶。牀上人之所安也。在牀下則有疾矣。喪其資斧。則勿藥矣。本爻居中得正。无妄之無災者也。無災則無疾。然无妄時往往得之意外。九五而有疾。无妄之疾也。勿藥而有喜。意外之喜也。凡此皆妄象也。五爲无妄之主。自以爲无妄。則妄象生矣。凡災由天降。疾由內生。坎爲疾。衒於中也。震無疾。（復出入无疾。）發於外也。五坎位。在乾體。得天之正。故不言災而言疾。卦有震無坎。故勿藥有喜。艮石巽草木。藥也。剛健中正。有喜也。

上九。无妄。行有眚。无攸利。

象曰。无妄之行。窮之災也。

乾上九亢龍有悔。本爻乃卦之所謂匪正有眚者。陽至此亢而致窮。故有眚而无利。天命不佑行矣哉。（卦言有眚。在以震干天。爻則以乾上爲有眚。亦所謂无妄者也。）

䷙乾下艮上

畜。止也。大畜。所畜者大也。以艮畜乾。乾爲大。故曰大畜。又大畜爲大所畜也。小畜以巽陰畜乾陽。故曰小畜。大畜以艮陽畜乾陽。故曰大畜。又畜聚也。序卦。有无妄然後可畜。故受之以大畜。謂无妄則實。實則可聚也。又畜養也。卦辭所謂不家食吉是也。以象言之。天爲山所畜。以義言之。下健上止。健而止。所以稱大畜也。

大畜。利貞。不家食吉。利涉大川。

大畜有畜積衆多之義。不正則失其大。故曰利貞。國之大畜。在於育才養士。故賢人當大畜之時。以不家食爲吉。畜大而後時艱可濟。故曰利涉大川。按兌爲口。食也。艮爲門闕。在乾上。朝廷之象。大畜所養者大。故食於朝而不食於家。需時乾體在下。九五當位。君子以飲食宴樂。飲食宴樂自養也。大畜乾體在下。上九以一陽居五上。五不自養而養賢。故曰不家食吉。卦無坎象而言利涉大川者。乾健則有涉川之才。艮止則不敢冒進。有其才矣。而不敢冒進。所以利涉也。又五坎位。陽歷五而上。止而應乎天。利涉大川之象。總之所畜既大。自足濟時。義如同人之利涉大川。不必有坎體也。（京房謂二變五體坎。故利涉大川。蓋漢儒多主升降之說。非獨荀虞為然也。）

利貞見乾兌。不見艮。家食吉涉大川。特設辭。

象曰。大畜。剛健篤實輝光。日新其德。

剛健謂乾。篤實謂艮。中有離象。故曰輝光。乾為德。剛健篤實。發為輝光。以日新其德。畜之所以大也。一說。陽為光。陰為暗。陽居卦上。有山之材。而照之以天光。故曰輝光。集解以輝光日新為句。其德連下讀。

剛上而尚賢。能止健。大正也。（集解作能健止）

大畜剛在下。上九以一剛居五上。五君位也。尊而上之。有尚賢之意。艮在乾上。為能止健。剛上尚賢能止健。此大正之道。故大畜利貞。

不家食吉。養賢也。

陽居上為賢。大畜大養也。故不家食吉。

利涉大川。應乎天也。

卦以止健為義。故外三爻皆為應天。應天則利涉。不必剛柔相應也。

象曰。天在山中。大畜。君子以多識前言往行。以畜其德。

大莫如天。止莫如山。天在山中。所畜者大。故曰大畜。兌口為言。震動為行。乾為前為往為德。識前言往行以畜其德。君子之大畜也。與小畜之懿文德。有淺深大小之不同。

朱子謂天在山中。不必實其事。按天者積氣。天在山中。以氣言耳。禮稱天氣下降。地氣上騰。故以形氣言之。天積氣。地積形。山中之氣即天也。專以氣言之。天陽氣。地陰氣。山中之陽氣即天也。大畜以陽畜陽。故曰天在山中。

初九。有厲。利已。

象曰。有厲利已。不犯災也。

乾初九潛龍。本爻見畜於外。進則厲。已則利。守其潛德。不犯災也。大畜與无妄倒易。雜卦无妄災也。故曰不犯災。

乾三稱厲。本爻以乾初稱厲。蓋天在山中。以上爲下之象。然繼之以利已。則仍爲乾初之德。

九二。輿說輹。（輹虞作腹）

象曰。輿說輹。中无尤也。

兌初九吉。乾九二見龍在田。本爻進則見畜。輹。說文車軸縛。坤爲輿。剛上坤滅。艮以止之。故曰說輹。卦爲外畜內。不專以初四二五三上對言也。象曰中无尤。二說輹。與小畜九三同。異於小畜之反目者。以其中也。

九三。良馬逐。利艱貞。日閑輿衛。利有攸往。

象曰。利有攸往。上合志也。

震九四遂泥未光。兌九二吉。乾九三終日乾乾夕惕若厲无咎。本爻爲乾之終。陽畜已久。待機而發。震雷奮地。遇山則其勢益宏。三上皆陽。而四五爲陰。陽遇陰則勢順。陽遇應陽則志合。故初二以畜於外而止。三則如良馬之逐然。乾爲良馬。震爲作足。馳逐之象。利艱貞即乾三之厲也。日閑遇衛。即乾三之日乾夕惕也。如是以爲往。其利也可斷言者。艮在外故曰艱。三至上離體。故曰日閑。閑習也。日閑輿衛。所以戒行也。二輹說。三則有以警衛之。虞云震爲警衛。

九三積陽在下。二陰在上。震以動之。與大壯之九四畧同。故爻辭均具奮發之勢。在大畜家。有止意焉。故曰利艱貞日閑輿衛。其與小畜異者。小畜外卦巽陰。爲以陰畜陽。四陰爻。陽遇陰則見止。大畜外卦艮陽。爲以陽畜陽。四五陰也。陰遇陽則能受。初二應陰而止者。有三以爲之間也。且大畜互震。震奮發於外。震之下安所發乎。又按乾在下之卦。多宜上升。小畜大畜。均屬乾下。而意實相反。小畜所畜者小。先升而後止。故初復自道。二牽復。三則說輻。大畜所畜者大。先止而後升。故初利已。二說輹。三則利有攸往。小畜以陰爲主。四之象曰。上合志。謂四與五合。此小人之樂進君子者。大畜以陽爲主。三之象曰。上合志。謂三與上合。此君子之喜見君子者。且畜者止也。在近不在遠。在此不在應。故小畜之四。不能止初。大畜之上。不能止三。大畜惟以陽止陽。故四五雖與三比而亦不能止三。然則初二之止。謂爲外卦止內卦也可。謂爲見逼於三。而不能自進也亦可。

六四。童牛之牿。元吉。

象曰。六四元吉。有喜也。

震六五厲。兌六三凶。艮六四无咎。本爻以大畜而元吉。畜兼止養二義。自內卦言之。三陽在下。四五之所止也。自外卦言之。四五之止。即四五之養也。童牛。牛之小者。牿。角着橫木。所以告也。牛順物。三至上大離。離畜牝牛。四柔而得正。順之尤者。故稱童牛。童牛之牿。以止之者畜之。禮。祭天之牛角繭栗。謂童牛也。詩。秋而載嘗。夏而楅橫。橫木於牛角以楅之。言將嘗而預爲之畜也。六四畜童牛以應天。得坤之元。故稱元吉。陽爲喜爲慶。四喜五慶。皆謂應天也。應天以至柔爲正。故四稱元吉。五不稱元吉。

六五。豶豕之牙。吉。

象曰。六五之吉。有慶也。

震上六雖凶无咎。艮六五悔亡。本爻亦兼止畜二義。豶豕。豕之除勢者也。牙。畜豕之杙也。凡畜豕者。必除其勢。使易於發育。豶豕之牙。以止之者畜之也。應天故有慶而吉。說卦。坎爲豕。卦無坎而言豕者。說文。畜。田畜也。引淮南子注。言田之汙下黑土者。可畜牧也。又畜。六畜也。在野曰獸。在家曰畜。馬牛豕家畜也。九三純陽。故取象於馬。六四純陰。故取象於牛。五坎位。故取象於豕。非九而六。故取象於豶豕。畜牧宜於汙下之土。初二三上乾爻也。無畜養之意。四五坤爻也。坤爲養。利在畜牧。陽處上下。限陰於中。如牛之有牿。豕之有牙。故曰童牛之牿。豶豕之牙也。若然。則非獨外畜內。四陽亦畜二陰也。易之不爲典要如是。

上九。何天之衢。亨。

象曰。何天之衢。道大行也。

艮上九敦艮厚終。本爻以應天而天道大行。天衢謂天道。即乾行之道也。何負也。孰負之。上九負之。上九以大畜而負天衢。乾之良馬。可以逐矣。故亨。震爲大塗。衢象。在乾上。故曰天衢。

䷚震下艮上

頤。頥也。上下兩奇象輔車。中四偶象齒。故取名於頤。其義則下動上止爲頤也。又頤養也。兩互爲坤。萬物致養。故曰頤。序卦。物畜然後可養。故受之以頤。畜而不養。則失其畜。頤所以次大畜也。

頤。貞吉。觀頤。自求口實。

頤所以飲食言語也。故以貞爲吉。大離在中。萬物皆相見。故曰觀。中虛而無實。故曰自求口實。卦六爻分立。二三隨初。四五從上。震自震。艮自艮。亦自求口實之意。

貞吉見坤。觀頤自求口實。特設辭。

象曰。頤。貞吉。養正則吉也。

卦體似頤。故不釋卦名。

觀頤。觀其所養也。自求口實。觀其自養也。

所養謂養人。自養謂養身。觀者觀其得正與否也。象統言之。於爻則初觀頤。上由頤。由。自也。

天地養萬物。聖人養賢以及萬民。頤之時大矣哉。

坤萬物致養。故曰養萬物。陽爲賢。陰爲民。養賢以及萬民。觀其所養也。雜卦。噬嗑食也。頤養正也。噬嗑中實有物。頤中虛無物。此中庸所謂喜怒哀樂未發之時。自脩於此始。觀人亦於此始。故曰頤之時大矣哉。

象曰。山下有雷。頤。君子以慎言語。節飲食。

山止雷動。下動上止之象。卦之取名於頤者以此。言語飲食。頤之用也。艮爲止。有慎之節之之意。慎之節之。即貞吉之道。

初九。舍爾靈龜。觀我朵頤。凶。

象曰。觀我朵頤。亦不足貴也。

震初九恐以致福。本爻動而得凶。靈龜物之能靜養者。朵頤。食而頤動。朵朵然也。說文。朵。樹木垂朵朵也。震主動。初爲動主。故舍爾靈龜。觀我朵頤。爾指初。我。程子所謂對爾而言。假設之辭也。一說。靈龜指艮。爾指二三。我。初自謂。二三應艮。宜知靜養。而震動於下。不能自已。故初從而詔之曰。舍爾靈龜。觀我朵頤。人其貪食自矜如此。能勿凶乎。以象言之。大離爲龜。爲觀。震爲旉。旉者花。今言花之下垂爲朵。象曰觀我朵頤。亦不足貴也。易例陽貴陰賤。故屯初九以貴下賤。本爻妄動求食。且或以此自矜。雖陽亦不足貴也。（子母相反。）

陸佃曰。以頤通指曰朵。按所謂以頤示意也。如此解則靈龜以卜筮言。

六二。顛頤。拂經。于丘頤。征凶。

象曰。六二征凶。行失類也。

坤初六履霜。震六二厲。本爻與三四五爻。象頤之齒。食時衆齒亂動。違戾失序。故三曰拂頤。四曰顛頤。五曰拂經。二比初則曰顛頤拂經。分言之。顛到也。拂逆也。拭也。拂摩也。震爲反。故曰顛。艮爲手。故曰拂。卦中四爻非顛則拂。三應上。五比上。故曰拂。四應初。二比初。故曰顛。初震反上。二不能自主。故既顛且拂。經者食之所經。即吭也。（熊經鳥伸。）丘頤。在上之頤也。艮爲丘。故以上爲丘頤。六二承震初之動。顛到失序。其形如拂逆經之所食以反丘頤者。下齒反上。勢使然也。征凶。動而凶也。食無序妄動則傷。事無序妄動則敗。象曰行失類。言不能守其序也。一說。二應五。五順以從上。二故拂經于丘頤。但隨初而動。爲震類。非艮類。故曰行失類。

六三。拂頤。貞凶。十年勿用。无攸利。

象曰。十年勿用。道大悖也。

坤六二无不利。六四无咎无譽。本爻无攸利。震六三震行无眚。本爻貞凶。所以異者。頤養之道。無妄動。無欲速。三處震之終。而不得養之效。拂頤言其動也。十年勿用。言收效之遠也。坤數十。故稱十年。貞。正也。震終變之正。故曰貞。不得養之效。故曰凶。象曰道大悖。震大塗爲道。反生爲悖也。（子母相反。）十之爲數。與一相同。終之則爲十。始之則爲一。坤數十。然屯二復上頤三之言十年。皆下震上坤。屯二應五陽。頤三應上陽。復上卦終反初。初爲陽。陽者震之初也。復之幾也。故十年者。由終反始之數也。

六四。顛頤吉。虎視眈眈。其欲逐逐。无咎。

象曰。顛頤之吉。上施光也。

坤六三无成有終。六五元吉。艮六四无咎。本爻吉无咎。二四皆言顛者。頤卦反復不衰。顛到如一。初九震爻反動。二比初。四應初也。虎健食之物。虞云坤爲虎。九家艮爲虎。眈眈視近而志遠。（見說文。）言視之切也。其欲。虎之欲也。逐逐。篤實也。（見正韻。）視眈眈。欲逐逐。自求口實也。又古者比勇士如虎。四爲近臣。承上施大離之光。凡抗不用命者。除之。如虎之逐物而食也。吉又何咎矣。

頤六爻。在艮則吉。在震則凶。二得中應艮。雖拂經于丘頤。一若仰承於上者。而受初之動。不能自主。故征凶。四艮體應初。雖虎視眈眈。其欲逐逐。一若受動於初者。而與上一體。上施之光。故无咎。

六五。拂經。居貞吉。不可涉大川。

象曰。居貞之吉。順以從上也。

坤上六龍戰。艮六五艮其輔言有序悔亡。本爻居上卦之中。食將下咽。故拂其經以順之。維時居貞則吉。不可涉大川。居貞謂順其自然。涉大川謂有所動作也。食至於經。順以下之。如拂摩者然。自可致養。妄動者害矣。象曰。順以從上。外三爻以上爲主。五以陰承陽。順以從之。故吉。

上九。由頤。厲吉。利涉大川。

象曰。由頤厲吉。大有慶也。

艮上九厚終。本爻爲頤之終。諸爻由之以養。故曰由頤。（或曰由之訓爲自。由頤即自求口實之意。）陽在上過亢故曰厲。厚終故曰吉。利涉大川。謂動無不吉也。卦無坎。五上皆言涉大川。震竹艮木。作舟之具。卦中虛舟象。下動上止。乘舟之象。五之不可涉大川。才柔不能履險也。上九陽剛。故利涉大川。

禮玉藻。口容止。諺稱病從口入。禍從口出。頤時宜靜不宜動。三動之極。故曰道大悖。上靜之終。故曰大有慶。噬嗑下動。二滅鼻。三遇毒。食宜緩不宜急。於卦象見養生之義。

艮震頤。震艮小過。二者皆奇陽。相反而不相合。故爻辭多凶。但小過或過或遇。內外卦猶可相通。頤則二三隨初。四五從上。震自震。艮自艮。內外不相爲用。蓋震莫動於初。艮莫止於上。頤二三隨初。四五從上。爻情使然。小過二陽在兩卦之中。非處其極者。故不與頤同。

䷛巽下兌上

大過。陽過陰也。陽過則動。序卦。不養則不可動。故受之以大過。大過之時。利在動也。以義言之。內巽外說。爲過於柔。四陽二陰。爲過於剛。以象言之。澤所以潤木。澤上木下。爲澤滅木。澤滅木則大過也。其在人。則遇有非常之變。宜以非常之道處之。小忠小信。非所顧也。又凡事不經意而有所失者。失小爲小過。失大爲大過。孔子言假我數年。可以無大過。正謂此也。又過差也。失也。謂兩爻相失也。二五皆陽。則兩陽相失。謂之大過。二五皆陰。則兩陰相失。謂之小過。

大過。棟橈。利有攸往。亨。

巽爲長木。棟象。兌爲毀折。橈象。說卦。橈萬物者莫疾乎風。故稱棟橈。利有攸往者。大過之時。稍縱即逝。宜起而有所爲。卦陽剛居中。內巽外說。持此以往。則利而亨也。棟橈特設辭。利有攸往見巽。利亦見乾。亨見兌巽乾。

象曰。大過。大者過也。棟橈。本末弱也。

中四陽象棟之身。初爲本。上爲末。初上皆陰。不勝其重。故曰弱。

剛過而中。巽而說行。利有攸往。乃亨。大過之時大矣哉。

言剛雖過而得中。有以巽說之道行之。故利有攸往乃亨也。乃者承上啟下之辭。一說。乃者難辭。大過之時。不宜株守。故利有攸往乃亨。

象曰。澤滅木。大過。君子以獨立不懼。遯世无悶。

天下不爲而己獨爲。是獨立不懼也。天下皆爲而己不爲。是遯世无悶也。四陽在中。獨立之象。陽爲陰揜。遯世之象。巽而說所以无悶。剛得中所以不懼。

初六。藉用白茅。无咎。

象曰。藉用白茅。柔在下也。

巽初六未言吉凶。本爻以一陰處衆陽之下。如爲之藉者然。巽爲白爲茅。故曰藉用白茅。繫云。苟錯諸地而可矣。藉之用茅。何咎之有。愼之至也。大過以陰陽相合爲吉。過剛過柔皆凶。初六九二九四。或位剛才柔。或位柔才剛。得調濟之宜。吉也。九三九五上六。或位剛才剛。或位柔才柔。無調濟之功。凶也。

即上下卦而分言之。初四吉。二五次之。三上爲凶。蓋大過所過者大。如大才之人。抑之使下則無過。小過所過者小。如柔弱之人。從上則過上。從下則過下。俗稱大曲易直。小曲難直。即此義。故小過惟二五爲吉。初三上凶。四雖无咎。而往厲必戒。

九二。枯楊生稊。老夫得其女妻。无不利。

象曰。老夫女妻。過以相與也。

乾初九勿用。巽九二吉。本爻以陽剛下據初陰。爲枯楊生稊之象。陽比陰則生。下本上末。下生則爲稊。上生則爲華。華之暫不如稊之久也。故五以老婦士夫喻。二以老夫女妻喻。陰在初稱女妻。在上稱老婦。老夫士夫。對女妻老婦言也。若滯於乾老巽長兌少之說。則不可通矣。无不利者。得生之道。无所不利也。象曰老夫女妻。過以相與。過者差也。非所與而與也。大過不拘應與常例。二與初。五與上。故曰過以相與。三四无與。而上下判焉。故一橈一隆。（兌見巽伏。初二三從下。四五上從上。乃卦體然也。）

九三。棟橈凶。

象曰。棟橈之凶。不可以有輔也。

乾九二見龍。九四无咎。巽九三吝。本爻棟橈凶。大過中四陽棟象。橈者壓而下也。三居下卦故橈。象曰不可以有輔。棟。輔屋者也。橈則不可以輔矣。

說文。棟。極也。按即今之脊檩。屋正中一木也。三四居兩卦之中。故皆取象於棟。

九四。棟隆吉。有它吝。

象曰。棟隆之吉。不橈乎下也。

乾九三厲无咎。九五飛龍。兌九四商兌未寧。本爻與上則棟隆而吉。應下則有它而吝。大過反復不衰。正視之下巽。倒視之上亦巽。正視之上兌。倒視之下亦兌。兌澤也。巽木也。木沒澤中。失其常性。壓下則橈。向上則隆。其得中而有生氣者。上則爲華。下則爲稊。九四在上卦而隆。木性使然也。有它則從下而橈矣。故吝。

合六爻爲一棟。初上陰弱故橈。即內外卦分言之。三與下爲橈。四與上爲隆。故易不可以一端言。

九五。枯楊生華。老婦得其士夫。无咎无譽。

象曰。枯楊生華。何可久也。老婦士夫。亦可醜也。

乾上九有悔。兌九五有厲。本爻承上之陰而生華。爲老婦士夫之象。无咎位得中也。二五正偶也。今非正偶。故无譽。而象曰可醜。（荀子非相篇。婦人莫不願得以爲夫。處女莫不願得以爲士。楊倞注。士者。未取妻之稱。然詩女曰雞鳴。士曰昧旦。是取妻亦可稱士也。大抵士女對言。則爲年少之稱。老婦士夫殊非正配。）

上六。過涉滅頂。凶。无咎。

象曰。過涉之凶。不可咎也。

兌上六引兌未光。本爻處卦之上。以一陰滅四陽。故有過涉滅頂之象。頂首也。上爲首。澤水滅之。凶可知矣。所以无咎者。比五而相與也。象曰不可咎。純以義言。以勵殺身成仁之士。然亦見大過之時。有進無退。卦辭所謂利有攸往是也。周易述曰。涉從水從步。步長六尺。以長爲深。則涉深六尺。過涉則水益深。故滅頂。

大過爲卦中變例。其爻辭無與母爻同意者。惟吉凶則不相反耳。

䷜坎下坎上

序卦。物不可以終過。故受之以坎。坎者陷也。一陽陷於二陰之間。故爲陷。又水至則土陷。土陷則險生。故坎又爲險。以象言之。兩偶在邊。陽氣中出。流水之象。故篆文水字。側視與坎畫署同。以義言之。水外柔而內剛。坎之外陰內陽似之。習重也。即學而時習之習。習坎者。水性漸進而不已。人之學習不倦。亦猶是也。八純皆重卦。此獨加一習字者。乾坤位尊。不可增益。坎乾之中。而生物之所由始也。（生物以水爲始。）舉坎則震巽等卦可知矣。

習坎。有孚。維心亨。行有尚。

有孚陽在中也。以義言。則象傳所謂水流而不盈。行險而不失其信也。心爲身主。二五以剛居中。如身之有心。精誠專一。故維心亨。又乾交坤而得中故亨。又坎險之時。求諸外不如求諸內。維心亨乃處險之道。於以見陷其身者。不足以陷其心也。行有尚。水性流動。行則不腐也。又人有孚則可行。又下互震。震爲行。坎乾之中也。乾以流形而亨。坎亦以流形而得亨。有孚至有尚。特設辭。

彖曰。習坎。重險也。

內險外險。

水流而不盈。行險而不失其信。

此釋有孚。盈則進矣。故不盈。晝夜不舍。故不失其信。虞云。水性消息。與月相應。故不失其信矣。

維心亨。乃以剛中也。行有尚往有功也。

功與中韻。五得尊位。故曰有功。又坎爲勞卦。勞者功也。

天險不可升也。地險山川邱陵也。王公設險以守其國。險之時用大矣哉。

此即坎險之意而詠嘆之。謂天地人皆有險。以象言。則五以上爲天險。二以下爲地險。三與四介於天地之間。爲王公設險。不可升者。震足艮止。足欲上而又止。故不可升。蓋天無險。不可升即其險也。山謂艮。川謂坎。邱陵山之小者。實山類也。國。集解作邦。與升陵韻。當係漢避諱改。卦本坤。坤爲邦。陽來而成險。如邦之設險者然。震爲守。內外各有其險。設險以守其邦之象。王公者人民之宗。合內外言之。二五得中而統二陰。亦王公之象。

象曰。水洊至。習坎。君子以常德行。習教事。

洊。再也。君子觀水之有信。則以常德行。觀水之漸漬。則以習教事。常德行所以修己。習教事所以治人也。

初六。習坎入于坎窞。凶。

象曰。習坎入坎。失道凶也。

重坎爲習坎。初爲坎始。如人之始入於坎者。故曰入于坎窞。窞。坎中小坎也。凶戒之於始也。象曰失道凶。繫。一陰一陽之謂道。推言之。凡陰陽不得其宜者。皆謂之失道。初六不當位。故言失道。（餘詳上六爻。）

凡爻以奇偶配陰陽。奇陽偶陰。初三五奇。以九爲當位。二四偶。以六爲當位。上則其說兩歧。以六爻之順序言之。上以六爲當位。既濟剛柔正而位當。未濟雖不當位是也。以六爻之終始言之。始奇也。終亦奇也。上乃爻終。故不稱六而稱上。坎上象言失道。需上象言不當位。皆六也。且六十四卦。上六多凶。上九多吉。是上以九爲當位。無可疑也。（坎下三爻失位。故初三皆凶。二雖得中。而尚不免於險。上三爻當位。故四五皆吉。上則不免於凶。而象曰失道。六不宜居上故也。）乾坤純陰純陽。故以盛衰消息定吉凶。而不言位之當否。六子非純。故有當位不當位之別。然不以應與定吉凶。以內外同也。惟艮象言上下敵應而不相與。所以明艮止之意。其爻象吉凶。則不在此。

九二。坎有險。求小得。

象曰。求小得。未出中也。

坎險也。二居兩陰之間。失位故有險。履險將以有求也。二至四震。震勿逐自得。今在坎中。未能出險。故求小得。象曰未出中。求而得。以其位之中也。得而小。以其未出中也。未出中者。未出險中也。又坎二中滿。得象。下雖據陰。上爲陰乘。小得之象。

六三。來之坎坎。險且枕。入于坎窞。勿用。

象曰。來之坎坎。終无功也。

二以未出中而險。三則出乎中矣。而下坎未去。上坎復來。其險也。不惟有之。而且枕之。枕所以薦首。三爲下卦之首。言枕於以知陷之深也。入于坎窞勿用者。處不當位。出入皆坎。無可用也。象曰終无功。三與五同功。今居下坎。去五尚遠。不能同功也。坎卦大抵以下卦爲險。至上卦則分言各事。

六四。樽酒簋貳。用缶。納約自牖。終无咎。

象曰。樽酒簋貳。剛柔際也。（集解無貳字）

坎爲水。水玄酒。震主祭。樽簋祭器。樽酒。酒在樽也。黍稷方器曰簋。宗廟以木簋。天地以瓦簋。貳。副。缶。瓦器。周禮。酒正。凡祭祀共五齋三酒。以實八尊。又。大祭三貳。中祭再貳。小祭一貳。樽之貳。用缶。昭其質也。坎本坤卦。坤爲缶。三至五艮。艮爲宮室。牖。室之牖也。坎有孚爲信。約。信約也。納約自牖。即薦信於鬼神之意。詩召南。于以奠之。宗室牖下是也。六四以柔居柔爲當位。上承五剛。以誠相接。如祭之納約於鬼神者。象曰剛柔際。際接也。以柔際剛。能如是則无咎。一說。貳二也。（貳二古不相通。故損二簋作二。繫地二之二亦作二。）言一樽之酒。二簋之盛。其器皆以土爲之。缶土器。用缶即樽簋之器。皆土作。禮所謂器用陶瓢是也。按如前說。當言樽酒簋盛。如後說。當言樽一簋貳。如以文句求之。則樽酒之外。簋以副之。樽簋皆用缶。方爲得解。何氏楷曰。謂樽酒而副以簋也。禮。天子大臣。出會諸侯。主國樽桮簋副是也。按何氏說本於鄭氏易。詩宛丘正義。引鄭易作主國尊於簋。副設玄酒以缶。則貳用缶仍指樽言。

九五。坎不盈。祇既平。无咎。（祇集解作禔安也）

象曰。坎不盈。中未大也。（集解大上有光字）

象稱水流而不盈。不盈水之德也。五爲坎主。大中至正。故有是德也。祇安也。安於已平則不盈。不安於平則盈矣。坎不盈故无咎。象曰中未大。五爲上陰所揜。雖中而未大也。未大故不盈。說苑敬慎篇。孔子讀易。至於損益。喟然嘆曰。夫豐明而動。故能大。苟大則虧矣。意與此同。

上六。繫用徽纆。寘于叢棘。三歲不得凶。

象曰。上六失道。凶三歲也。

爾雅釋言。坎。律銓也。律以平爲歸。水性平。故坎爲律。又陽陷陰中。如人在牢獄。坎獄象也。本爻蓋言刑罰之事。繫用徽纆。縛之也。寘于叢棘。囚之也。（九家云。周禮。

王之外朝。左九棘。右九棘。面三槐。司寇公卿議獄於其下。）禮。上罪三年而舍。中罪二年而舍。下罪一年而舍。三歲不得。陷之深也。初失道刑不及焉。罪未彰也。上失道三歲不得。所謂惡積而不可揜。罪大而不可解也。

坎本坤卦。坎初即坤初。坎上即坤上。坤初象言。馴致其道。至堅冰也。坤上象言道窮。故坎初坎上。象皆言失道。又坎以陽爻爲水。水之外則道。（周禮川上有路。）合六爻爲一坎。初上皆道也。初入於險。上陰揜陽。故皆言失道。失道者不得中行之謂。又陽在下則爲大塗。在上則爲徑路。在中則爲川。坎陽在中。上下皆陰。故皆言失道。

䷝ 離下離上

離。麗也。火不自生。麗於物乃生。故離爲麗。序卦。陷必有所麗。故受之以離。謂既陷之後。得所附麗。乃可以濟。離所以次坎也。又明也。火之用在明。其在人心。虛則明也。又引申爲離別之離。凡火所經處。物皆分離也。爲卦兩奇在外。一偶處中。篆文火字。亦外奇而中偶。其象有相同者。以義言之。陽實陰虛。陽明陰暗。火外實內虛。外明內暗也。

離。利貞。亨。畜牝牛吉。

離。坤之中也。利貞亨。坤之三德也。以柔麗剛故利貞。得中故亨。畜養也。牝牛。物之至順者。坤爲牝牛。畜牝牛所以養順德也。火性燥。養順德故吉。說文。離黃。倉庚也。又離通螭。猛獸也。象之取象於禽獸者以此。

利貞亨吉見坤。畜牝牛特設辭。其意即坤象利牝馬之貞也。

象曰。離麗也。日月麗乎天。百穀草木麗乎土。（土集解作地）重明以麗乎正。乃化成天下。

此因火之麗物。推言天下之物。莫不有所麗也。日月麗天。見於上者然也。百穀草木麗土。見於下者然也。重明麗正。見於人事者然也。卦五以上爲天。二以下爲地。土即地也。重離爲日。二至五大坎爲月。互巽爲草木。百穀由草木而類言者也。離有文明之象。故曰化成天下。

柔麗乎中正。故亨。是以畜牝牛吉也。

二五皆爲柔麗。二正五不正。麗乎中正。指六二言也。或曰中可以概正。麗乎中正。指二五兩爻言也。畜牝牛乃麗乎中正之道也。

象曰。明兩作離。大人以繼明照于四方。

天無二日。故言繼明。明兩作即繼明之意。周書謚法。照臨四方曰明。

初九。履錯然。敬之无咎。

象曰。履錯之敬。以辟咎也。

初爲履。履者禮也。錯。交錯。品節度數之繁也。離三爻陰陽交錯。故曰履錯然。敬之无咎者。離本乾卦。乾爲敬。能敬故无咎。又離爲火。主禮。初爻居下。禮以下人爲主。故初獨取象於禮。象曰辟咎。三百三千。非直爲觀美。亦避咎之具也。一說。離四爲惡人。

八純雖不論應與。然離者萬物皆相見。初之辟咎。蓋辟四之咎。亦通。

六二。黃離。元吉。

象曰。黃離元吉。得中道也。

黃之爲色。得中而麗於四方。坤六五黃裳元吉。二居中得坤之正。故黃離元吉。元。坤元也。又風俗通。黃光也厚也。二得坤之中故厚。承陽故光。

九三。日昃之離。不鼓缶而歌。則大耋之嗟凶。

象曰。日昃之離。何可久也。

離爲日。以三畫卦言之。初日出。二日中。三日昃。過此則爲又日。以六畫卦言之。離在上爲日中。噬嗑日中爲市是也。離在下爲日入。明夷明入地中是也。亦有以離上爲日出者。晉明出地上是也。本卦上離下離。故三爲日昃。不鼓缶而歌。則大耋之嗟者。中無所主。哀樂皆非。坤爲缶。乾爲大耋。據柔則鼓缶而歌。承四則大耋之嗟。歌嗟火聲也。火形無定。二至四巽。巽爲進退。故不如此則如彼。九三在乾爲君子。蓋亦憂時人也。憂時而不得其中。或失則肆。或失則隘。於時何益乎。以剛承剛故曰凶。爲下卦之終。故曰何可久。

九四。突如其來如。焚如。死如。棄如。（集解云今本訛突）

象曰。突如其來如。无所容也。

突即𠫓。說文不順忽出也。從倒子。或從倒古文子作𠫤。（古文子作𢀈）四居繼明之位。以順爲正。奈剛而不中。其來突如。此如不順之子。宜膺焚死之刑。而棄之不入於兆也。周禮秋官掌戮曰。凡殺其親者焚之。說文棄捐也。從㐬。㐬逆子也。古人制字。義多相貫。離本兩明並作。其繼也。宜柔不宜剛。若逆以取之。不免焚死之禍。離爲火。火發則焚。火燼則棄。故其象如此。白虎通曰。子養父母何法。法夏養長木。是以荀爽對策曰。離在地爲火。在天爲日。在天者用其精。在地者用其形。夏則火王。其精在天。溫煖之氣。養生百木。是其孝也。冬時則廢。其形在地。酷烈之氣。焚燒山川。是其不孝也。蓋其義矣。（以上係節錄惠棟周易述。）

鄭康成曰。焚如殺其親之刑。死如殺人之刑。棄如流宥之刑。（見秋官掌戮疏。）

六五。出涕沱若。戚嗟若。吉。

象曰。六五之吉。離王公也。

六五以陰柔居尊位。下乘九四。蔽明不順。又大坎在中。其於人也爲加憂。離爲目。（上稱首五則爲目。）互兑爲口。涕自目出。嗟由口宣。故其象爲出涕沱若戚嗟若。又六五處明而不自滿。有憂盛危明之意。故其象如此。而其占爲吉。象曰。六五之吉離王公也。王公者高明之象。五以陰離陽。如人之離王公者然。五君位復言離王公者。在離家無所不用其離。若其人本爲王公。則宜離高明之人。始可保其明而獲吉也。

上九。王用出征。有嘉折首。獲匪其醜。无咎。

象曰。王用出征。以正邦也。

離爲夏。有長養之義。爲甲冑爲戈兵。有刑殺之意。上九卦終。利在刑殺。其體剛明。非如坤上之陰疑于陽。故不用戰而用征。離乾體也。乾純陽至上而亢。故用九以无首而吉。離四上皆陽。坤來居五。有似於折首者然。又凡卦初爲趾。上爲首。上九以一陽在互兌之上。兌爲毀折。折首之象。醜類也。與首對言。醜乃首之附屬者也。出征而有嘉折首。其類可勿問矣。獲匪其醜。王者之師也。上以陽剛在上。明莫與並。故獲匪其醜。得五之順承故无咎。象曰正邦。正邦王者之事。離五陰柔。不能明張天罰。故出征之象。見於上九。上九之出征。孰用之。王用之也。王用之即六五用之。故曰王用出征。以正邦也。坎象維心亨。故二五陽爻爲吉。離象畜牝牛。故二五陰爻爲吉。坎下三爻失位。而初爲最。離上三爻失位。而四爲最。上宜九不宜六。故坎上凶。離上无咎。繫三多凶。四多懼。坎四納約自牖。懼之象也。離三大耋之嗟。凶之象也。坎四即坤四。坤四括囊。坎之納約自牖似之。離三即乾三。乾三朝乾夕惕。離之日昃歌嗟似之。（餘詳再稿）

學易初稿卷之三

萊陽于元芳習

䷞艮下兌上

咸無心之感也。又皆也。言感則以此感彼。咸則同時俱感也。序卦。有天地然後有萬物。有萬物然後有男女。有男女然後有夫婦。上經首天地。下經首夫婦。咸夫婦之始。恒夫婦之終也。以象言之。艮山兌澤。艮兌合爲山澤通氣。艮少男。兌少女。艮下兌上。爲男下女。女從男。以義言之。艮止兌說。止而說。情無他適。少年夫婦之感有如此者。咸本吉卦。爻多不吉者。蓋本於母爻之吉凶。又咸爲說極。說極而感。多非其正。故辭多不吉。又內互巽。艮止巽入。故三與二感。兌上外引（上六引兌）故五與上感。大過過以相遇者。亦以外兌內巽之故。

咸亨。利貞。取女吉。

咸有可通之理。又剛下柔上乾坤交故亨。貞正也。咸而不正。則流於邪僻淫佚。利貞所以爲善感也。又三爲艮主。上爲兌主。得正而應。故曰利貞。男下女。女說男。故取女吉。亨利貞見兌乾。亨利亦見巽。取女吉特設辭。

彖曰。咸。感也。柔上而剛下。二氣感應以相與。止而說。男下女。是以亨利貞。取女吉也。

二氣。即乾坤陰陽之氣。亦即山澤通氣之氣。相與。謂陰陽相偶也。八純卦六爻皆敵應。否泰咸恒損益既未濟六爻皆相與。相與者配偶之適宜者也。天地定位。故否泰非夫婦。水火不相射。故既未濟非夫婦。咸以少男少女相與。爲山澤通氣。乃婚姻之始也。恒以長男長女相與。爲雷風相薄。乃家室之常也。婚姻之始。男先下女。故損非夫婦。家室之常。男尊女卑。故益非夫婦。

天地感而萬物化生。聖人感人心而天下和平。觀其所感。而天地萬物之情可見矣。

乾三之坤上。是天地感也。二五相應。是聖人感也。以象言之。乾爲聖人。大坎爲心爲平。兌爲見。乾之彖曰。品物流形。是萬物化生也。保合太和。是天下和平也。

象曰。山上有澤。咸。君子以虛受人。

山本高。澤在下。今澤在山上。是山虛以受澤也。又山上有澤。其中必虛。虛則能受。故君子法之以受人。斯人無不感之理也。

初六。咸其拇。（拇荀作母）

象曰。咸其拇。志在外也。

艮初六艮其趾。本爻咸其拇。拇足大指也。卦象近取諸身。初在下故咸拇。欲應四也故象曰志在外。

六二。咸其腓。凶。居吉。

象曰。雖凶居吉。順不害也。

巽初六進退志疑。艮六二艮其腓不拯其隨其心不快。本爻咸其腓凶居吉。腓。膊腸也。程傳謂足肚。即足上之肉如肚者是也。二應五而比三。以三視五。五前也。三後也。二之感不於前而於後。如咸其腓者。故凶。居吉。謂居守則吉。終與五合也。二次於拇上。腓象。艮居象。象曰順不害。謂順以應五則不害也。

九三。咸其股。執其隨。往吝。

象曰。咸其股。亦不處也。志在隨人。所執下也。

乾九四无咎。巽九二吉。艮九三厲熏心。本爻往吝。三應上而比二。咸其股不忘上也。執其隨所執下也。執下而欲往上。其吝可知。巽爲股爲隨。艮手稱執。三在二前。股在腓前。象曰志在隨人。三。二所隨者。是二爲三之隨人。志在隨人。謂志在二也。虞云。凡士與女未用皆稱處。

九四。貞吉。悔亡。憧憧往來。朋從爾思。

象曰。貞吉悔亡。未感害也。憧憧往來。未光大也。

乾九五飛龍在天。巽九三頻巽吝。兌九四商兌未寧。頻巽商兌。即本爻之憧憧往來也。九四與初爲正應。故貞吉悔亡。鑒於三之感二五之感上。故又有憧憧往來朋從爾思之象。兌象朋友講習。故曰朋從。（坤爲朋。以其衆也。兌爲朋友講習。以其相說也。）卦二至上大坎。三至五坎中。坎維心亨。四尤在三五之中。心象。心之官則思。故曰朋從爾思。憧憧往來貌。即孟子所謂出入無時也。四偏於上卦。心不得其正。而妄有所思。故曰憧憧。象曰貞吉悔亡。未感害也。憧憧往來。未光大也。言守正以應初。則無他感之害。憧憧而妄思。則無光大之度。光同廣。未猶無也。艮咸皆取象於身。艮三在互坎之中。故以三爲心。咸四在大坎之中。故以四爲心。艮初至五大坎。上則超處於外。故不取身象。咸二至上大坎。初陰在下。不能獨立。又咸者義在相對而感。故初亦取身象。艮靜也。靜則其心降。故心在下卦。咸動也。動則其心浮。故心在上卦。然三四皆非中正。故艮三熏心。咸四憧憧。得其中者。其惟乾五乎。故曰同聲相應。同氣相求。乾五之在同人。則曰二人同心。其利斷金。故舍中正而言思。未有可致於光大者。

九五。咸其脢。无悔。

象曰。咸其脢。志末也。

乾上九亢龍有悔。兌九五孚于剝有厲。本爻咸其脢无悔。脢背肉也。五應二而比上。其感也。不於面而於背。如咸其脢者。爻言无悔。二居正以守。終與五合也。象曰咸其脢。志末也。初爲本。上爲末。謂感上也。在兌而得中。故終與二應而无悔。

上六。咸其輔頰舌。

象曰。咸其輔頰舌。滕口說也。

兌上六引兌未光。本爻處卦之上。上爲首。兌爲口。輔頰舌三者皆屬於首而近於口者也。人類之相感。誠有恃乎口舌者。上故取象如此。又滕口說謂所感不深。三志在隨人。上故滕其口說。

☳☴ 巽下震上

序卦。夫婦之道。不可以不久也。故受之以恒。恒久也。以象言。震長男。巽長女。長男在外。長女在內。爲家道之常。卦之所以名恒也。以義言。則柔上剛下爲變。剛上柔下爲恒。又震出在外。巽入在內。亦爲恒。爻所以凶多吉少者。外出內入。各守其所。陰陽不交之象。亦猶乾上坤下爲否也。又初二四五均失位。三上雖非失位。而震巽終變。亦非恒象。故六爻自二五外。餘均不吉。

恒。亨。无咎。利貞。利有攸往。

人有恒則亨而无咎。利貞。不易之恒。利有攸往。不已之恒也。震雷巽風。二者皆所以宣鬱通塞。故亨。男女居室。人道之常。故无咎。雷風善變。惟得中不變者吉。故利貞。巽而動。故利有攸往。

亨見震巽乾。无咎特設辭。利貞見乾。利有攸往見巽。

彖曰。恒。久也。剛上而柔下。雷風相與。巽而動。剛柔皆應。恒。

乾初之坤四。爲剛上柔下。震外巽內。亦爲剛上柔下。雷風相與。即雷風相薄之意。謂遇而相偶也。巽而動。巽以行其動也。剛柔皆應。謂六爻相應而不相敵也。四者皆恒也。

恒。亨。无咎。利貞。久於其道也。

其道可久而久之。利貞之謂也。

天地之道。恒久而不已也。利有攸往。終則有始也。

恒者終也。往者始也。終則有始。故恒利攸往。若恒而不往則固滯鮮通。非天地不已之意也。又乾始坤終。坤四之乾初。終則有始之謂。又巽无初有終。推言之。則震有始。卦巽下震上。故曰終則有始。此與蠱象微異。

日月得天而能久照。四時變化而能久成。聖人久於其道而天下化成。觀其所恒。而天地萬物之情可見矣。

常中有變。變以濟常。天地萬物之情如此。二至四互乾。乾爲天爲聖人。日月四時。因天而類言者也。

象曰。雷風恒。君子以立不易方。

雷風變於上。君子立於下。確定不易。所以位天地育萬物也。又震居外方。巽居內方。君子法震巽之常。以立不易方。卦爲乾坤往來。乾爲易。坤爲方也。

初六。浚恒。貞凶。无攸利。

象曰。浚恒之凶。始求深也。

巽初六進退志疑。進退者無恒之象也。本爻處卦之下。巽伏故稱浚。坤陰入於乾下亦稱浚。坤六二不習无不利。坤入乾下則坤體壞。故无攸利。巽利市三倍。應兑毀折。亦无利。其曰貞凶何也。六居初非恒。若以爲恒而貞固守之則凶。象曰浚恒之凶始求深也。浚者求深之謂。乾高坤深。初乾位而坤德。當卦之始。有求深之象。求深於始凶之道也。又初與四應。四震起。初巽入。浚恒之象。不應四而承二三。貞凶无攸利之象。

九二。悔亡。

象曰。九二悔亡。能久中也。

巽九二吉。乾初九潛龍。文言遯世无悶。悔亡之象也。本爻據柔乘剛。上應六五。三四間之。故悔。得中故悔亡。乾爲久。能久中者。言二之能久。以其得中。得中則不失應與之恒。故悔亡。若九四則久非其位矣。

九三。不恒其德。或承之羞。貞吝。

象曰。不恒其德。无所容也。

乾九二見龍在田。兌九四商兌未寧。巽九三頻巽吝。商兌頻巽。皆不恒之象。本爻以九居三。可謂恒矣。而巽終必變。有不恒其德之象。據初則見阻於二。應上則見扼於四。有或承之羞之象。說卦。震其究爲健。巽其究爲燥。蓋雷風無形。終則必變。在他卦或不變。在恒家則必變。以其不能恒也。德。乾德。變陰爲羞。或之者。以其善變也。貞。正。三位正而吝。猶巽上之言貞凶也。又三與上應。在巽則性入而據初。應上恒也。據初羞也。不應上而據初。則不恒其德。據初而阻於二。則或承之羞。承者二承三也。貞。固也。三宜往而應上。不應上而固守。故吝。象曰无所容。應上據初。无所適從。將焉容乎。

九四。田无禽。

象曰。久非其位。安得禽也。

乾三兌五均厲。震九四遂泥未光。本爻坤體乾來滅之。田无禽之象。坤爲田。震驚兌折。故无禽。象曰久非其位。安得禽也。乾陽爲久。四雖陽而非其位也。又四與初應。初爲二三所據。故四无禽。亦猶姤四之包无魚也。

六五。恒其德。貞。婦人吉。夫子凶。

象曰。婦人貞吉。從一而終也。夫子制義。從婦凶也。

兌上六引兌未光。震六五厲。本爻以柔中應剛中。故恒其德貞。柔應剛者。以夫子而爲婦人之事。震爲夫子。巽爲婦人。五柔應二剛。從婦之象。從婦非恒也。故曰婦人吉夫子凶。

按恒與无妄乾德也。乾震合卦名无妄。爻非盡乾也。故匪正有眚。震巽合卦名爲恒。爻則無一能恒者。故初四三上。均失其常應。二祇言悔亡而不言恒。五則爲婦人之恒。而非夫子之恒。此自強不息。君子所以法天德也。

上六。振恒。凶。（振集解作震）

象曰。振恒在上。大无功也。

震上六征凶。謂不宜妄動也。本爻處卦之終。震終則變。故振恒。振通震。振者動也。動則非恒。故凶。又上與三應。三巽而入。上震而起。無交泰之象。故凶。卦內巽外震。震巽終變。變則爲火水未濟。三之象曰无所容。與離四同。上之象曰大无功。與坎三同。交互以成其義也。

䷠艮下乾上

遯。逃也。去也。古多水患。以涉川爲險。以升高爲避險。山高遠之物。天則高遠之至者。互巽爲入。入於高遠。故有遯象。十二辟卦多取陰陽消息之義。初陰爲姤。三陰爲否。遯二陰消陽。將否之時也。君子於此。非潔身遠遯。則必罹於難。卦之名遯。所以保善類也。序卦。物不可以久居其所。故受之以遯。遯者退也。天人盛衰之際。可以思矣。

遯。亨。小利貞。

惟遯故亨。乾五得位而應亦亨。小謂陰。利貞。恐其妄動而戒之也。一說。小利貞指君子言。蓋窮則獨善其身。達則兼善天下。皆至正之道。獨善所守者小。兼善所及者大。遯時不能兼善也。故小利貞。分言之。乾行故亨。艮爲小爲止。故小利貞。

亨利貞見乾。亨小利見巽。此卦辭之有因無創者。

彖曰。遯亨。遯而亨也。

天下事固有以退避爲亨者。君子遠遯。其道亨也。

剛當位而應。與時行也。

此又亨之一義。剛謂九五。應謂六二。艮爲時。乾爲行。

小利貞。浸而長也。遯之時義大矣哉。

陰長至二。於此而止。猶未爲甚。利貞所以止之也。君子觀小之貞否以爲進退。故曰時義大。

象曰。天下有山。遯。君子以遠小人。不惡而嚴。

乾爲君子。艮爲山。巽爲木。君子而處山林。遯象也。初二陰爻爲小人。乾爲遠爲嚴。乾在外不與陰交。故曰遠小人。上剛下止。無接洽之機。故曰不惡而嚴。又按地中有山謙。山附於地剝。皆山之小者。天下有山遯。蓋山之大者。詩所謂峻極于天。泰山巖巖者是。高莫攀躋。故有不惡而嚴之象。

初六。遯尾厲。勿用有攸往。

象曰。遯尾之厲。不往何災也。

艮初六艮其趾无咎。艮其趾即勿用有攸往也。本爻與二皆陰。二在初前。故初曰遯尾。處遯之尾。賢已遠去。故厲。與四爲應。三間於中。故勿用有攸往。象曰。遯尾之厲。不往何災。言危厲若此。往則必有災也。一說。勿用有攸往。指君子言。言處遯之尾。勿用往罹其災也。

六二。執之用黃牛之革。莫之勝說。

象曰。執用黃牛。固志也。

巽初六進退志疑。艮六二心不快。本爻中正得應。小人之可與有爲者也。當君子遠遯之時。勢莫能阻。而情有不捨。於是執之用黃牛之革。黃中色。牛革堅物。以是爲執。則莫之勝說。說。脫也。象曰固志。得艮之中。不可移也。艮爲執爲皮。二得坤中。故稱黃牛。爻無凶辭者。亦以得中之故。

九三。係遯。有疾厲。畜臣妾吉。

象曰。係遯之厲。有疾憊也。畜臣妾吉。不可大事也。

乾九四无咎。巽九二巽在牀下用史巫紛若吉。在牀下用史巫。有疾之象。艮九三厲熏心。熏古閽字。艮爲閽寺。臣妾之象。（臣妾喻下二陰。即宵小之意。易專言妾。兌象。泛言臣妾。表陰象而已。）本爻與陰相比。危地也。故稱厲。爲二所執。心有所牽也。故稱係。有疾。即傳所謂心腹之疾。言小人之羈縻。不可安也。畜臣妾。謂不宜顯絕。仍思所以畜之也。乾艮易則爲大畜。艮山也。材之所聚。亦畜象。據陰故畜臣妾。

九四。好遯。君子吉。小人否。

象曰。君子好遯。小人否也。

巽九三吝。乾九四无咎。九五飛龍。本爻在乾體。乾爲好。故稱好遯。君子當此。守其好遯則吉。小人柔而寡斷。馴至於否。則無可遯矣。遯爲陰消之卦。陰消至三則成否。四才剛。君子也。位陰則易流於小人。故其象如此。又四居內外之界。故君子小人並言。又四與初應。初二爲三所畜。四遠於小人。故曰小人否。否。隔絕之也。

九五。嘉遯。貞吉。

象曰。嘉遯貞吉。以正志也。

乾九五飛龍。上九亢龍。本爻為遯之主。事至於此。無可為也。遯而已矣。乾為嘉。中正得應。故嘉遯貞吉。二五正應。二在艮中。艮為篤實。故象曰固志。五在乾中。乾剛健中正。故象曰正志。

上九。肥遯。无不利。

象曰。肥遯无不利。无所疑也。

乾上九亢龍有悔。本爻去陰已遠。以剛應剛。下無所係。故肥遯。程傳。肥充大寬裕之意。所謂進退綽綽有餘裕也。或作飛。九師道訓曰。遁而能飛。吉孰大焉。言心無所係。去之遠也。應巽近利。故无不利。非進退不果。故象曰无所疑。（子母相反。）

䷡乾下震上

序卦。物不可以終遯。故受之以大壯。遯陰之盛。大壯陽之盛也。三畫卦。初為少。二為壯。三為究。六畫卦。初二為少。三四為壯。五六為究。陽已至四。陽之壯也。故曰大壯。泰不言壯者。泰陰陽敵。大壯陽踰陰也。陽息之卦。初復。三泰。五夬。皆欲其上進。初三五。陽數也。二臨。四壯。臨不動。壯多傷。二四。陰數也。又剛以動故壯。以象言之。則雷在天上。震動萬物。大壯之象也。又壯傷也。方言。凡草木刺人。北燕朝鮮之間謂之策。或謂之壯。郭璞注云。今淮南亦呼壯為傷是也。乾為健。震為威。健以行其威。必至於傷而後已。故六爻凡過剛者多凶也。

大壯。利貞。

大者壯而不正。則小人得以乘之。故利貞。

利貞見乾兌。卦辭有因無創。

彖曰。大壯。大者壯也。剛以動。故壯。大壯利貞。大者正也。正大而天地之情可見矣。

大者正也。謂陽得其正乃吉。即无妄匪正有眚之意。正大而天地之情可見。謂既正且大。天地之情亦如此也。孔子贊易。惡陽剛之不振。履兌九五厲。象曰位正當。大壯六五无悔。象曰位不當。而彖傳亦以正大爲言。誠以大而不正。則失其大之用。孟子言其爲氣也。至大至剛。以直養而無害。則塞於天地之間。亦大壯之義也。咸恒萃言天地萬物之情可見。大壯言天地之情可見。咸萃兌在上。恒大壯上互兌。雜卦。兌見巽伏。見之義蓋取諸兌也。乾彖。利貞者性情也。此四卦之辭。皆繫以利貞。然咸恒萃言天地萬物之情。大壯不言萬物者。十二辟卦以陰陽消息爲主。非如咸恒萃之重在人事也。

象曰。雷在天上大壯。君子以非禮弗履。

雷之威本壯。在天上則發揚嚴厲。故爲大壯。非禮弗履。即利貞之意。程子言自勝之謂強。克己復禮。人之大壯也。亦通。又乾爲父。震爲長子。子壯拚父。疑於非禮。又二陰拚四陽。亦爲非禮。非禮弗履。君子當大壯之時。而有所警惕也。又乾上兌下爲履。履者禮也。今乾在下而互兌在上。冠履到置。故有非禮弗履象。

初九。壯于趾。征凶。有孚。

象曰。壯于趾。其孚窮也。

乾初九潛龍。謂静而不動也。本爻以陽居初。當大壯之時。不能静守者也。初爲趾。故壯于趾。以剛應剛故征凶。震爲征。孚信也。孚有二。一自孚。習坎有孚是也。一相孚。中孚是也。自孚自實。相孚自虛。本爻實體。自孚者也。應四陽剛。不能相孚。故象曰孚窮。孚窮則征凶。

九二。貞吉。

象曰。九二貞吉。以中也。

乾初九潛龍。九二見龍在田。本爻居中得應。是不自恃其壯而守正者。故曰貞吉。又五爲四動。二不能往。故曰貞。

九三。小人用壯。君子用罔。貞厲。羝羊觸藩。羸其角。

象曰。小人用壯。君子罔也。

兌九四商兌。乾九二見龍。九三厲。本爻亦厲。小人用壯。剛而自矜也。君子用罔。罔無也。視壯如無壯也。乾三爲君子。故稱君子。小人對言之也。兌爲羊。壯時故稱羝羊。震爲藩。觸藩。謂觸四而進也。五畫偶。如羊之兩角然。角在藩外。故稱羸其角羸係累也。取象如此。蓋謂不宜進也。所以不宜進者。重剛而不中也。

九四。貞吉。悔亡。藩決不羸。壯于大輿之輹。

象曰。藩決不羸。尚往也。

乾三兌五均厲。震九四遂泥未光。本爻以剛居柔。無過剛之弊。故貞吉悔亡。震爲決躁。

四以上無陽。故藩決。藩決則角不羸矣。坤爲大輿。輹。說文車軸縛也。坤陽息爲震。九四震之下畫。故曰壯于大輿之輹。輹壯則可往矣。故象曰尚往。

六五。喪羊于易。无悔。

象曰。喪羊于易。位不當也。

兌上六引兌未光。震六五无喪有事。本爻則喪羊于易。易變易也。（漢食貨志。疆場之場作易。王引之解喪羊于易。喪牛于易。作疆場之場。）羊與陽同音。外柔內剛。故夬大壯陽長之卦。均取象於羊。五陽位而以陰易之。故曰喪羊于易。所以无悔者。大壯過剛則傷。五以陰處陽。得中有應。故无悔。象曰位不當。不與陰之得處陽也。曰无悔。大壯之所獨。曰位不當。諸卦之所同也。

上六。羝羊觸藩。不能退。不能遂。无攸利。艱則吉。

象曰。不能退。不能遂。不祥也。艱則吉。咎不長也。

震上六震索索視矍矍征凶。震不于其躬于其鄰无咎。索索矍矍。即不能退不能遂也。征凶即无攸利也。无咎即艱則吉也。本爻爲震之終。震究爲健。下應九三。三陽也。故取象於羝羊。羝羊觸藩。由四而上。不能退矣。進無所往。則亦不能遂。无攸利。不宜往也。艱則吉。不至於傷也。艱。知其艱也。震恐懼修省。至上而反。所以知艱也。象曰不詳。謂不詳審也。知厥艱則詳矣。故曰咎不長。震上反復無常。故其象如此。

䷢坤下離上

晉。說文作𣈆。日出而萬物進也。坤爲地。離爲日。日出地上。晉象也。其於國。則爲天子當陽。諸侯用命之象。於人。則爲日進高明之象。分言之。內三爻爲柔。四上爲剛。五以柔體進當剛位。故謂之晉。又坤順離麗。順而麗乎明。亦進意也。序卦。物不可以終壯。故受之以晉。壯者剛盛。晉則柔上。譬之於事。壯者大體已具。晉則順而行之耳。晉所以爲大壯之次也。

晉。康侯用錫馬蕃庶。晝日三接。

康讀如禮祭統康周公之康。注。褒大也。卦無震象而言侯者。坤爲國邑。有土有民。順而麗乎大明。得坤之中者即侯也。屯豫之言侯。建侯也。晉之言侯。已爲侯者也。康侯從而褒大之。用錫馬蕃庶。五用之以錫二也。坤爲牝馬。坎爲美脊之馬。蕃庶。衆多也。坤爲衆。周官校人。凡朝覲會同。毛馬而頒之。錫馬之事也。晝日三接。情之渥也。說卦。離爲日。雜卦。晉晝也。故曰晝日。坎爲三。又三陰在下。故曰三接。周官大行人。上公之禮。廟中將幣三享。出入三問三勞。晝日三接之事也。不言公而言侯者。公佐天子於上。侯代天子治民於下者也。坤居下卦。廣土衆民。諸侯之象也。馬見坤。餘均特設辭。

彖曰。晉。進也。明出地上。順而麗乎大明。柔進而上行。是以康侯用錫馬蕃庶。晝日三接也。

卦辭專明一事。故彖傳作渾括之解釋。或以順而麗乎大明。爲釋錫馬蕃庶。柔進而上行。

爲釋晝日三接。非是。又或以卦自觀來。四升五。五降四。爲晝日三接。亦非是。夫朝覲之禮。錫馬與三接常也。然曰蕃庶。曰晝日。則禮數優隆。情誼殷摯。非以坤之順而居下。離之明而居上者。不克有此。柔進上行。指六五言。若爲臣者占此。則爲入覲王享之象。爲君者占此。則以柔道懷下。斯能上行而進於至治。易固不拘一例也。至卦變之說。尤未可泥。必以四五互爲升降。則在觀爲賓。在晉爲主。是爲以賓奪主。在觀爲君。在晉爲臣。是爲以臣揜君。卦中無是象也。

象曰。明出地上。晉。君子以自昭明德。（昭集解作照）

日之初出。一塵不雜。君子法之。以自昭其明德。如離日出地之象。

初六。晉如摧如。貞吉。罔孚。裕无咎。

象曰。晉如摧如。獨行正也。裕无咎。未受命也。

坤初六履霜堅冰至。言進以漸也。本爻處晉之始。故晉如。艮在外。止象。故摧如。貞吉。守正則吉也。罔無也。孚信也。六陰柔既非自孚。應四坎爲孚。在晉家以一陽承五。有蔽主之嫌。非能與初相孚也。故罔孚。裕寬裕也。寬以處之。不急於求晉。則无咎矣。象曰裕无咎。未受命也。言初爲民。未受王命。不必遽晉也。其曰獨行何也。四爲初正應。而蔽賢。初之行獨行其正而已。非能相孚也。故曰晉如摧如。

六二。晉如愁如。貞吉。受茲介福于其王母。

象曰。受茲介福。以中正也。

艮初六艮其趾无咎。坤六二不習无不利。本爻與五爲正應。故晉如。歷四坎故愁如。貞吉。守正則吉也。艮手坤虛。虛以承手。故稱受。王母謂五。五王位非陽故稱母。介大也。介福即卦之所謂錫馬蕃庶也。

六三。衆允。悔亡。

象曰。衆允之。志上行也。

坎六四无咎。艮六二心不快。坤六三含章可貞。本爻居大臣之位。柔以從衆。非如九四之蔽主也。故衆允悔亡。象曰志上行。言衆之志皆欲上行。三不蔽主。故衆允之也。坤爲衆爲信。允即信也。

九四。晉如鼫鼠。貞厲。

象曰。鼫鼠貞厲。位不當也。（鼫集解作碩）

坎九五无咎。艮九三厲。離九四焚死棄。謂不孝之子也。本爻以一陽蔽五。下卦三陰。志欲從王。四若間之。不忠之臣也。鼫鼠性貪畏人。四之晉如。鼫鼠之象。故貞厲。說卦。艮爲鼠。象曰位不當。言四失位。固守而不變則厲也。

六五。悔亡。失得勿恤。往吉。无不利。（失集解作矢）

象曰。失得勿恤。往有慶也。

坎上六凶。離六五吉。本爻當離之中。下有坤衆。如明王在上。雖失位爲悔。而可亡也。慮坎爲恤。而可勿也。失得事之無常者也。失得勿恤。則九四之蔽。初二三之順。均不足以擾其心。而往吉无不利矣。象曰往有慶。謂當陽而治。陽爲慶也。初二三之晉。順而麗乎五也。至五復言往吉者。在晉家無所不用其晉也。

上九。晉其角。維用伐邑。厲吉。无咎。貞吝。

象曰。維用伐邑。道未光也。

離上九王用出征。本爻處離之終。剛躁已甚。其晉也。不以身而以角。其用也。不以文而以武。上爲角。晉其角。剛象也。坤爲邑。維用伐邑。威不及遠也。厲吉无咎貞吝。吉凶錯雜之象。晉之極故厲故貞吝。近明王故吉故无咎也。象曰道未光。離曰爲光。晉極則反。故未光也。春秋傳。公圍成。何休注。謂諸侯不親征叛邑。公親圍成而不服。不能以國爲家。危之故致之。所謂厲也。范甯謂以公之重而伐小邑。則爲深恥矣。所謂貞吝也。

䷣離下坤上

序卦。進必有所傷。故受之以明夷。夷者傷也。天下固有進而不傷之事。然進之不已。則必有所傷。明夷所以次晉也。雜卦。明夷誅也。湯武之放殺是也。明夷本與晉反。觀上六爻辭。其象其義。均可知矣。

明夷。利艱貞。

利貞。常辭也。利艱貞。明夷所獨也。噬嗑九四。大畜九三。皆言利艱貞矣。此獨於卦辭繫之。明夷之時。君子用晦之時也。明有所夷。故曰艱。下互坎亦曰艱。利貞見坤離。艱特設辭。

彖曰。明入地中。明夷。內文明而外柔順。以蒙大難。文王以之。

文明謂離。柔順謂坤。大難謂互坎。文王見囚於紂。蒙大難之象。蒙難而能脫其難以服事殷。內文明而外柔順之象。文王之行深有合於明夷卦義。故曰文王以之。

利艱貞。晦其明也。內難而能正其志。箕子以之。

坎爲心志象。離在坤下。明而晦矣。然晦者自晦。明者自明。所謂正其志也。箕子當紂之昏暗。身爲貴戚。其難在內。然箕子能隱晦以正其志。深有合於明夷卦義。故曰箕子以之。爻惟六五言箕子者。上六爲明夷之君。五近君。故取象於箕子。

象曰。明入地中明夷。君子以莅衆用晦而明。

莅臨也。坤爲衆。莅衆謂臨民也。臨民之道。不尚細苛。君子法明夷之象。用晦而明。不以察察爲治也。彖言文王箕子之明夷。所以自處也。象言君子之明夷。所以治人也。

初九。明夷于飛。垂其翼。君子于行。三日不食。有攸往。主人有言。

離初九无咎。本爻當明夷之始。不能無所傷也。故于飛垂其翼。離爲飛鳥。初三兩陽翼也。離在坤下曰明夷。初尤在下。其傷較重。譬之于飛。垂翼之象也。君子于行三日不食。謂行則困也。明夷貴陽而賤陰。初九陽也。故稱君子。君子不終於下。應震爲行。故君子于行。離爲日。三爻故稱三日。（詳見訟注）日入而息。非食時也。故不食。有攸往主人有言。不見信於人也。陽剛得應。故有攸往。三間於中。不得應四。故主人有言。震

象曰。君子于行。義不食也。

爲主人爲言。象曰義不食。其夷齊採薇時乎。（餘詳占解）

六二。明夷。夷于左股。用拯馬壯吉。（集解缺一夷字）

象曰。六二之吉。順以則也。

坎初六凶。離六二元吉。本爻處下卦之中。以飛鳥言之。初三兩翼也。以人身言之。初三兩股也。股分左右。以順序言之。初其左也。初九于飛垂翼。故夷于左股。左股既夷。拯之者其惟三乎。三坎爲美脊之馬。壯馬也。艮六二不拯其隨。見阻於陽也。渙初六用拯馬壯吉。得陽以濟也。明夷以三爲得志。二比三。故用拯馬壯吉。象曰六二之吉。順以則也。坎爲則。順。二順三也。

一說。二股。四腹。上首。（三得其大首。指上言。）乃卦爻之次第。二在下卦。故夷于左股。得三陽剛拯之則吉也。

九三。明夷于南狩。得其大首。不可疾貞。

象曰。南狩之志。乃大得也。

離九三日昃之離。震九四遂泥未光。坎九二有險小得。本爻南狩大得。坤田。震萑葦。坎弓離矢。狩也。在離體。故曰南狩。大首謂上六。得其大首。明夷反晉也。貞正也。疾速也。震爲速。歷坤三爻始反正。故不可疾貞。以升降言之。得其大首。謂三升居五。五爲元首故也。（子母相反）

六四。入于左腹。獲明夷之心。于出門庭。

象曰。入于左腹。獲心意也。

震六五厲。坎六三勿用。坤六四无咎无譽。本爻與上同體。而比於三。上之將廢。三之將興。四所知也。四於上未廢三未興之間。而入于左腹。獲明夷之心。坤爲腹。坎爲心。震東方。左也。四由左而入。故入于左腹。象曰入于左腹。獲心意也。言上之心意。四獲之也。于出門庭。出三之門庭也。豫下坤上震。象曰重門。復上坤下震。象曰閉關。明夷上坤下互震。故取象於門庭。震爲出。四在三外。故曰于出門庭。四出三之門庭而獲上之心。則四者固不利於上者也。

六五。箕子之明夷。利貞。

象曰。箕子之貞。明不可息也。

震上六征凶无咎。坤六五元吉。明夷不拘君臣定例。五。上之近人也。性柔不能格上之非。位中又不屑受三之命。內難而能正其志。其箕子之明夷乎。風雨如晦。雞鳴不已。坤之晦甚矣。尚有人在。明不可息也。

上六。不明晦。初登于天。後入于地。

象曰。初登于天。照四國也。後入于地。失則也。

坤上六龍戰道窮。本爻極登天入地之變。蓋原始要終而言之。初登于天。明在上也。離曰爲照。坤爲國邑。離上坤下。故象曰照四國。後入于地。明在下也。明夷坤上離下。故象曰失則。失則者。失其常也。坎爲則。

䷤離下巽上

序卦。傷於外者必反於家。故受之以家人。家。說文凥也。釋宮。戶牖之間謂之扆。其內謂之家。引申之。家與國爲對待之辭。家人。猶今人言人家也。商周之際。天下鼎沸。而岐西有睢麟之化。汝濆之詩曰。魴魚赬尾。王室如燬。雖則如燬。父母孔邇。蓋謂不得於外者。能得於內也。周易以家人次明夷。或即此意。以象言之。巽爲長女。離爲中女。女。家人之奧主也。離爲火。巽爲木爲風。木生火。火生風。風生而其火益熾。有固結莫解之象。故曰家人。離兌爲睽。不爲家人。性相反也。離巽爲鼎。不爲家人。二五失位。非正內正外之道也。以義言之。離者麗也。巽者入也。入而相麗。非家人烏得有此。文中子以明內齊外爲義。夫齊治平自說。始於禮之大學。乃夏商以後之事。堯典克明俊德一章。言親族不言齊家。蓋唐虞以前。以種族爲區別。未嘗顯以國家天下爲區別。當伏義畫卦時。有家人之名。無齊家之名。且齊係總名。言齊則治家之道俱備。不得強分內明外齊。故文中子之說。巧則巧矣。非盡合也。然若以離明巽齊爲卦象之別解。亦觀玩者所不禁也。

家人。利女貞。

家人內也。以女爲主。又巽離皆女。六二六四得卦之正。故曰利女貞。

利貞見巽離。女特設辭。

彖曰。家人。女正位乎內。男正位乎外。男女正。天地之大義也。

九五得乾之陽。爲天爲男。六二得坤之陰。爲地爲女。各得其正。家道之常也。卦辭言女貞。義有未盡。故彖傳推言之。

家人有嚴君焉。父母之謂也。

自身而外。合父母兄弟妻子而爲家。上父母之位。以剛居上。尊無與併。嚴君之象也。此因男女而推及父母。

父父。子子。兄兄。弟弟。夫夫。婦婦。而家道正。正家而天下定矣。

卦中陽爻爲父爲兄爲夫。陰爻爲子爲弟爲婦。初三五上陽爻。二四陰爻。爲得其正。（以終始言。上宜陽不宜陰。）故曰父父子子兄兄弟弟夫夫婦婦。分言之。則二五得正。夫夫婦婦也。長女居上。中男居中。中女居下。兄兄弟弟也。上九以一陽統下。父父子子也。內明外巽。正家之道也。君令臣恭。（謂二五。）定天下之道也。雜卦睽外也。家人內也。畫卦時。祇取女貞之義。至孔子而家國天下之學大備。故因齊家而推言天下。大學言齊家。不外一公字。漢唐後學者。於公字外益一忍字。家人內明公也。外巽忍也。內外二體。已涵古今齊家之義。特彖傳未明言耳。

象曰。風自火出。家人。君子以言有物而行有恒。

火災上生風。風自火出。由內以及外也。物即大學物有本末之物。恒即雷風恒之恒。言有物則言不虛。行有恒則行可則。二者皆脩身之要。君子觀家人之由內及外。故以脩身爲齊家之本也。

初九。閑有家。悔亡。

象曰。閑有家。志未變也。

離初九履錯然敬之无咎。履者禮也。閑人之具也。本爻爲家人之始。當履禮之位。故曰閑有家。閑之於始。則悔亡矣。象曰志未變。始閑之志安得變耶。互坎。爲悔爲志。

六二。无攸遂。在中饋。貞吉。

象曰。六二之吉。順以巽也。

坎初六凶。離六二元吉。本爻得家人之正。臣道也。故无攸遂。妻道也。故在中饋。貞吉。守正則吉。遂讀如大夫無遂事之遂。遂者何。生事也。何休云。生猶造也。象曰六二之吉。順以巽也。二得坤之中。故曰順。應五巽體。故順以巽。義與漸六四言巽同。

九三。家人嗃嗃。悔厲吉。婦子嘻嘻。終吝。

象曰。家人嗃嗃。未失也。婦子嘻嘻。失家節也。

坎九二有險。離九三日昃之離。不鼓缶而歌。則大耋之嗟凶。九四焚死棄。本爻處兩離之間。上有巽風。其形無常。嗃嗃嘻嘻。無常之狀也。嗃嗃盛烈也。離終炎上故嗃嗃。嘻嘻笑樂也。風火之聲也。外巽故嘻嘻。巽離爲婦。坎爲子。嗃嗃係之家人。嘻嘻係之婦子。辭便也。三以剛應剛。故曰悔厲。乘承皆陰。易陷於所昵。故曰終吝。得位故曰吉。嗃嗃則悔厲吉。嘻嘻則終吝。處家之道。蓋可知矣。

六四。富家大吉。

象曰。富家大吉。順在位也。

離六五吉。坎六三勿用。巽六四田獲三品。本爻爲巽之正位。故大吉。巽爲近利。巽四田獲三品。故稱富家。順在位者。順而當位也。

九五。王假有家。勿恤吉。

象曰。王假有家。交相愛也。

離上九王用出征。巽九五貞吉悔亡。悔亡即勿恤也。本爻中正得應。王位也。王以天下爲家。故王假有家。假大也。天下家之大者。言王大其有家。恤憂也。出坎故勿恤。象曰交相愛。二巽順愛也。五中而得應。故交相愛。

禮鄉飲酒義。夏之爲言假也。釋名曰。夏。假也。寬假萬物使生長也。是假有寬大之意。謂以寬大之德。愛其家人。故象曰交相愛也。（此王引之說。）

上九。有孚威如。終吉。

象曰。威如之吉。反身之謂也。

巽上九貞凶。本爻終吉。所以然者。家以積累而成。本爻積之終也。故終吉。巽終則變。上變成坎。水火既濟故有孚。陽剛居上。父母之象。象所謂嚴君。又在重離之上。離爲甲兵。故威如。既孚且威。齊家之道備矣。故終吉。象曰威如之吉。反身之謂。反身謂變而有孚也。無孚則尊而不親。家何以齊乎。（子母相反。）

又按巽性入。巽上九巽在牀下。故本爻有反身之象。與蹇象言反身之取象於艮者不同。

䷥兌下離上

序卦。家道窮必乖。故受之以睽。睽者乖也。說文。睽。目不相視也。家人以相忍爲務。睽則反目而不相能。二者正反。睽所以次家人也。離爲火。兌爲澤。火炎上而在上卦。澤潤下而在下卦。其行相違。卦之名睽者以此。離中女。兌少女。中女少女同居。而各不相親。睽之象也。然離者明也。萬物皆相見。雜卦。兌見巽伏。況上離互離。萬目睽睽。終有相見之義。爻辭或曰遇。或曰見。睽極則通。有固然也。

睽。小事吉。

凡成大事。必合衆力。睽者各行其是。故小事吉。五以柔居中。亦可小事不可大事之象。上明下說。故曰吉。

吉見離。小事特設辭。

彖曰。睽。火動而上。澤動而下。二女同居。其志不同行。

卦兌上離下爲革。離上兌下爲睽。革者火澤相交。睽則上下相違。故二女同居。其志不同行。

說而麗乎明。柔進而上行。得中而應乎剛。是以小事吉。

睽無吉道。因其說而麗乎明。柔進而上行。得中而應乎剛。故吉。因其柔而非剛。故小事吉。蓋睽違之時。非剛健不能成大事也。

天地睽而其事同也。男女睽而其志通也。萬物睽而其事類也。睽之時用大矣哉。

此推言天地萬物。以明異中之同。卦陽爻爲天爲男。陰爻爲地爲女。天地異位而成化育。是其事同也。男女異體而爲夫婦。是其志通也。盈天地之間者爲萬物。陽與陽類。陰與陰類。可謂極天下之不同矣。然陽交乎陰。陰交乎陽。是其事類也。衆人以睽處睽。知睽之爲小事吉而已。君子以不睽處睽。則睽之時用。所關者大。故極言其理而贊之。

象曰。上火下澤。睽。君子以同而異。

此即火澤之象。以明同中之異。蓋火上澤下。其性本然。君子周而不比。和而不流。意正如此。

初九。悔亡。喪馬。勿逐自復。見惡人无咎。

象曰。見惡人。以辟咎也。

兌初九吉。本爻悔亡无咎。睽時上下相違。初九敵應九四。中間九二。悔象。二以遇主而變。變則睽者可通。故悔亡。易以陽爲馬。二變喪馬之象。變則初至三震。震亦爲馬。震二勿逐七日得。故勿逐自復也。惡人謂四。四。離四也。離爲見。離四爲惡人。應非所應。故曰見惡人。見惡人而无咎者。睽時陰盛致疑。兩陽相遇則陰消也。一說。四失位而變。故見惡人无咎。象曰見惡人以辟咎也。天下固有見之即所以辟咎者。如孔子之於陽貨是。

九二。遇主于巷。无咎。

象曰。遇主于巷。未失道也。

離初九无咎。兌九二吉。本爻无咎。遇主于巷。謂遇五也。二與五爲正應。九四間之。倉卒莫遇。于巷而後遇。蓋言難也。艮爲宮爲徑路。宮中徑路稱巷。四變五在艮中故稱巷。巷亦道也。象曰未失道。二雖不當位而得中有與。故未失道也。

六三。見輿曳。其牛掣。其人天且劓。无初有終。

象曰。見輿曳。位不當也。无初有終。遇剛也。

坎六四終无咎。離六二元吉。兌六三凶。本爻與上爲正應。九二係之。九四阻之。倉卒莫遇也。離爲見。坎爲輿爲曳。故見輿曳。坤爲牛。四在中。坤象壞。故其牛掣。輿曳。係於後也。牛掣。阻於前也。天。髡首也。劓。截鼻也。上爲首。艮爲鼻。九四間上而艮破。故其人天且劓。坤无成有終。四變三遇上剛。坤象見。故无初有終。

又按睽三解三。均以一陰厄於兩陽之間。睽三有終者。與上九相應。得所助也。象曰遇剛。遇上九也。未濟六三征凶。而利涉大川者。亦以遇剛之故。

九四。睽孤。遇元夫。交孚。厲无咎。

象曰。交孚无咎。志行也。

離九三凶。九四焚死棄。坎九五无咎。本爻失位敵應。孤象也。故睽孤。二遇主而變。體噬嗑。噬而得嗑。故遇元夫。震爲元夫。元夫謂初也。坎中實。孚象。二變則兩陽相遇。故不日有孚而曰交孚。以陽遇陽。非法也。故厲。據陰而終得所遇。故志行而无咎。同一變也。在初四則二變。在二五三上則四變。所謂二女同居其志不同行也。故曰君子以同而異。（子母相反。）

水雷屯。得乾之元。火澤睽得坤之元。屯稱元亨利貞。睽僅稱元。且不曰元吉。而曰元夫。以陰陽相違。無元吉之爻也。

六五。悔亡。厥宗噬膚。往何咎。

象曰。厥宗噬膚。往有慶也。

坎上六凶。離六五戚嗟若吉。戚嗟若吉即悔亡也。本爻爲四所蔽。二不得往故悔。噬之則有慶而悔亡。宗猶主也。厥指二言。五君位。爲二所宗。故曰厥宗。噬膚。噬四也。四雖處腹心之地。自五視之。猶皮膚也。噬膚則悔亡矣。二之往何咎乎。又膚者肌膚。言相親也。四近五。故取象於膚。卦自二至上。體似噬嗑。故取象於噬。陽稱慶。二往五。陰交於陽。慶也。

上九睽孤。見豕負塗。載鬼一車。先張之弧。後說之弧。匪寇婚媾。往遇雨則吉。

象曰。遇雨之吉。羣疑亡也。

離上九有嘉折首。本爻與三爲正應。而九四間之。孤象也。坎爲豕爲雨爲輿爲隱伏。鬼。陰伏之物也。坤老陰。爲鬼。又爲大輿。爲載。九四以互坎在坤中。時當睽違。猜疑橫生。故有見豕負塗載鬼一車之象。負。依也。說卦。震爲大塗。塗者陽明之象。一。陽數之微者。豕負塗。鬼一車。所以明陰陽之錯雜。非必卦有震而後爲塗。有乾而後爲一也。先張之弧。以爲寇也。後說之弧。匪寇婚媾也。坎爲雲。在睽時不雨。往而遇雨則吉。遇雨則婚媾偕矣。故吉。坎爲寇。坎弓離矢。弧象。四變則三與上陰陽相合。婚媾之象。火上澤下。睽違不見。故羣疑以起。離目兌見。終至相合。故曰遇曰見。

後說之弧。弧一作壺。昏禮。設尊是爲壺尊。說設通。設壺者。婦承姑之禮。謂婚媾也。

太玄。居。次二。家無壺。婦承之姑。

本卦蓋全以變爻取象者。彖曰天地睽而其事同。男女睽而其志通。萬物睽而其事類。睽不終睽。故取其變者。又睽時彼此不相見而相疑。去其爲間於中者。則或遇或見。而疑可釋。故初九九四。雖敵應而无咎。

䷦**艮下坎上**

序卦。乖必有難。故受之以蹇。蹇者難也。字从足。寒省聲。行之難也。以象言。則坎水艮山。阻而不利。以義言。則坎險艮止。守而不前。初三四上諸爻。言往必言來者。人蹇足則行遲。往來不定者。蹇之狀也。

蹇。利西南。不利東北。利見大人。貞吉。

坎北方卦。艮東北方卦。坎艮合而爲蹇。不利於行。反乎東北者爲西南。西南坤方。平易之地。蹇時宜趨於平易。故利西南不利東北。又坎爲水。艮爲山。坤爲地。阻山川之險者。思息肩於平地。坤西南也。故利西南不利東北。又坎彖行有尚往有功也。坎雖險阻。然居外卦。則九五得中。有行有尚往有功之象。以升降言之。坎以一陽往居坤中。坤西南也。故卦象雖不利東北。而以九五得中。亦有利西南之象。利西南專就九五一爻言。不利東北。就蹇全卦言也。總之。東北西南。必爲當時習見之語。如先庚先甲之類。今不可考矣。大人亦指九五言。陽剛得中。大人之象。離爲見。濟蹇者必爲有德有位之大人。故曰利見。貞吉。守正則吉也。以正處蹇。難乃可免。又貞固也。艮爲止。故曰貞。利貞吉見離。不見艮。餘特設辭。

彖曰。蹇。難也。險在前也。

彖以難歸之坎。固知不利東北。指全卦言。非專指艮言也。

見險而能止。知矣哉。

險而止爲蒙。見險能止故爲知。互離爲明。亦知也。

蹇利西南。往得中也。不利東北。其道窮也。

坎初六上六均失道。蹇外坎内艮。止而險。故曰道窮。若以道窮專指艮言。似未允愜。何則。九之往五。亦卦成後有此象耳。必問其來自何卦。則已拘矣。朱子本義。卦自小過來。陽進則往居五而得中。退則入於艮而不進。卦果自小過來。五之退當在艮上。不當曰入艮。又有牽合東北之說。謂卦自升來者。夫卦自升來。九誠在艮矣。然升二係吉爻。又安見其不利乎。

荀謂升二往居坤五。與不利東北句未合。虞謂觀上反三。與往得中句亦未合。

利見大人。往有功也。當位貞吉。以正邦也。

五爲功。利見者。大人以見爲利。而人亦利見之也。剛中而應。故曰當位貞吉。又蹇六爻。除初外。餘皆當位。初以陰在下。亦未失正。坤爲邦。九往坤而得正。正邦之象。折中言。卦中四爻得位者。家人曰正家而天下定矣。蹇漸皆曰以正邦也。

蹇之時用大矣哉。

當位正邦。所關者大。故即蹇之時用而極贊之。

象曰。山上有水蹇。君子以反身脩德。

艮爲身。爲篤實。止而不進。反身脩德之象。一說。艮象思不出其位。反身之象。坎象常德行。脩德之象。

初六。往蹇來譽。

象曰。往蹇來譽。宜待也。（集解待下有時字）

艮初六艮其趾。无咎。象曰未失正。以靜爲正也。本爻往蹇來譽。象曰宜待。蓋亦宜靜不宜動之意。往蹇謂歷坎也。來譽謂與二俱靜也。繫。二多譽。二爲下卦之中。初與三宜輔之以濟蹇。故初曰來譽。三曰內喜。

六二。王臣蹇蹇。匪躬之故。

象曰。王臣蹇蹇。終无尤也。

坎初六凶。艮六二心不快。本爻中正得應。宜可濟蹇。但才柔時艱。心有餘而力不足。雖非入窞之凶。亦無快心之遇。五爲王。二爲臣。二欲上進。歷三。一坎也。應五。一坎也。內坎外坎。故曰蹇蹇。艮爲躬。二艮中也。故稱躬。匪躬之故。言罪不在二也。象曰終无尤。尤即故也。一說。故事也。匪躬之故者。匪其身之事也。二無濟蹇之才。言終无尤。聖人之所以勸忠也。

九三。往蹇。來反。

象曰。往蹇來反。內喜之也。

坎九二有險。離九四焚死棄。艮九三厲。本爻處內卦之上。往則不免於蹇。來則反身而喜。三在乾爲君子。反身脩德。此爻當之。象曰內喜。三才足濟蹇。內喜。謂二喜三。三不與九五共濟者。艮止故也。其在咸曰所執下也。亦以艮止之故。或問。內卦惟三爲陽。宜爲濟蹇之主。今按爻象。三輔二以濟何也。曰艮爲少男。無自專之權。與震坎之一陽獨尊者異。蹇九五當位正邦。二爲五應。故內卦仍以六二爲主。蓋以少男遇中男。則少男非主。如蹇三是。以中男遇長男。則中男非主。如屯五是。惟謙三內外無陽。責在一身。故曰勞謙萬民服。他卦則艮三不獨尊矣。蒙內坎外艮。蒙二爲卦主。而以五爲童蒙。至上則處於輔蒙之地。而言擊蒙。是以六五爲蒙之本體也。則蹇三可知矣。然則頤上言由頤何也。曰頤於六十四卦中爲特例。譬如人家。長男已老。少男已壯。容有代兄持家政者。故艮上與艮三。時有不同。長男與中男。亦時有不同。故曰知變化之道者。其知神之所爲乎。

六四。往蹇來連。

象曰。往蹇來連。當位實也。

離六五吉。坎六三无用。六四无咎。本爻處外坎之下。往則蹇。來則連。連。屬也。謂屬五也。象曰當位實。陽爲實。九五當位而實。四所宜連也。（五在四外。四連而云來者。往來非內外之謂。去而避之往也。同力共濟。來也。）

九五。大蹇。朋來。

象曰。大蹇朋來。以中節也。

坎五離上均无咎。本爻居濟蹇之位。陽爲大。故稱大蹇。濟蹇不可以獨力支也。所貴朋來以共濟。坤西南得朋。蹇利西南。往得中也。故爻曰朋來。而象曰中節。節者符節。言九五以中道與諸陰相符也。

上六。往蹇來碩。吉。利見大人。

象曰。往蹇來碩。志在內也。利見大人。以從貴也。

坎上六凶。本爻處蹇之終。窮無所往。故往蹇。來則從五。故來碩。五在上內。陽剛得位。爲碩。爲貴。爲大人。象曰往蹇來碩。志在內也。利見大人。以從貴也。言上欲濟蹇。利在從五也。一說。上應三。來碩志在內。指三言。利見大人從貴。指五言。亦通。六爻不言吉。獨上言吉者。蹇終則解。勢使然也。初三四上言往。二五不言者。濟蹇以二五爲主。堅其守以待援。而人亦來援之也。（子母相反。）

䷧坎下震上

序卦。物不可以終難。故受之以解。解者援也。坎爲險。震爲動。動出險外。難可緩矣。又解散也。震爲雷。坎爲雨。雷至上。雨至下。其勢已散。故謂之解也。

解。利西南。无所往。其來復吉。有攸往。夙吉。

解者蹇之反。大難已平。無所往。有所往。無不獲吉。西南坤方。平易之地。九四以一陽往坤而成解。故曰利西南。蹇時坎在外。九居五而得中。解時坎在內。九居二而亦得中。故曰无所往其來復吉。又震爲反爲來。无所往其來復吉。亦有震象。有攸往夙吉。夙者早也。早。古文作𣅆。說文。晨也。从日在甲上。離爲日。震東方屬甲。離日在甲。故曰夙。虞云。離爲甲。又坎彖行有尚往有功。解時无往不利。故曰有攸往夙吉。凡卦辭必參看二體。方爲完備。若專指一端。往往失其神理。

利吉見離。來見震。有見坎。餘均特設辭。

彖曰。解。險以動。動而免乎險。解。解利西南。往得衆也。

坤爲衆。九四以一陽主二陰。得衆之象。

其來復吉。乃得中也。（集解有无所往三字）

指九二言。不言无所往。省文也。

有攸往夙吉。往有功也。

解時往則有功。蓋泛言之。或以九二升五爲功。亦通。蓋乾二之坤五。乃中正之至者。節三升五而二不升五。象曰失時極。本卦九四未升五而近五。然則九二之攸往。非以夙爲吉乎。

天地解而雷雨作。雷雨作而百果草木皆甲坼。解之時大矣哉。

震雷坎雨。雷雨作。由於天地之解也。震坎離皆木。木實曰果。百果言其衆也。又震爲草莽。百果草木。得雷雨而甲坼。解之意也。卦坎上震下爲屯。屯象草木之初生。而未出於地。震上坎下爲解。解則百果草木皆甲坼。甲坼者。草木上出。如甲之坼也。百果而言甲坼者。花退實見。亦甲坼象也。離爲甲。又震居東方。甲也。出地而奮。故曰甲坼。集解坼作宅。果皮曰甲。根曰宅。

象曰。雷雨作。解。君子以赦過宥罪。

過輕罪重。君子法雷雨之解。過則赦之。不復論也。罪則宥之。減其等也。坎爲獄爲刑罰。罪過之象。震爲出爲寬仁。赦宥之義。

初六。无咎。

象曰。剛柔之際。義无咎也。

坎初六凶。本爻无咎。所以然者。卦以坎爲險。以震爲動而出險。初入險未深。上與四應。四爲動主。故无咎。象曰剛柔之際。義无咎也。謂初柔四剛。相際接也。（子母相反。）

九二。田獲三狐。得黄矢。貞吉。

象曰。九二貞吉。得中道也。

離初九无咎。坎九二小得。本爻獲狐得黄矢。田。獵也。坎弓離矢。入於坤中。獵象也。陽爲得爲獲。坎爲三爲狐。離爲黄爲矢。田獲三狐。驅除側媚之象。得黄矢。正直無私之象。貞吉者。守正則吉。二得中應五。五信任之。不事詭遇。故曰貞吉。一說。二之正則吉。謂升五也。

六三。負且乘。致寇至。貞吝。

象曰。負且乘。亦可醜也。自我致戎。又誰咎也。

離六二元吉。坎六三來之坎坎險且枕。六四无咎。本爻介兩陽之間。故負且乘。處兩坎之內。故致寇至。貞吝。固守不變則吝也。三以陰柔而當君子之位。上無正應。故其象如此。象曰致戎。戎即寇也。以方位言之。兌爲戎。夬九二莫夜有戎是也。以甲兵言之。離爲戎。同人九三伏戎于莽是也。以陰伏言之。坎爲戎。本象以戎釋寇是也。

九四。解而拇。朋至斯孚。（拇虞作母）

象曰。解而拇。未當位也。

坎九五无咎。離九三凶。震九四未光。本爻爲動之主。恐其失位妄動。故曰解而拇朋至斯孚。解緩也。震爲足。足。趾後拇前。意取前進。故稱拇。四與初爲正應。初。四之朋也。震爲至。坎爲孚。九四處不當位。宜緩而拇以待朋至。故曰朋至斯孚。若六五則直言有孚矣。不待朋至也。一說。朋指二言。四必待二而孚者。二應五也。

易中言朋。多屬以陰從陽之象。故豫四一陽而言朋盍。復初一陽而卦言朋來。咸之九四。蹇之九五。其言朋皆屬陰從陽。然坤象西南得朋。東北喪朋。是從陰從陽皆可稱朋。說文。㒥。古文鳳。象形。鳳飛羣鳥從以萬數。故以為朋黨字。分言之。朋者羣衆服從。

友者彼此同志。泛言之。朋即友。友即朋。論語有朋自遠方來。勿友不如己者。分言之也。朋友數斯疏矣。泛言之也。

六五。君子維有解。吉。有孚于小人。

象曰。君子有解。小人退也。

震六五无喪有事。坎上六繫用徽纆。三歲不得。繫而不得。是維而有解也。本爻乃象之所謂赦過宥罪者。君子維有解。即網開三面之意。有孚于小人。則小人化矣。五王位而言君子者。言王維有解。則疑於網解紐弛。言君子維有解。則德意存焉。五以陰柔居位。其時尚不無小人。維有解疑於小人之倖進。有孚于小人。則小人化而不爲惡。象故明之曰。小人退也。小人。在他卦多指陰爻言。此則泛言所解者。維。網也。楚辭天問。斡維焉繫。離爲網罟。故稱維。凡六五應坎中者。在蒙則曰童蒙。解未濟則曰君子。與陽剛得位者異。稱有孚者。亦以應坎中之故。

上六。公用射隼于高墉之上。獲之。无不利。

象曰。公用射隼。以解悖也。

震上六雖凶无咎。本爻處解之終除惡務盡。故有射隼于高墉之象。離爲隼。坎弓離矢。射也。在卦上。高墉之上也。獲之无不利者。震終變陽。爲獲。射隼而獲隼。何不利之有。象曰公用射隼。以解悖也。隼鷙鳥。故指爲悖。公者尊之之辭。不必爲三公也。一說。公即王公。五以陰柔。用上以除惡。如離上之言王用出征也。震終變故有是象。解通獬。獸類。卦之取象於狐隼者以此。解通解。官署也。卦之取象於高墉者以此。又解判也。支解也。卦之取象於獲狐射隼者以此。

上震下坎。水草之交。坎弓離矢。在險而動。從禽之象也。（上坎下震爲屯。屯二取象於即鹿。象曰從禽。）二獲狐則去其媚已者。上獲隼則去其害羣者。二在下坎故曰田。上已出坎故曰高墉。二在險中故曰貞吉。上居險外故曰无不利。三爲下卦之終。不言所獲者。三失位無應。乘承皆非也。五爲上卦之中。不言所獲者。王者先德。後刑。有孚德也。射隼刑也。四爲動主。二處險中。四爻辭宜吉於二。今不然者。震以初九爲正。九四非正。坎二雖非正。而上遇六五。則其勢獨尊。如師彖是。未濟九二貞吉。象曰以行正也。中可以概正矣。震四非正。其必如大壯之積陽在下。而後可藩決尚往。如豫之羣陰相處。而後可勿疑大有得也。震坎俱當位。則坎不敵震。如屯之初九九五是。震坎俱不當位。則震坎各隨其爻情而異。如解之九四九二是。。又思之。二獲狐。上射隼。得物而已。四朋至斯孚。五有孚于小人。則彖之所謂往得衆也。故以不當位言之。四爻辭非全吉。以動而出險言之。則四以往而得衆。視九二爲尤重也。此中輕重低昂。非明於變化之道者。烏能識之。

䷨兌下艮上

損者。損下以益上也。三陰三陽之卦。多取陰陽往來之義。兌下艮上。與震下巽上。其往來一也。而或名損或名益者。損者損下益上。益者損上益下。下者上之基。未有下損而上不損者。亦未有下益而上不益者。卦所以名損益者以此。本卦以畫卦言之。損乾三以益坤上。以象言之。損兌澤以益艮山。二者皆宜名爲損。然山下有澤。變盈流謙。日久則損山以益澤。是不獨下損。上亦損也。以義言之。兌爲說。艮爲上。說以奉上。止而受之。爲損下益上。卦所以不名咸者。少男在上。少女在下。女而先男。所感非正。故取名於損。而不取名於咸。序卦。緩必有所失。故受之以損。時機之來。緩以赴之則失也。

損。有孚。元吉。无咎。可貞。利有攸往。

損者名之不正者也。言損則疑於無孚。疑於不吉。疑於有咎。疑於不可貞。疑於不利有攸往。殊不知損乃對益而言。損者損其所當損。益者益其所當益。蓋乾盈坤虛。乾三極盈之地。盈極則窮。損乾之三。以益坤之上。所謂損其所當損者。觀於六三得友之占。則可知矣。有孚。謂乾坤交也。坤上乾下。其體交也。損乾之三益坤之上。其爻交也。又二五相應。亦爲有孚。元吉指六五言。得坤之元也。坤以承天爲元。六五承上九乾陽。而受下之益。故稱元吉。无咎者善補過也。陽亢爲過。損陽以益陰。故无咎。說而止。故可貞。震動故利有攸往。又乾三之坤上。亦爲利有攸往。

曷之用。二簋可用享。

損既元吉。疑於無不可損之事。故又舉例以明之。言損者曷之用而可哉。如享祀者。損八簋而用二簋其可也。若不當損而損。或損之過甚。皆非有孚之義。艮爲宗廟。上九宗廟之位。損三以益之。有說以事神之象。故曰享。簋。祭器。震爲祭主。坤爲器。宗廟之下。祭主在焉。陳以祭器。故取象於簋。坤數二。故稱二簋。

王制。大夫士有田則祭。諸侯貢所入於天子。人臣薦所入於親。亦損義也。有孚特設辭。

　元吉見坤。无咎見艮。貞利有攸往見坤。餘均特設辭。

彖曰。損。損下益上。其道上行。

　道即一陰一陽之道。三之上故上行。

損而有孚。元吉。无咎。可貞。利有攸往。

　必有孚始有以下四者之美。有孚者彼此相應。而無參差齟齬之謂。即下文之所謂時也。

曷之用。二簋可用享。二簋應有時。損剛益柔有時。

　必得其時而後可損。必得其時而後可二簋。蓋剛不過而損剛益柔者非時。剛既過而不損剛益柔者亦非時。

損益盈虛。與時偕行。

　當其可之謂時。損益盈虛。各當其可。然後有孚而元吉无咎可貞利有攸往也。

象曰。山下有澤。損。君子以懲忿窒欲。

　澤愈深則山愈高。是損澤益山也。忿欲多失於有餘。君子觀損之象。以懲之窒之者損之。虞云。乾陽剛武爲忿。坤陰吝嗇爲欲。

初九。己事遄往。无咎。酌損之。（已集解作祀）

象曰。己事遄往。尚合志也。（尚集解作上）

　兌初九吉。本爻无咎。損時損下益上。初居下位。勢在必損。其損也不在財而在力。當此位者。苟能視上之事如己之事而遄往。則无咎。坤爲事。震爲遄爲往。酌。參酌也。酌損之。不盡民力也。坤爲均。故酌損。下遄往而上酌損。其志合矣。故曰尚合志。尚上也。初四得位而剛柔相應。故其象如此。

九二。利貞。征凶。弗損益之。

象曰。九二利貞。中以爲志也。

震初九吉。兌九二悔亡。象曰信志。本爻利貞征凶。象曰中以爲志。貞固也。征行也。二居下卦之中。與節二略同。節以能通爲貴。節三升五。二無可升。故曰失時極。損以得中爲貴。損三益上。二不可再損。故曰利貞征凶。損時損下益上。損陽益陰。二以陽居陰而在初之上。故曰弗損益之。象曰中以爲志。二能弗越於中。則可免於凶矣。

六三。三人行則損一人。一人行則得其友。

象曰。一人行。三則疑也。

坤六四无咎无譽。震六二厲。兌六三凶。本爻乃卦之所以名損者。三人行則損一人。謂三之上也。震爲行。乾三爻爲三人。損三以益上。故損一人。一人行則得其友。謂乾坤交也。坤爲朋。兌爲朋友講習。三之上成艮。艮東北。乾之友也。上之三成兌。兌西方。坤之友也。故曰則得其友。象曰一人行三則疑也。疑即陰疑于陽之疑。凡陰陽至三則疑。疑則變。能損則無疑矣。

六四。損其疾。使遄有喜。无咎。

象曰。損其疾。亦可喜也。

坤六五元吉。艮六四无咎。本爻亦无咎。震六三震蘇蘇震行无眚。本爻損其疾使遄有喜。震爲反生。故有此象。損時損下益上。四爲近臣。非如初之以力事上也。故其所損者。不在事而在疾。處下卦之上。當益。處上卦之下。當損。損其疾使遄有喜。以損之者益之。象曰亦可喜。無疾可喜。有疾而損。亦可喜也。應初陽。陽爲喜。

六五。或益之十朋之龜。弗克違。元吉。

象曰。六五元吉。自上祐也。（祐集解作右）

坤上六龍戰。艮六五悔亡。本爻以六居五。損而非益。而當受益之位。其益有弗克違者。坤爲十。大離爲龜。倒巽爲或。或益之十朋之龜。自然之益也。兩貝謂朋。十朋謂龜之値可十朋也。虞云。十朋謂神靈攝寶文筮山澤水火之龜也。弗克違者。無可違之理也。凡益之自下來者可違。自上祐者弗克違。五之益。上益之也。乾三之坤上。其名爲損。其實爲益。五爲君。上卦之主。益上即所以益五。故曰六五元吉。自上祐也。元吉者。坤以承天爲元。五在坤中。上爲天位。上九陽自乾來。六五承之。故曰元吉也。

上九。弗損益之。无咎。貞吉。利有攸往。得臣无家。

象曰。弗損益之。大得志也。

艮上九敦艮厚終。本爻无咎貞吉。三之上則上益。故曰弗損益之。无咎。以其厚終得應也。貞吉。處益之道宜貞。猶九二之言利貞也。利有攸往。動無不遂也。得臣无家。下無不從也。坤爲臣。爲有攸往。艮爲宮室。宮室即家。无家。无私家也。凡人以所居爲家。

三之上有舍其所居以力事上之象。故曰无家。又禮運。仕於公曰臣。仕於家曰僕。損者損下益上。上公下私。故得臣无家。象曰。大得志。陽爲得。上九以陰變陽。下據衆陰。故大得志也。

䷩震下巽上

序卦。損而不已必益。故受之以益。雜卦。損益盛衰之始也。損盛益衰。相爲依伏。益所以次損也。以象言之。震爲雷。巽爲風。雷助風勢。風助雷威。二者互相爲益。以義言之。下動上巽。亦進益之道。又震爲出。巽爲入。此有所出。彼有所入。入者所以益出。出者所以益入也。又乾四益坤初。爲上益下。故取名於益。又益有耒耜之象。舟楫之象。其利民甚大。故曰益。

益。利有攸往。利涉大川。

益者利也。故卦辭專以利言。利有攸往。平時之利。利涉大川。歷險亦利也。震爲行。外巽則行無所阻。故曰利有攸往。震巽皆木而中虛。舟象。舟得巽風而震動。利涉大川之象。卦無坎而言大川者。此與同人同意。當天下利益方興之時。有涉川之具。雖涉川亦利也。

利有攸往見巽亦見坤。涉大川特設辭。

彖曰。益。損上益下。民說无疆。自上下下。其道大光。

坤象行地无疆。四之初當位。以貴下賤。大得民。故曰民說无疆。初至四大離爲光。自上下下。照以天光。故曰其道大光。

利有攸往。中正有慶。

乾爲慶。中正兼指二五言。彼此相應。攸往則利也。

利涉大川。木道乃行。

巽木震行。故曰木道乃行。

益動而巽。日進无疆。

此合上下兩體而言利往之義。

天施地生。其益无方。

乾四之坤初。萬物出震。故曰天施地生。无方。極言其廣大也。

凡益之道。與時偕行。

當其可之謂時。與時偕行。即繫辭變通趣時之意。謂初四變也。

象曰。風雷益。君子以見善則遷。有過則改。

遷善改過。脩身之益也。君子法風雷之象。而遷善改過。其爲益也大矣。卦大離爲見。乾陽過。坤陰過。以乾益坤。改其過而遷於善。與復初九同義。如坤初陰長。則爲積不善矣。

初九。利用爲大作。元吉。无咎。

象曰。元吉无咎。下不厚事也。

震初九吉。本爻元吉无咎。大作。謂耕耨之事。繫。耒耜之利。蓋取諸益。震爲稼。於四時爲春。初民位。故曰利用爲大作。元吉得乾之元也。无咎。出入无疾也。與復初同義。下不厚事。謂耕田鑿井。民事之常。初之受益。乃益其所固有。非有以獨厚之也。爻言大作。疑爲非常之事。象故以下不厚事明之。

六二。或益之十朋之龜。弗克違。永貞吉。王用享于帝吉。

象曰。或益之。自外來也。

坤初六履霜。震六二喪貝勿逐七日得。本爻或益之十朋之龜。損益往來。益之二即損之五。其辭亦相同。所異者損五元吉。此稱永貞吉耳。損時損下益上。五君位。故稱元吉。益時損上益下。初民位。故稱元吉。益九五亦稱元吉者。益民即所以益君也。二非民。而中正得應。故稱永貞吉。永貞者。永守其正也。王用享于帝吉。謂王用六二以享于帝。猶言使之主祭而百神享之也。故吉。享者自損以求益。享于帝乃享之大者。損益皆言享。損二簋用享。其禮尚儉。益用享于帝。其禮則豐。乾爲王。帝出乎震。乾四之坤初成震。故曰王用享于帝。二至上體觀。享象。象曰自外來。二隨初之益以爲益。初自外來。二又何能違乎。

六三。益之用凶事。无咎。有孚中行。告公用圭。

象曰。益用凶事。固有之也。

艮六四无咎。坤六二无不利。震六三无眚。本爻无咎。益之用凶事。謂凶事而獲益也。三處下卦。受益者也。而剛柔失位。非吉而凶。繫稱三多凶。三之凶事。固有之也。在益家。處下卦。雖凶事猶不失爲益。故无咎耳。有孚謂與上應也。中行謂行而不過也。震爲行。初至四復體。復六四稱中行。告公用圭。謂事成之後。上告於公。用圭以將其意也。公謂五。前漢郊祀志。天子爲天下父。故稱鉅公。不拘拘於三爲三公也。二享帝稱王。三凶事。四遷國。稱公。王者專稱。公則泛稱也。乾爲玉。圭象。虞氏逸象。乾爲圭。凶事。謂災荒凶喪之事。禮。賵者執圭將命。此凶事用圭之禮。

六四。中行告公從。利用爲依遷國。（集解作邦）

象曰。告公從。以益志也。

坤六三无成有終。艮六五悔亡。巽六四有功。本爻與六三均稱中行。益時損上益下。三下卦之上。四上卦之下。益不過益。損不過損。故曰中行。以六畫卦言之。震出巽入。三四爲中。則六三與六四之稱中行宜也。中行者。行而得中。非二五中正之謂也。告公從。謂從五也。震爲笑言。故稱告。利用爲依遷國。坤爲國。四由初來遷國也。利用爲依。依五也。四爲巽正爻。曰從曰依。皆巽順之意。象曰益志。言四之從。四之依。乃益五之志。非媚上也。

九五。有孚惠心。勿問元吉。有孚惠我德。

象曰。有孚惠心。勿問之矣。惠我德。大得志也。

艮上九厚終。巽九五无不利。本爻爲上卦之主。有孚惠心。有孚謂自孚也。坎爲孚爲心。

五坎位得正。故有孚。益下故惠心。書安民則惠是也。勿問元吉。謂不問而知其元吉也。初民五君。益民即所以益君。故初五均稱元吉。有孚惠我德。有孚謂人孚也。下受益則有孚而惠我之德。所謂上下交孚也。爾雅釋言。惠順也。下順五之德。則五之志得矣。德者得也。五以中正而據陰應陰。故象曰大得志。

上九。莫益之。或擊之。立心勿恒。凶。

象曰。莫益之。偏辭也。或擊之。自外來也。（偏集解作徧周帀也）

巽上六凶。本爻亦凶。莫益之或擊之。物極則反也。立心勿恒。風雷無常性也。卦巽震爲益。震巽爲恒。益之上恒之三也。彼言不恒其德。此言立心勿恒。意實相同。象曰莫益之偏辭也。或擊之自外來也。偏辭。辭未備也。巽終變得爲喪。言莫益者。一偏之辭。實則或且擊之。艮手稱擊。外來謂無端而至。凡物之不由內生者皆曰外。震陽自外來。巽陰自外來。震雖喪實得。故二稱或益。巽雖得實喪。故上稱或擊。若拘拘於內外往來之說。蹇上甯有可往者。益上甯復有外者。是以君子貴觀其通也。

䷪乾下兌上

夬。決也。序卦。益而不已必決。故受之以夬。爲卦乾下兌上。乾爲天。兌爲澤。以潤澤之澤言之。澤上於天。決其可施於下也。以澤沼之澤言之。澤上於天。居高臨下。可決而行也。又夬有缺象。五陽一陰。如物之有缺者然。後世佩玦之玦。名取諸此。又繫辭。書契之興。蓋取諸夬。謂文明初開也。又陽息至五。一陰在上。決而去之也。又乾健爲決。

說卦。兌爲附決。故夬有以剛決柔之意。柔者蔓草難除。除之義在於決也。

夬。揚于王庭。孚號有厲。告自邑。不利即戎。利有攸往。

陽爲君子。陰爲小人。上六以一陰居重乾之上。小人之在朝廷者也。決之之道。宜明不宜暗。故曰揚于王庭。宜誠不宜僞。故曰孚。號者鳴號。在庭則揚。庭外則號也。決之之術。委諸外則權下移也。故曰告自邑。行大師則傷衆生也。故曰不利即戎。言有厲者。未敢恃以爲必勝。言利有攸往者。義在決去。無可諉也。以象言之。乾爲王。五王位也。庭者室外空虛之地。上在五前。而空虛。王庭也。陽氣發舒。故曰揚于王庭。言揚則有正大光明之意。陽之所以異於陰也。孚者自孚。五陽實故曰孚。兌爲口。上有口象。故曰號。厲。嚴厲。惕厲。危厲。皆乾象也。自邑。王者之私邑。上口爲告。告自邑。備於內也。以爻象言之。四近五爲自邑。處陰柔之位。行次且。言不信。故告以陰之必決。所以專其責也。一說。坤爲邑爲自。乾息坤伏。其勢猶在。告自邑。聲陰之罪也。亦通。戎者陰象。與師相類。卦地水爲師。地與水皆陰類也。而帥師則必用長子。泰陽長而陰上。上六有勿用師之象。本卦重乾陽盛而陰上。故不利即戎。又夬者文盛。故不利即戎。推言之近五者爲邑。遠五者爲戎。不利即戎。不煩外兵也。爻初九不勝。九二勿恤。皆含有不用之意。三居下卦。與五差遠。而言君子夬夬者。與上應也。總之。告自邑不利即戎。皆言所以決之之術。利有攸往。則統全卦而斷其利也。

利見乾兌。餘均特設辭。

彖曰。夬。決也。剛決柔也。（釋卦名）

健而說。決而和。

既說而和。故不利即戎。

揚于王庭。柔乘五剛也。

言剛爲柔乘。宜於王庭揚之。一說。柔乘剛。爲揚于王庭。

孚號有厲。其危乃光也。

陽爲光。陽過盛則厲。厲者危。其危之者。乃其所以光也。

告自邑。不利即戎。所尚乃窮也。

書契之興始於夬。夬者文明之象。於文明之世而窮兵則必敗。故曰所尚乃窮。一說。尚者上也。戎陰象。上六以陰居上。而爲陽所決。故所尚乃窮。

利有攸往。剛長乃終也。

剛不長則柔不終。攸往者剛長。剛長乃終也。

象曰。澤上於天。夬。君子以施祿及下。居德則忌。

澤者由上潤下。上於天則決之速也。乾爲祿爲施爲德。君子觀夬之象。而施祿以及其下。居即奇貨可居之居。謂守而不施也。居其德而不施。則爲衆所忌。羣思決而去之。上六之象如此。

初九。壯于前趾。往不勝爲咎。

象曰。不勝而往。咎也。

乾初九潛龍勿用。潛者自甘於潛。勿用者勿所用之。本卦外兌。乾以夬之。初九爲夬之始。不甘於潛故曰壯。不安於勿用故曰往。夬時陽盛。與大壯同。大壯初九壯于趾。夬之陽進於大壯。故壯于前趾。往不勝者。衆陽在外。初果勿用也。勿用而往。故不勝爲咎。

九二。惕號。莫夜有戎。勿恤。

象曰。有戎勿恤。得中道也。

乾初九勿用。九二利見大人。本爻以乾中決兌上。乾爲敬。故稱惕。兌爲口。故稱號。惕。警於內也。號。戒於外也。莫夜有戎。謂陽外有陰也。晝時陽盛。陰待夜而發。兌爲澤。爲四方。昏昧之象。故稱莫夜。戎。兵也。禮王制。西方曰戎。兌西方。故不稱寇而稱戎。勿恤。謂勿憂也。坎陽在陰中。故稱恤。九二乘承皆陽。故勿恤。又二之所以勿恤者。得中道也。

九三。壯于頄。有凶。君子夬夬。獨行遇雨。若濡有慍。无咎。

象曰。君子夬夬。終无咎也。

乾九二利見大人。九四无咎。九三君子乾乾。本爻君子夬夬。乾九三厲。本爻凶。乾九三惕。本爻慍。乾九三无咎。本爻无咎。壯于頄者。剛之見於外也。人身之顯著者莫如面。面之剛果者莫如頄。頄。顴骨也。乾爲首。三爲乾終。在下卦。故取象於頄。過剛不中故有凶。君子夬夬。謂志在必決也。夬時陽氣上行。三上正應。不與衆爻同。故稱獨行。遇雨。陽遇陰也。濡。滞也。含忍也。慍。恚也。恨也。又蘊結於心也。三與上合。有不能遽決者。故若濡。有不能不決者。故有慍。若濡有慍。天人交戰時也。所幸陽剛能斷。終不以私害公。故曰君子夬夬。終无咎也。

九四。臀无膚。其行次且。牽羊悔亡。聞言不信。

象曰。其行次且。位不當也。聞言不信。聰不明也。

乾九三惕厲。九五飛龍。兌九四商兌未寧。本爻亦有未寧之意。臀无膚。陽剛在下也。四爲上卦之下。到巽故稱臀。其行次且。進不遽進也。九剛四柔。進退莫定。故其行次且。牽羊悔亡。謂與陽俱進則悔亡也。兌爲羊。羊陽同音。於周禮羊屬夏官。其性剛。遇羣則有進無退。夬時羣陽並進似之。坎爲悔。謂陽陷陰中也。四牽於羣陽。故悔亡。聞言不信。聰不明也。以象言之。乾爲言。坎耳可聞。坎孚爲信。四不變。坎象不見。故聞言不信。以義言之。聞言而信。則其進也勇。四巽位多疑。故聞言不信也。

九五。莧陸夬夬。中行无咎。

象曰。中行无咎。中未光也。

乾上九有悔。兌九五厲。本爻无咎。莧陸夬夬。謂陽之決陰。如莧陸之易決也。莧陸。馬齒莧也。陰氣最盛。而質脆易折。夬以五陽決一陰。陰雖盛而易決也。夬夬。決之堅也。五與三俱稱夬夬。三應上。五比上。非剛果不足成事。故再言以致其決。三過剛則有慍无咎。五得中故中行无咎。象曰中行无咎。中未光也。五爲上陰所揜。何光之有。五得中而逼近陰類。不無親昵之弊。爻言无咎。未盡其意。象故以未光明之。虞云。莧。說也。讀夫子莧爾笑之莧。陸。和睦也。說亦可通。所謂健而說。決而和。與九三壯頄有慍相反。朱子語類。莧者馬齒莧。陸者商陸。皆感陰氣多之物。未詳然否。

夬初二與大壯初二略同。三四與大壯三略同。五宜與大壯四略同。而辭較緩和。震兌之別也。夬一陰本爲衆陽所昵。又兌性和說側媚。故夬卦卦爻多戒辭。

上六。无號。終有凶。

象曰。无號之凶。終不可長也。

兌上六未光。本爻有凶。无號謂陰在陽上。自以爲得志。而不知警也。當此陽氣上行之時。陰豈可長存者。故曰无號終有凶也。

䷫巽下乾上

姤。古作遘。遇也。乾陽盛陰伏。今一陰始生。卒與陽遇。有不期而相值之意。故取名於姤。卦一陽在下。五陰在上。曰復。望之久也。一陰在下。五陽在上。曰姤。非所期也。以象言之。乾爲天。巽爲風。風無定者也。天下有風。卒然而至。其於物也。有不期而遇之象。故曰姤。序卦。決必有所遇。故受之以姤。夬者決而分。姤者遇而合也。由分而合。其事理之自然乎。

姤。女壯。勿用取女。

女壯。言陰盛也。陰初生而言壯者。巽長女也。勿用取女。絕之也。遘者疑於婚媾。言勿用取女。則無婚媾之道。乾合巽非偶也。女先男非制也。一陰五陽非與也。知咸卦取女之爲吉。則知姤之勿用取女矣。

辭均特設。有創無因。

象曰。姤。遇也。柔遇剛也。

遇者剛柔相遇。此言柔遇剛。本卦以一陰爲主。與夬之以五陽爲主者異也。

勿用取女。不可與長也。

言長久則爲害。說卦。巽爲長。

天地相遇。品物咸章也。剛遇中正。天下大行也。姤之時義大矣哉。

此則言不可不姤之義。以見姤之時義大。欲人之慎所處也。卦畫。陽爲乾。陰爲坤。一陰始生。是爲天地相遇。於時爲夏之五月。萬物皆相見。故曰品物咸章。剛遇中正者。九五以陽剛當中正之位。在姤家。故不言剛中正。而言剛遇中正。亦猶巽彖言剛巽乎中正也。以陽據陰。故曰天下大行。大象言施命誥四方。亦以陽據陰之故。

象曰。天下有風。姤。后以施命誥四方。

乾爲施。巽爲命爲誥。坤爲四方。初六陰生。坤之伏而見也。故有四方之象。后於文爲一口出令。風者天之號令。所以鼓舞萬物。后以施命誥四方。法天風之象也。故姤之字從后。

復象言商旅不行。后不省方。即乾初潛龍勿用之義。姤象言勿用取女。即坤初履霜堅冰之義。復象言出入无疾。朋來无咎。即震象震來虩虩。笑言啞啞之義。姤象言施命誥四方。

即巽象申命行事之義。

初六。繫于金柅。貞吉。有攸往。見凶。羸豕孚蹢躅。（集解作）

象曰。繫于金柅。柔道牽也。

巽初六進退。本爻蹢躅。巽初六利貞。本爻貞吉。繫于金柅。言初繫於二也。柅一本作鑈。絡絲趺也。陰繫於陽。猶絲繫於柅。二互乾故稱金柅。象曰柔道牽。言陰柔之道。爲陽所牽。自陰言之則曰繫。自陽言之則曰牽也。貞吉。守正則吉也。有攸往見凶。謂動則不吉也。姤以陰消陽。動則陽消。故凶。巽爲伏。動則見而不伏。故見凶。羸豕孚蹢躅。言初繫於二。不能前也。孚。相孚也。陰遇陽則孚。初以一陰遇五陽。皆所孚也。惟逼近於二。爲二所繫。而足不能前。如羸豕之蹢躅者然。說文。蹢躅。住足也。三年問。鳴號焉。蹢躅焉。釋文。蹢躅不行也。羸。纍之借。拘纍也。巽爲繩。故曰繫曰牽曰羸。豕所處卑汙。初陰下。故取象於豕。不必其有坎象也。

九二。包有魚。无咎。不利賓。

象曰。包有魚。義不及賓也。

乾初九勿用。巽九二无咎。本爻亦无咎。魚指初言。虞云巽爲魚。魚陰類。初民位。詩曰衆爲魚矣。故以初爲魚。二無應而據初。故包有魚。賓指四言。外之之辭。二有魚四无魚。故曰不利賓。

九三。臀无膚。其行次且。厲。无大咎。

象曰。其行次且。行未牽也。

乾九二見龍。九四无咎。巽九三吝。本爻厲无大咎。臀无膚。乘剛也。其行次且。上無正應而有戀於初也。初爲二所包。三無所牽。而心不能恝。又巽爲進退。爲不果。故其象如此。說卦。巽爲股。以下偶下垂也。偶上有奇。股上有臀。故臀爲巽象。夬九四稱臀。彼上往故四爲臀。此下牽故三爲臀也。過剛無應而不與初遇。故厲。初本非應。雖不相遇。无大咎也。

九四。包无魚。起凶。

象曰。无魚之凶。遠民也。

乾九三厲。九五飛龍。九四或躍在淵。在淵者有魚之象。本爻與初爲正應。初爲二所包。至四則无魚矣。起。猶行也。乾純陽而在上卦故曰起。起凶。謂行則凶也。象曰无魚之凶遠民也。初民位。四遠而不得應。其凶可知。（子母相反。）姤與同人異。同人者久而相同。故三四不足以間五。姤則暫時相遇。故遠不及近。二有魚四无魚。二近四遠也。四以遠初而凶。即象之所謂勿用取女者。

九五。以杞包瓜。含章。有隕自天。（包集解作苞）

象曰。九五含章。中正也。有隕自天。志不舍命也。

乾上九有悔。九五飛龍在天。本爻有隕自天。杞。杞柳也。瓜蔓生而附於地者。謂二。瓜謂初。杞之於瓜。本非同類。二之於初。本非相偶。以二包初。猶以包瓜也。五爲卦主。二之包五實以之。故曰以杞包瓜。章。文章也。說卦。坤爲文。謂六偶雜陳。文章之象。繫。分陰分陽。迭用柔剛。故易六位而成章。是章者陰陽相間者也。坤六三陰極思陽。故曰含章可貞。姤九五剛遇中正。天下大行。初之陰。二三四之陽。皆爲所含。故曰含章。隕墜也。有隕自天。謂九五素位而行。不與二爭民。而民自歸之。如物之自隕於天者。天即命也。分言之。乾爲天。巽爲命。象曰志不舍命。舍處也。謂志不在命也。五雖志不在命。不與二爭。然二之包即五之包。故曰有隕自天。五天位也。有隕自天。亦求諸己而已矣。杞木屬。巽爲木。故稱杞。艮爲果蓏。謂陽處於終。如草木之結實也。本爻稱瓜。則取蔓生在下之意。與艮之果蓏不同。

上九。姤其角。吝。无咎。

象曰。姤其角。上窮吝也。

乾上九亢龍有悔。文言窮之災也。本爻處上而窮。角剛象。上稱角。在姤家故曰姤其角。姤其角有亢意焉。亢宜有悔。茲獨稱吝者。合內外卦爲巽。巽三以窮而吝。巽上以窮而凶。本爻在姤家。遠於初而不爲初繫。故吝无咎。象曰上窮吝。上之窮與乾異同。而吉凶略異如此。

䷬ 坤下兌上

序卦。物相遇而後聚。故受之以萃。萃者聚也。坤爲地。兌爲澤。澤上於地。水有所聚也。爲卦兩陽萃於一。上下四陰萃於陽。故取名於萃。比所以不名萃者。一陽不爲聚也。

小過所以不名萃者。陽不當位也。又坤爲地爲衆。巽爲草木。艮爲果蓏。兌正秋也。百果草木至秋而成。薈萃之象。以義言之。則順而說剛中而應爲萃也。

萃。亨。王假有廟。（集解無亨字）

亨疑爲衍文。五當陽故稱王。假大也。艮爲宗廟。鬼神精爽。散而不聚。王假有廟。所以聚之也。又王者建國。先立宗廟。以安人心。是宗廟者非獨鬼神之所萃。亦人民觀瞻之所萃也。兌坤皆陰。陰有所聚。故取象於廟。

利見大人。亨。利貞。

大人謂五。利見者大人以見爲利。而人亦利見之也。兌見故曰見。二五相應故曰亨。坤順兌說故曰利貞。五得乾元。繫於爻不繫於卦者。陽有所分。與比五異也。又坤兌爲臨。臨彖元亨利貞。兌坤爲萃。萃彖亨利貞。至九五繇辭乃言元。爻與彖往往相互爲義。

用大牲吉。利有攸往。

初至五體觀。故取象於祭。坤爲牛爲用。用大牲之象。凡祭有牲曰薦。觀言不薦。坤順巽入。無進獻之意。本卦上兌爲見。與觀異也。言大牲者。萃時物聚。享之豐也。利有攸往者。羣陰萃於二陽。往則利也。

亨利貞見兌坤。亨亦見巽。利見大人利有攸往均見巽。吉見坤。餘特設辭。

彖曰。萃。聚也。順以說。剛中而應。故聚也。

剛中而應。專就五二兩爻言萃之意。

王假有廟。致孝享也。

坤爲順。孝。順德也。

利見大人亨。聚以正也。

聚以正即釋利貞之意。然則亨字下當有利貞二字。集解本利貞在聚以正也下。非是。

用大牲吉。利有攸往。順天命也。

五居天位。四以陽萃五而成巽。巽爲命。四陰萃於二陽。故爲順天命。

觀其所聚。而天地萬物之情可見矣。

二五爲天地。陰陽化生爲萬物。

象曰。澤上於地。萃。君子以除戎器。戒不虞。

萃上兌下坤。坤爲衆。兌爲毀折。卦體與師豫相類。師。兵戎之象。豫。預備也。又澤上於地。純陰之卦。陰極則戰生。故君子以除戎器戒不虞。除者簡而治之。戒者未至而先備也。凡萃聚之後。必有爭端。除戎器戒不虞。所以杜其萌也。周官大行人曰。時會以發四方之禁。鄭注云。諸侯有不順服者。王將有征討之事。則既朝王命。爲壇於國外。合諸侯而發禁命事焉。其萃之象乎。

初六。有孚不終。乃亂乃萃。若號。一握爲笑。勿恤。往无咎。

象曰。乃亂乃萃。其志亂也。

坤初六履霜堅冰至。本爻當萃之始。其象莫定。有孚謂相孚也。陰陽得應。故曰有孚。不終。謂二三間之也。間之而不得遽萃。故乃亂乃萃。若號。懼其不萃也。一握爲笑。喜其得萃也。勿恤往无咎。謂得應而往。勿憂其不萃也。艮爲終。坤爲亂。兌口稱號。握即握手之握。艮爲手。故稱握。震爲笑言。謂陰得陽而舒也。初六以陰萃陽。未萃之先。則號。已萃之後。則笑。笑對號而連及。不必有震也。大坎爲恤。得四正應。故勿恤。

六二。引吉。无咎。孚乃利用禴。

象曰。引吉无咎。中未變也。

艮初六无咎。坤六二无不利。本爻无咎利用禴。引吉謂五引二也。巽繩艮手故稱引。孚。二孚五也。禴。祭也。利用禴。所以示虔誠之意。謂見阻於四。求通於五也。彖稱王假有廟。謂以陽萃陰。爻稱利用禴。謂以下通上。中正得應。故无咎。象曰中未變。二得陰中。五得陽中。二萃於五。未失常例。故曰未變。

或問。間者多係陰間陽。陽間陰。二三以陰間陰何也。曰凡物之萃。先近而後遠。二三近四故也。三亦爲二之間。乃惟言見阻於四何也。曰三萃於四。然則爲二之阻者。非四而何。

六三。萃如嗟如。无攸利。往无咎。小吝。

象曰。往无咎。上巽也。

艮六二心不快。本爻則曰嗟如。巽六四悔亡。本爻則曰无咎。坤六三无成有終。本爻則曰小吝。萃時物聚於中。三與四皆中也。特四陽而三陰。物不萃三而萃四。又三處艮下。不得上應。抑而未伸。故有萃如嗟如之象。一說。兌口爲嗟。无攸利。言無偶也。亦通。往无咎。謂往萃於四。中無所間。則无咎也。小吝謂失上也。象曰上巽。謂上六陰柔。不能與四爭也。卦上互巽。巽小利有攸往。或言往无咎謂應上。抑思三上皆陰。本非正偶。且萃時物聚於中。二應五尚言利用禴。三逼近於四。安得萃於上乎。

九四。大吉。无咎。

象曰。大吉无咎。位不當也。

艮九三厲。巽九五吉。兌九四有喜。本爻以陽處陰。位不當矣。爻稱大吉者。萃時物聚於中。四以陽德處上下之中。故大吉也。大吉而繼以无咎者。四位不當。宜若有咎焉。无咎所以爲大吉也。

九五。萃有位。无咎。匪孚。元永貞。悔亡。

象曰。萃有位。志未光也。

巽上九貞凶。兌九五孚于剝有厲。本爻匪孚悔亡。萃有位者。五高居尊位。以有位而萃者也。无咎中正得應也。匪孚元永貞悔亡。謂凡有匪孚於五者。五守其元永貞之德。則悔亡也。初三萃於四。故於五爲匪孚。元乾德。永貞坤德也。五當乾之位。居坤之上。與比五同。元永貞悔亡。亦不寧方來之意。象曰志未光。謂初三萃於四。五雖得位。而其志未光也。一說。五爲上陰所揜。故未光。

上六。齎咨涕洟。无咎。（咨集解作資）

象曰。齎咨涕洟。未安上也。

兌上六未光。本爻未安。上與三爲應。三萃於四。上之未安可知也。未安於上。則萃於五矣。故雖齎咨涕洟而无咎。齎咨。嗟嘆辭。兌爲口。故曰齎咨。自目曰涕。自鼻曰洟。離目艮鼻。卦有艮無離。連續言之。蓋目與鼻通。涕洟本一事也。同一萃也。於四則曰位不當。於五則曰萃有位。四居兩卦之中。其萃也一時之適然。五剛中而應。其萃也卦位之本然也。然以四分其權。與比之一陽獨尊者異。故象辭若有憾焉。上六之居五上。與比上同。彼凶而此得无咎者。比五居尊。其下順從。故上爲後夫。萃則初三皆萃於四。上非獨後故也。

䷭巽下坤上

卦上坤下巽。巽爲木。坤爲地。地中生木。其勢必升。又巽爲風。在地下。亦必升之象。以消息言之。陽升陰降。坤三陰在上。二三兩陽在坤下。下之升上宜也。臨所以不名升者。臨兩陽初臨。升則由初而上也。小過所以不名升者。小過上進而下止。不得升也。又內巽外順。震動而出。有升騰之義。序卦。聚而上者謂之升。故受之以升。升者物之聚而上者也。

升。元亨。用見大人。勿恤。南征吉。

乾震合而成无妄。无妄元亨利貞。坤兌合而成臨。臨元亨利貞。以臨之例推之。遯亦爲元亨利貞。遯不言元者。乾陽外遯。不得稱元也。以无妄之例推之。升亦爲元亨利貞。升不言利貞者。意取登進。非固守也。大人謂二。用見大人。即乾二之利見大人。言用不言利者。坤爲用。九二上升。跡近逼上。以常情測之。是可恤也。然卦體內巽外順。謂之升者。內外皆升。與明夷之內盛外衰者異。故言用以明二爲五之所需。言勿恤以明其非患。南征吉。所以示順也。古以南爲順。北爲逆。右爲順。左爲逆。師之四言左次。明夷之三言南狩。其徵也。要之南狩南征左次之類。與夫西南東北。其順逆難易。必爲時人所熟悉而無疑者。非可作謎語觀也。卦兩陽陷於陰中。恤象。陽升故勿恤。震爲征。巽東南。坤西南。南征之象。

左傳成十六年。晉侯筮。遇復。曰南國蹴。蓋陽氣自北而南。陰氣自南而北。邵子地氣南北之說。或出於此。

元見坤。亨見坤巽震兑。用見大人。意與巽之利見大人同。勿恤特設辭。吉見坤。南亦見坤。

彖曰。柔以時升。

坤巽皆柔。合之則成升。以時者。內巽外順。升以漸也。

巽而順。剛中而應。是以大亨。

大亨。指九二言。

用見大人。勿恤。有慶也。

陽陷似恤。終得上升。則勿恤而有慶。陽爲慶也。

南征吉。志行也。

陽在陰中。志象。升則志行。又巽爲志行。

象曰。地中生木。升。君子以順德。積小以高大。

二陽爲德。坤爲順爲積。巽爲高。陽潛則小。升則大。君子觀地中生木。由微而顯。由下而上。故以順德積小以高大。順。集解本作愼。又高字上有成字。

初六。允升。大吉。

象曰。允升大吉。上合志也。

巽初六進退志疑。是未允也。升有地中生木之象。本爻則萌芽初生。誠實無僞。故允升而大吉。又升者下升上也。他爻皆有所藉。初無所藉。故曰允升。象曰上合志。自初以上皆以升爲志。故初之升與上合志。與上合志。則上亦允之矣。故曰大吉。

九二。孚乃利用禴。无咎。

象曰。九二之孚。有喜也。

兌初九吉。巽九二用史巫紛若吉无咎。史巫通誠意於神明者也。本爻孚乃利用禴。亦通誠意於神明之象。孚。二孚五也。與五爲正應。故不言升而言孚。乃利用禴。約以致其誠也。萃時王假有廟。升有自薦於上之意。二位大夫。不能大享。故乃利用禴。无咎。剛中而應也。二雖元亨。而以六五陰柔。二上升有逼主之嫌。故其誠敬之心。如用禴乃无咎。象曰有喜。二陽故稱喜。

九三。升虛邑。

象曰。升虛邑。无所疑也。

兌九二吉。巽九三頻巽吝。頻則猶有所疑也。本爻則无所疑。震九四遂泥。本爻則升虛邑。蓋以互震處坤巽之交。巽爲疑。得震則疑釋。坤爲邑爲虛。得震則雷出地奮。故三之升坤。如升虛邑。略無阻止。何疑之有。一說。三與上應。上不息則無疑陽之象。故三无所疑。

六四。王用亨于岐山。吉。无咎。

象曰。王用亨于岐山。順事也。

震六五厲。兌六三凶。坤六四无咎无譽。本爻吉无咎。岐山王業之所基也。王用亨于岐山。順其事以待發也。逼近五尊。故不言升。王業將大。故曰亨于岐山。兌西方。岐山西方之山也。卦上風下地爲觀。觀主祀享。上地下風爲升。升九二用禴。六四用亨。意多相類。

又按随上六亨于西山。随兌上也。本爻亨于岐山。互兌也。兌爲秋成。爲見。見者不自祕藏之意。意者秋成而不自藏。因獻於鬼神以報德。爲享祀之所由昉與。又兌爲巫。巫享神以求福。故曰用亨。

六五。貞吉。升階。

象曰。貞吉升階。大得志也。

震上六征凶无咎。坤六五黃裳元吉。本爻乃升之得其位者。升階即升堂入室之謂。象曰貞吉升階。大得志也。初言合志。至此乃大得矣。虞云。坤爲階。古階用土。坤土也。大坎志象。

上六。冥升。利于不息之貞。

象曰。冥升在上。消不富也。

坤上六道窮。本爻處升之極。坤爲昏迷。故曰冥升。不息即乾象自強不息之意。巽近利。富象。上六處坤之終。坤消卦。故象曰消不富。消不富故利于不息之貞。謂守正而不息也。一說。息對消言。不息則消。故象曰消不富。坤上六之象曰。陰疑於陽必戰。升至於上。息則疑於陽而戰。故利于不息之貞。升有積小高大之意。外順內巽。故上不言凶。柔以時升。初載始基。故大吉。五處尊位。故大得志。上則無所升矣。故利于不息。二利用禴。始求神也。四亨于岐山。將受命矣。三升虛邑。猶在外也。九五升階。乃致光大。

學易初稿卷之四

萊陽于元芳習

䷮坎下兌上

困。說文故廬也。从木在口中。徐鍇曰。舊所居廬故。其木久而困弊也。引申之爲窮困之意。人窮困則思神佑。二之言享祀。五之言祭祀以此。又力乏也。序卦。升而不已必困。故受之以困。謂升而不已。則力乏而困也。四言困于金車。即力乏之意。又亂也。二言困于酒食以此。又爲人所扼曰困。初言困于株木。三言困于石。五言困于赤紱。上言困于葛藟是也。爲卦坎下兌上。兌爲澤。坎爲水。水在澤下。澤無水也。無水則困。以卦畫論。剛爲柔揜。上六以柔揜四五之剛。初三以柔揜九二之剛。剛揜者剛困也。當窮困之時。君子與小人同受其弊。故酒食金車赤紱與木石蒺藜葛藟。其位不同。其困一也。惟君子處困而亨。卦內險外說。位險而以說行之。處困之道。宜如是矣。爻辭內三爻多凶。外三爻多吉。亦以內險外說之故。

困。亨。貞。大人吉。无咎。有言不信。

困無可亨之道。亨者處之以亨也。一說。乾上之坤二。乾坤交故亨。貞正也。處困宜正。

象曰。困。剛揜也。

大人謂二五。吉无咎者。大人處困而亨貞。故吉无咎也。有言不信。不見信於人也。曰吉无咎所以見大人之德。曰有言不信所以見大人之困也。卦剛爲柔揜故困。然剛能得中。故亨貞吉而无咎。兌口爲言。坎孚爲信。困勢處於窮。故有言不信。

亨見坎兌巽離。貞見兌離。大人見巽。吉見離。有見坎巽。无咎言不信。特設辭。

險以說。困而不失其所亨。其惟君子乎。

困而不怨。故以剛自揜爲辭。

君子即大人。

貞。大人吉。以剛中也。

不言无咎。省文也。

有言不信。尚口乃窮也。

尚上也。兌口居上。而乘陽揜剛。故曰窮。

象曰。澤无水。困。君子以致命遂志。

巽爲命。坎爲志。致如事君能致其身之致。遂如大夫無遂事之遂。夭壽不貳者遂志也。脩身以俟者致命也。致命遂志。乃處困之道。君子以之。

初六。臀困于株木。入于幽谷。三歲不覿。

象曰。入于幽谷。幽不明也。

坎初六入于坎窞。本爻入于幽谷。巽爲臀。虞云。坎爲臀。臀當一身之中。入坎則隱其半身。故初得稱臀。（共四姤三稱臀。）株木無枝之木。離爲科上槁。故曰株木。臀困于株木。蓋爲枯木朽株所困。非竦然上出之喬木也。入于幽谷。不能見上也。爾雅。水注川曰谿。注谿曰谷。坎居兌下。幽而不明。幽谷之象。初又在坎下。故曰入于幽谷。覿。見也。離爲見。故曰覿。坎稱三歲。初至四歷三爻。故曰三歲不覿。

卦內外皆困。分言之則坎爲困。以坎陷故也。二在坎中。困于酒食。自困也。餘若石蒺藜金車赤紱葛藟。雖地位榮枯不同。均可謂困於下。以坎在下也。惟株木上出。初無所藉。故反困於上。然曰臀困則亦下矣。以坎水兌澤皆下行也。三爲內卦之終。與外卦相接。困於下亦反困於上。故蒺藜取乘象。石取承象。然石可坐可履者也。謂之困於下亦可。故以物言之。車所乘也。紱下體之服也。蒺藜葛藟。蔓生於下者也。此數者均可謂困於下。以爻言之。則二自困。初反困於上。三困於上下。至外三爻則皆困於下。位在則然也。

說卦巽入與震出對言。蓋巽之入。乃出入之入。坎初六入于坎窞。名雖入而實陷也。如屯之入于林中。需之入于穴。訟之入于淵。困之入于幽谷。皆指坎陷而言。困之入于其宮。則指巽入而言。至復之出入无疾。明夷之入于左腹。後入于地。乃另爲一例。復以陰陽消息。出於震。入於巽。對出而連及於入。卦無巽也。晉爲日出。明夷爲日入。卦以此名。爻以此象。初登于天。日出晉也。後入于地。日入明夷也。六四之入于左腹。與于出門庭對言。亦因出而連及於入。卦無巽也。然則爻象言巽入。其惟困之六三乎。

九二。困于酒食。朱紱方來。利用享祀。征凶。无咎。

象曰。困于酒食。中有慶也。

離初九无咎。坎九二有險小得。本爻征凶无咎。困于酒食。不能自拔也。坎爲酒食。在困家故曰困于酒食。朱紱。貴者之祭服。喻五陽也。方來。謂相援也。繫。乾衣坤裳。裳下服。紱亦下服也。乾上之坤二成困。乾爲大赤。故曰朱紱。困時兩陽相援。五在外卦。故曰方來。一說。坎爲赤。巽爲股。紱。股服也。巽坎相合。故曰朱紱。亦通。利用享祀。通誠意於神明也。九二無與而得援。猶人神非類而相通也。兌爲巫。坎爲酒食。巫用酒食。享祀之象。又易言享祀。多取象於兌。卦上兌。故曰利用享祀。征凶。不宜動也。二在坎中。爲陰所揜。所宜困窮以待時。故曰征凶。陽剛得中。才足濟困。故爻稱无咎。而象曰中有慶。

六三。困于石。據于蒺藜。入于其宮。不見其妻。凶。

象曰。據于蒺藜。乘剛也。入于其宮。不見其妻。不祥也。

離六二元吉。巽六四有功。坎六三入于坎窞勿用。本爻當困之中。處險之極。失位無應。故凶。困于石據于蒺藜。乘承皆剛也。入于其宮不見其妻。無應與也。坎爲蒺藜。說卦。艮爲石。艮外剛也。本爻二剛在外故取象於石。或以石仍指乘剛言。象傳不言困于石者。省文也。宮者室廬。妻則偶也。困爲故廬。故取象於宮。巽入離見。三上非偶。故曰不見其妻。

九四。來徐徐。困于金車。吝。有終。（徐集解作荼車作）

象曰。來徐徐。志在下也。雖不當位。有與也。

離九三凶。巽九五无初有終。兌九四有喜。本爻則吝而有終。象曰來徐徐志在下也。雖不當位有與也。九四陽剛。才足濟困。其應在初。幽而不明。四欲來援。而坎險在內。不得不出以詳審。徐徐。舒遲之意。四爲大臣。來必乘車。金車。車之飾以金者。在困家故曰困于金車。乾爲金。坤爲車。一說。兌爲金。坎爲車。均通。

九五。劓刖。困于赤紱。乃徐有說。利用祭祀。

象曰。劓刖。志未得也。乃徐有說。以中直也。利用祭祀。受福也。

巽上六貞凶。兌九五有厲。本爻爲困之主。劓刖。上下不安也。兌毀於上。坎陷於下。故取象於劓刖。赤紱。大夫之祭服。困于赤紱。下無應也。乃徐有說。得二之輔也。兌爲說。祭祀以意通。二與五雖非正應。而剛中之德。則無不同。五用二以濟困。猶利用祭祀以受福也。乾爲福。

四言來徐徐。五言乃徐有說。徐之一字。雖由兌說而來。然亦處困不易之法。

上六。困于葛藟。于臲卼。曰動悔有悔。征吉。

象曰。困于葛藟。未當也。動悔有悔。吉行也。

兌上六未光。本爻處困之極。葛藟。蔓延之物。臲卼。危而不安也。六在上爲未當。故困于葛藟于臲卼。困極則亨。故動悔有悔征吉。曰。上自謂也。上苟曰吾之動而得悔是深可悔者。則有悔而征吉矣。困以陽剛爲貴。二陽而征凶。上陰而征吉。二險之終。上困之終也。巽爲葛藟。坎爲悔。墨子禹葬會稽。桐棺三寸。葛以繃之。漢書楊王孫傳。昔帝堯之葬也。窾木爲棺。葛藟爲緘。葛藟其束棺之具歟。

諸卦言悔者多矣。無言曰悔者。言曰即象之所謂尚口者。尚口不足以概行。故爻稱征吉。而象曰吉行。吉行者。其吉在行。徒言不足以稱吉也。

王引之經義述聞。曰之言聿。語助也。有當讀又。曰動二字連讀。悔有悔三字連讀。

䷯巽下坎上

序卦。困乎上者必反下。故受之以井。謂上升而困。則反下而養也。卦下巽上坎。巽爲木。坎爲水。木上有水。井象。世本。伯益作井。汲冢書。黃帝作井。大抵洪荒之世。渴則飲。饑則食。其取水之法。今不可考。以意揣之。當擇川澤之有水者。而用草木爲之限隔。以避泥沙。象所謂木上有水井是也。後代鑿井而飲。其制蓋以木爲之底。而上用石或磚以砌之。人民沿井以居。市井井田之制。遂由此起。當伏羲畫卦時。未必知鑿井也。至文王繫卦。始專以鑿井爲言。而義不相背。蓋井之制古今不同。井之義無古無今一也。至象言巽乎水而上水井。則專指汲水之狀言之。

井。改邑不改井。无喪无得。往來井井。汔至。亦未繘井。羸其瓶凶。

改邑不改井。疑亦當時習見之語。蓋室廬可遷。井水無變也。卦乾初之坤五。坤爲邑。五變成坎。是邑改也。井本在地中。今坤壞而爲井。是邑改而井不改也。无喪无得。居其所而遷也。繘井者得水恩不及井。羸瓶者喪水怨不及井。是井者處於无喪无得之地而任人之取汲者也。又井水汲之再出。弗汲不增。故曰无喪无得。以象言之。乾爲得。坤爲喪。初之五。乾坤變。故无喪无得。往來井井。條理整齊之謂。繫。井以辨義。說文。井。象構韓形。徐曰。韓。井垣也。周禮謂之井樹。後世井田之制。蓋由此起。井既界限分明。人之取汲於井者。此往彼來。往來之際。井井如也。卦初之五爲往。五之初爲來。往來不窮。又外卦爲坎。內卦初至四大坎。坎井也。內坎外坎。故曰井井。汔幾也。繘綆也。羸敗也。幾至矣。亦未用繘於井。又或繘井而羸其瓶。是凶道也。然其凶也。汲者自致之。於井無與。夫井固无喪无得者也。巽爲繩。繘象。離中虛。瓶象。兌爲毀折。羸其瓶之象。卦外坎爲險。內巽爲入。入而險。凶象。故言繘井羸瓶。以盡其變。往見巽。餘辭均特設。

彖曰。巽乎水而上水。井。井養而不窮也。

井德之地也。兌口飲水。坎爲通。故養而不窮。

改邑不改井。乃以剛中也。

不言无喪无得往來井井。省文也。集解本有此二句。剛中指二五。惟其有剛中之德。故守常不改。用能无喪无得。往來井井也。象蓋專以義言。

汔至亦未繘井。未有功也。羸其瓶。是以凶也。（集解井字在未有功也下）

言汔至亦未繘井者無功。羸瓶者凶。坎象行有尚往有功也。卦由坎成者多言有功。如需蹇解等是。坎在井中。則靜而不動。故曰未有功。以人事言之。井无喪无得。繘井者人之功非井之功。汔至亦未繘井。人未有功也。從而羸其瓶。人之凶也。卦言凶爻不言凶。卦兼言汲者。爻惟指井及井之用而言。

象曰。木上有水。井。君子以勞民勸相。

坎爲勞。坤爲民。坤成坎。勞民之象。兌爲口爲說。說以巽。勸相之象。總之勞民勸相。皆取井養之義。

初六。井泥不食。舊井无禽。

象曰。井泥不食。下也。舊井无禽。時舍也。

巽初六進退志疑。本爻處卦之下。合六爻爲一井。則初爲井泥。分一爻爲一井。則初爲舊井。井泥則人不食。舊井則禽不下。象曰井泥不食下也。初地位。故曰下。在井下。故稱泥。二至四兌。兌口可食。非應故不食。乾初之坤五成井。乾爲舊。故稱舊井。象曰舊井无禽時舍也。改邑不改井。其爲舊井可知。初六當改之始。穢德莫除。時未可用。故曰時舍。禽者鳥獸之總名。无禽。澤不及物也。坎豕離雉故稱禽。干寶曰。井而爲泥。此託紂之穢政。不可以養民也。舊井謂殷之未喪師也。亦皆清潔。無水禽之穢。

九二。井谷射鮒。甕敝漏。

象曰。井谷射鮒。无與也。

巽二兌初皆吉。本爻在泥之上。去坎尚遠。未成爲井也。有谷象焉。鮒。蝦蟇。一說鮒即鮒魚。（井中惟鮒魚可生。予曾親驗之。）巽爲鮒。指初六隱伏而言。射鮒則澤能及物矣。甕敝漏。人不得食也。離爲甕。二五兩剛相遇。互兌毀折。下據初偶。敝漏之象。象曰无與。言二不得五之應。退而據初。象若射鮒。亦猶姤二之包有魚也。說卦。坎爲弓。虞云。離爲矢。水火雖不相射。然爻言射字。多本於坎離。井二解上坎離備。旅五則上離而互大坎。

九三。井渫不食。爲我心惻。可用汲。王明並受其福。

象曰。井渫不食。行惻也。求王明。受福也。

離九四无所容。兌九二吉。巽九三吝。本爻處下卦之上。井已成矣。三人位。有修井之義。下卦將終。非始修也。故曰渫。兌口在上。三未至口。故不食。兌爲澤。三在兌中。故可用汲。爲我心惻。惜其不食也。坎爲心爲惻。王明並受其福。終無不食也。乾爲王爲福。離爲明。

干寶曰。此託殷之公侯。時有賢者。獨守成湯之法度。而不見任。謂微箕之倫也。

六四。井甃。无咎。

象曰。井甃无咎。脩井也。

兌六三凶。離六五吉。坎六四无咎。本爻亦无咎。以瓦甓壘井爲甃。四人位。在上卦之下。未能大成。故曰脩井。不言食者。坎以陽爲水。四偶非水也。

九五。井洌。寒泉食。

象曰。井洌寒泉食。中正也。

坎五離上均无咎。本爻在坎水之中。兌口之上。故曰井洌寒泉食。洌。清也。初泥五清。其序宜然。坎北方卦。故曰寒。

上六。井收勿幕。有孚元吉。（干本勿爲冈）

象曰。元吉在上。大成也。

坎上六凶。本爻元吉。井以上出爲用。故至上而吉。收。收用也。幕。蓋也。畫偶爲勿幕。有孚謂與三相孚也。元。坤元也。坤爲養。井養不窮。博施濟衆。其爲吉也大矣。故象曰大成。（子母相反。）

䷰離下兌上

革。更改也。卦由離兌而成。離爲火。兌爲澤。其性不同。離上兌下。各不相謀。故曰睽。離下兌上。非火革澤。則澤革火。故曰革。既濟不名革者。坎陽離陰。猶有調濟之意。離兌純陰。無調濟之道。所以革也。又金曰從革。乾爲金。巽爲木。離爲火。火然木以攻金。革象。其見於天時。則爲代謝之義。象稱天地革而四時成是也。其施於政治。則爲革故之義。象稱湯武革命。爻稱有孚改命是也。又皮去其毛曰革。初言黃牛之革。五上言虎變豹變是也。又人皮亦曰革。禮膚革充盈。上言小人革面是也。序卦。井道不可不革。井不革則穢生。革所以次井也。

革。已日乃孚。元亨。利貞。悔亡。

離。坤之中。兌。坤之終也。離兌合猶之坤兌合也。故稱元亨利貞。但革者反常之名。故必已日乃孚。已日猶言過日。乃者難詞也。已日乃孚。知改革之不可輕言也。悔亡者。元亨利貞而悔亡也。凡事不革則無新機。革者事之不可幸免者也。然必元亨利貞其悔乃亡。反此能勿悔乎。離爲日。晉言晝日。明在上也。革言已日。明在下也。在下而反乎上。故必俟之已日。孚謂二五相應。繫。吉凶悔吝生乎動。革者動象。故言悔。革而當悔乃亡也。

元亨利貞見乾。亨利貞見兌離。亨利亦見巽。餘均特設辭。

彖曰。革。水火相息。二女同居。其志不相得。曰革。

息者滅也。又生息也。既滅則生。如循環然。卦澤上火下故曰相息。離中女兌少女。離兌合故曰同居。睽離兌未交。故曰不同行。革離兌已交。故曰不相得。

已日乃孚。革而信之。

革以人信爲歸。始不信而終信者有之矣。終不信而能成善治者。未之有也。

文明以說。大亨以正。革而當。其悔乃亡。

言有是德而革。則能當乎天理人心而悔亡也。

天地革而四時成。湯武革命。順乎天而應乎人。革之時大矣哉。

此推言革道之大而極贊之。四時代謝。與易姓受命。皆革也。離夏兌秋。舉離兌足以概四時。巽爲命。順天應人。謂二五相應。革而當也。

象曰。澤中有火。革。君子以治曆明時。

王者易姓受命。改正朔。授民時。乃革之大者。故象傳特言之。又治曆明時。當隨時改革。後世曆家。守成不變。日食星慧。往往而差。不知革故也。

初九。鞏用黃牛之革。

象曰。鞏用黃牛。不可以有爲也。

離初九无咎。本爻當改革之始。未可有爲。革有皮革之義。故取象於黃牛之革。鞏。固也。牛順物。黃中色。鞏用黃牛之革。不妄動也。離爲黃。爲牝牛。遯二與革初言黃牛之革。均有固守之意。五色青赤白黑。隨時而變。惟黃不變。牛於六畜爲最靜。黃牛之革。革之堅者。故取以爲固守之象。天下惟固守而後可革。固守之久。其勢必至於革。革初言黃牛之革。其義如此。

六二。已日乃革之。征吉。无咎。

象曰。已日革之。行有嘉也。

巽初六志疑。離六二元吉。本爻中正得應。故征吉无咎。已日乃革。不遽革也。然視初之不可以有爲者異矣。離爲日。二尚有所待。故稱已日乃革。應五乾。乾爲嘉也。

九三。征凶。貞厲。革言三就。有孚。

象曰。革言三就。又何之矣。

巽九二吉。乾九四无咎。離九三凶。本爻重剛不中。不能遽革故征凶。不能不革故貞厲。就。成也。革言三就。謂至三則成也。有孚。與上相孚也。三至五互乾。其革乃成。歷三爻故曰三就。（詳見訟注。）又就有相就之意。又何之者。謂三就而孚。豹變文蔚。無事他適也。

象曰。改命之吉。信志也。

九四。悔亡。有孚改命。吉。

巽九三吝。乾九五飛龍。兌九四有喜。本爻乃彖之所謂革而當其悔乃亡者。初至三不遽言革。猶有悔者存也。四則悔亡矣。有孚謂自孚也。四居互乾之中。故有孚。改命。即革命也。二三泛言事物之改革。此則專指命令。乃革之大者。巽爲命。二至上大坎。坎爲悔爲孚爲志。彖稱已日乃孚。四在離上。其已日者矣。故有孚而吉。

象曰。改命之吉。信志也。

九五。大人虎變。未占有孚。

象曰。大人虎變。其文炳也。

乾上九亢龍。本爻虎變。兌九五有厲。本爻有孚。革變也。兌爲虎。五位大人。大人虎變。謂四已革命。至五而文盛。如虎變也。未占有孚。謂信之深也。二五正應。故其象如此。（子母相反。）

上六。君子豹變。小人革面。征凶。居貞吉。

象曰。君子豹變。其文蔚也。小人革面。順以從君也。

兌上六引兌未光。本爻當改革之後。其君子則豹變而文蔚。其小人則革面而從君。征凶。不宜再革也。居貞吉。順守其正則吉也。君子謂三。小人謂初。以位言也。革時內卦爲舊。外卦爲新。內卦爲未革者。外卦爲已革者。上六當已革之後。初三亦從而變革。猶天下已定。殷士頑民。悉從化也。不言二者。爲五正應。革在前也。艮爲豹。爲膚。面。皮膚也。對心言。不對支體言。初三變。皆有艮象。乾爲君。故象曰從君。

䷱巽下離上

序卦。革物者莫若鼎。故受之以鼎。鼎烹飪器也。卦畫。下偶象足。中三奇象腹。腹上有偶象耳。耳上有奇象鉉。又乾爲金。鼎之質也。離火中虛。鼎之腹也。巽木下斷。鼎之足也。世傳鑄鼎始於黃帝。當畫卦時。未始有鼎象也。然由茹毛飲血而爲熟食。（伏羲在燧人後。）其必有器以司烹飪可知。卦巽木離火。以木巽火。烹飪之象。意當時名稱簡略。凡烹飪之器皆名曰鼎。伏羲觀以木巽火之象。而以鼎名卦。後世制器尚象。或又因卦鑄鼎。皆事之不可考者。然其理則無不可通也。

鼎。元吉亨。

坎震合而爲屯。屯元亨利貞。以屯之例推之。鼎亦爲元亨利貞。鼎卦辭不言利貞者。六爻除九三外。無不失正。不得稱利貞也。其曰吉者何也。無吉則同乎大有矣。大有無所不有。不言吉而吉自見。鼎專以一事言。言吉所以明烹飪之功也。

元見乾。吉見離。亨見離巽乾兌。卦辭有因無創。

彖曰。鼎象也。

鼎以象名卦。

以木巽火。亨飪也。聖人亨以享上帝。而大亨以養聖賢。（亨本義普庚反）

常食不用鼎。惟祭祀賓客始用之。享上帝。乃祭之大者。養聖賢乃賓客之重者。互乾爲天。上帝也。巽而耳目聰明。聖賢也。

巽而耳目聰明。柔進而上行。得中而應乎剛。是以元亨。

大坎爲耳。離爲目。巽而明故稱聰明。柔進上行。得中應剛。指六五言。

象曰。木上有火。鼎。君子以正位凝命。

凝成也。君子觀鼎之安重。以正位而凝天命。承革命之後。宜以安重者守之也。禹鑄九鼎。遂爲傳代重器。正位凝命之謂。

初六。鼎顛趾。利出否。得妾以其子。无咎。

巽初六進退利武人之貞。本爻顛趾利出否。顛趾者。烹飪之初。倒鼎以去惡也。初至五體大過。大過顛也。反覆不衰。初爲趾。故曰顛趾。巽入也。在鼎家則入必顛趾。顛趾則利出。又巽爲木。離在外則以木巽火而上升。故曰利出。乾爲得。兌爲妾。妾賤子貴。出否得妾以其子。皆以從貴。象不言得妾以其子者。省文。易爻象多如此。屯蒙以一坤統三男而無女。屯六二女子貞。蒙九二納婦吉。本卦以一乾統三女而無男。初爻曰得妾以其子。陰陽消長之機。可以參矣。

象曰。鼎顛趾。未悖也。利出否。以從貴也。

初與四應。初顛趾。四折足。此如左傳所謂孟縶之足弱行。不可以主社稷臨祭祀者。然初

取象如是。

妾以其子。鼎爲傳統重器。子者傳統之主。初爲卦本。傳統之基也。雖顛趾而有利焉。故

顛趾而出否。可以烹飪用享。此猶婣始生子曰元。因立爲嗣者。（事見昭七年。）故曰得

九二。鼎有實。我仇有疾。不我能即。吉。

象曰。鼎有實。愼所之也。我仇有疾。終无尤也。

乾初九潛龍。巽九二吉。本爻亦吉。鼎有實。陽在中也。初出否二則實矣。我仇謂三四兩爻。三行塞。四足折。故有疾而不我能即。仇有二義。同類爲仇。二至四皆陽也。故曰仇。怨耦曰仇。二與五爲應。三四間之故曰仇。象曰愼所之。有仇在。所宜愼也。終无尤。不我能即也。

九三。鼎耳革。其行塞。雉膏不食。方雨虧悔。終吉。

象曰。鼎耳革。失其義也。

乾九二見龍。兌九四有喜。巽九三吝。本爻則悔而終吉。鼎以耳行。離巽之交。鼎火正熾。故耳革而行塞。離爲雉火熾則爲膏。未至兌口故不食。坎爲雨。三變則方雨虧悔。虧。乾虧也。乾虧而坎成。故悔。終吉。陽得位也。鼎之美鍾於上。三居下卦之上故吉。巽終則變故曰方雨。象曰失其義。鼎與革反。革以改命爲義。鼎以凝命爲義。鼎三即革四。革四改命悔亡。鼎三耳革虧悔。耳革則非凝命之義。故象曰失其義。

九四。鼎折足。覆公餗。其形渥凶。

象曰。覆公餗。信如何也。

乾九三厲无咎。兌九五有厲。離九四焚如死如棄如。本爻則折足覆餗形渥。非吉爻也。初至五體大過。大過九三棟橈。下弱也。故凶在三。鼎之覆餗。上實也。故凶在四。以六畫卦言之。三四象鼎腹。三敵應在上則爲耳。四正應在初則爲足。足所以止。耳所以行。三當位而耳革。無傷於鼎也。四陰位以陽處之。則成兌而折震足。足折則餗覆。以三畫卦言之。上下各鼎。下鼎無耳。故三稱耳革。上鼎無足。故四稱足折。公餗公家之餗。鼎三足象三公。故曰公餗。離四爲惡人。惡人調鼎。傾覆堪虞。故曰覆公餗。渥。厚漬也。形渥。即雉膏之屬。火熾溢出者也。

形。九家京荀虞作刑。渥。鄭作剭。音屋。九家京虞均作剭。重刑也。京謂刑在頄爲剭。

六五。鼎。黃耳。金鉉。利貞。

象曰。鼎黃耳。中以爲實也。

兌上六未光。離六五吉。本爻則大亨將熟。火雖未熄。而薪木已撤。向之耳革而行塞者。今則耳黃而復其色矣。五畫偶耳象。離爲黃。故曰黃耳。陽在上。鉉象。五亦稱鉉者。陰承陽也。乾爲金爲玉。金取其堅。玉取其潔。五熟而將遷。金鉉爲用。上熟而將薦。玉鉉爲尊。象曰鼎黃耳。中以爲實。易例陽實陰虛。五雖虛而得中。中以爲實也。清儒惠棟易例曰。爻辭稱黃中者。皆謂陰爻居中。坤六五。離六二。遯六二。革初九。鼎六五。

上九。鼎玉鉉。大吉。无不利。

象曰。玉鉉在上。剛柔節也。

離上九无咎。本爻无不利。井鼎皆以上出爲用。故至上而皆吉。又二至上體大有。大有上九爻辭吉无不利。意正相類。玉鉉昭其潔也。象曰玉鉉在上。剛柔節也。謂五陰上陽。各得其節。調鼎之效也。

䷲震下震上

震以一陽居二陰之下。陽在下必動。故其義爲動。物之動者。莫過於雷。故其象爲雷。乾一索而得。故爲長男。序卦。主器者莫若長子。故受之以震。鼎大器也。長子主之。殷人兄終弟及之説。至周而變。固於序卦見之。

震。亨。震來虩虩。笑言啞啞。

震能宣鬱通塞故亨。又乾坤交亦謂之亨。虩虩恐懼貌。説文。虩。蠅虎。始在穴中。跳躍而出。象人心之不定也。震來則蟄蟲咸動。啟戶始出。故取象於虩。震爲出而言來者。一陽動於坤陰之下。喜其來也。復稱七日來復以此。啞啞笑言聲。人藏其心。借笑言而見。亦猶天地之心。由震而見也。説卦。萬物出乎震。震於時爲春。於性爲仁。然其來也。聞之者無不恐懼。所謂震來虩虩也。既來之後。曲者伸。萌者達。則又變恐懼而爲舒暢。所謂笑言啞啞也。

震驚百里。不喪匕鬯。

百里言其遠。繫。天一地二。天九地十。推之則天百地千。天萬地十萬。俗稱風行千里。

雷聞百里。其諸得天地之數者歟。匕所以載鼎實。升之於俎。以棘爲之。鬯香草。灌時用以和酒。二者皆祭物也。說卦。坎爲棘心。是坎爲匕也。震爲蕃。是震爲鬯也。不喪者震之德也。震似往實來。似威實仁。似喪實得。不喪匕鬯。則其他可知。

象曰。震亨。

震乾之始也。乾以流形而亨。震亦以流形而得亨。餘均特設辭。

震自得亨。

震來虩虩。恐致福也。笑言啞啞。後有則也。

則法也。坎爲則。有則則安而不恐矣。

震驚百里。驚遠而懼邇也。

邇近也。乾爲遠。坤爲近。懼邇帶釋震來虩虩。

出可以守宗廟社稷。以爲祭主也。

此釋不喪匕鬯。人君於祭之禮。匕牲體薦鬯而已。其餘不親。艮爲宗廟社稷。震長子主祭。故出可以守宗廟社稷。以爲祭主也。

象曰。洊雷震。君子以恐懼脩省。

洊。再也。謂重卦也。君子觀震之威則恐懼。法震之奮則脩省。恐懼在一念初動時。脩省則念念存之者也。

初九。震來虩虩。後笑言啞啞。吉。

象曰。震來虩虩。恐致福也。笑言啞啞。後有則也。

初爲震主。故爻辭與卦辭相同。關朗易傳曰。至動者多憂。至靜者多疑。此不獨乾上坤上爲然。即震巽亦有之。巽初六一爻。靜而疑者也。震初九一爻。動而憂者也。然憂者喜之端。故曰恐致福。一陽初復。方興未艾。故曰後有則。

六二。震來厲。億喪貝。躋于九陵。勿逐七日得。

象曰。震來厲。乘剛也。

初以陽剛震動於下。二乘之故危。喪貝。喪其貨貝也。震本坤卦。坤爲喪。初至四大離。離爲蠃爲蚌。故稱貝。億。度也。當危殆之際。度其喪貝而躋于九陵以避之。古時洪荒未闢。以涉川爲險。以登高爲避險。躋于九陵。避險之意也。震爲足。故稱躋。震下伏巽。（詳見同人注。）故稱陵。陽數極於九。九陵言其大也。又二至四艮。艮爲山。陵類。又震與巽反。巽九二據陰。故曰巽在牀下。震六二乘陽。故曰躋于九陵。勿逐七日得者。震爲逐爲反。七日來復。反乾爲得。故勿逐也。

周禮。朝士職。凡得獲貨賄人民六畜者。委於朝。旬而舉之。注云。舉之謂歿入官。司市職曰。凡得貨賄六畜者。三日而齊之。然則喪貝在十日內猶可失而復得。周之法也。爻稱七日。在十日內矣。崔憬曰。震爲長陽。其數七。說非盡通。詳見訟注。

六三。震蘇蘇。震行无眚。

象曰。震蘇蘇。位不當也。

死而復生曰蘇。禮樂記蟄蟲昭蘇是也。震反生故曰蘇。震至三屢震不已。故曰蘇蘇。凡蘇由於死。蘇而復蘇。其不安也甚矣。行无眚者。別於初二而言。初稱來。二乘初亦稱來。至三則去初已遠。故不曰來而曰行。眚者災也亦過也。三至五坎。坎爲眚。震巽終變。三下卦之終。變而破坎。故行无眚。又震陽氣發生。出入无疾。故无眚。象曰位不當。三以陰處陽。位不當宜變。行則變矣。故曰行无眚。

九四。震遂泥。

象曰。震遂泥。未光也。

坤土在坎中。遂泥之象。陽處陰位。雖有所動。未能光也。艮上厚終。九三熏心。以互震而動也。震初致福。震四遂泥。以互艮而止也。故泥有坎象。遂有艮象。遂者因而止之。非陷之謂也。故言陷則純乎坎。言止則純乎艮。言遂則震艮之交。

六五。震往來厲。億无喪有事。

象曰。震往來厲。危行也。其事在中。大无喪也。

上震下震。故曰往來。乘剛故厲。億度也。得中故億。无喪有事。有事如孟子所謂必有事焉。即震奮不息之意。一說。凡祭祀曰有事。謂有事於宗廟社稷。无喪有事。即不喪匕鬯之意。象曰。其事在中。大无喪也。凡動靜得喪。多於兩端見之。動而靜。靜極復反於動。得而喪。喪久復歸於得。惟居其中者。亦動亦靜。亦得亦喪。無動無靜。無得無喪。

二五同居於中。二喪而復得。五无喪有事。可以見中道矣。

上六。震索索。視矍矍。征凶。震不于其躬于其鄰。无咎。婚媾有言。

象曰。震索索。中未得也。雖凶无咎。畏鄰戒也。

索。心不安。矍。說文佳欲逸去也。从又持之矍矍也。二者皆含有惟恐失之之意。上六震極而變。故震索索視矍矍。進無所往。故征凶。知自戒故无咎。鄰謂五。躬上六自謂也。震至上而反。故曰震不于其躬于其鄰。婚媾之道。女宜從男。震反生。女已嫁而厚於母家。故婚媾有言。左傳。晉獻筮嫁伯姬。遇歸妹之睽。曰。西鄰責言。即震之上六爻。而恒上六亦曰振恒凶。震上之婚媾有言。信矣。更推論之。凡震之驚。往往不驚其所發之地。而驚其所至之處。故卦稱驚百里而不喪七鬯。爻稱震不于其躬于其鄰。又震性反覆雖凶而无咎。雖无咎而婚媾有言。所以見反覆無定之意。上六動極宜靜。故征凶。震究爲健故无咎。中未得者。未得中也。得中則无喪。而索索矍矍可無庸矣。畏鄰戒者。未至而先備也。震驚遠懼邇。初震方來。虩虩然也。上則其震已久。聞而知戒。婚媾有言而已。可无咎也。

䷳艮下艮上

卦一陽在上。二陰在下。陽者上升之物。至上則止。故其義爲止。陽者剛也。二陰象地。一陽亘於二陰之上。其體外剛。山象。故艮象爲山。乾三索而得。故艮爲少男。序卦。物不可以終動。止之。故受之以艮。艮之止止其所也。說文。艮。很也。从匕目。匕目猶目相匕不相下。卦言不獲其身。不見其人。即匕目之象。匕从反人。艮从匕。人象。周建子。得天統。易首乾。商建丑。得地統。首坤。夏建寅。得人統。首艮。艮爻辭多取象於人身以此。九三以一奇處內外之中。心象。心主思。思不出其位。心之艮也。憧憧往來。與冥然罔覺。皆非聖人之所謂艮也。

艮其背。不獲其身。行其庭。不見其人。无咎。

艮一陽止於上。如人身之背然。又象門庭。謂外蔽也。人身所不得見者惟背。故曰艮其背不獲其身。兩背相向。則彼此不相見。故曰行其庭不見其人。若純以義言。背者身之反也。人前進則身向之。止則反是。故曰艮其背不獲其身。庭者人所迴翔之地。動則人聚。靜則人散。故曰行其庭不見其人。无咎者善補過也。吉凶悔吝。生乎動。艮靜而止。何咎之有。又艮其背不獲其身。無我之象。行其庭不見其人。無人之象。無我無人。始能得其所止而无咎。

卦辭有創無因。

彖曰。艮。止也。時止則止。時行則行。動靜不失其時。其道光明。

止有行象。靜有動象。無行則不見所謂止。無動則不見所謂靜。行止動靜。一準諸時。則其道光明。艮者成始成終。故曰動靜不失其時。陰在內陽在外。故曰其道光明。

艮其止。止其所也。

艮有安重之意。故曰艮其止。艮其止。猶言安汝止也。一說。上止字當作背。

上下敵應。不相與也。

八純皆上下敵應。惟艮之敵應。深有合於艮止之義。故獨於艮發其例。

是以不獲其身。行其庭不見其人。无咎也。

人身無不可動之處。惟背常止。故取象於背。艮爲門闕。兩門之間爲庭。故取象於庭。艮其背不獲其身。行其庭不見其人。乃對待之詞。然是以二字。承敵應不相與來。蓋謂艮其背是以不獲其身。行其庭不見其人。則對待而出於流行者也。

象曰。兼山艮。君子以思不出其位。

君子觀兩山之不可相通。故以思不出其位。九三一陽在兩陰之中。思象。上止下止。不出其位之象。

趾腓限夤身輔。其艮也易。惟心之艮爲難。思不出其位。乃艮之入手工夫。所謂知止而后有定也。由是而趾腓限夤身輔。各隨心而止於所止。至於不獲其身。不見其人。則靜而安矣。若慮得則涉入震之範圍。非艮事也。艮上敦艮厚終。其靜安之候乎。

初六。艮其趾。无咎。利永貞。

象曰。艮其趾。未失正也。

初爲趾。趾動全體動。趾止全體止。趾者動止之基也。艮以止爲正。初六雖失位。然以陰柔止而不動。於艮爲宜。故爻稱无咎。利永貞。而象曰未失正。又艮與兌反。兌陰上陽下。故初九行未疑。九二信志。三以陰不能阻也。艮陽上陰下。故初六利永貞。六二心不快。三以陽有所限也。

六二。艮其腓。不拯其隨。其心不快。

象曰。不拯其隨。未退聽也。(退集解作違)

二處初三之間。初以止爲正。三陽剛體震。主動者也。二動止隨人。其象如腓。在艮家故曰艮其腓。拯。救也。上舉也。本作抍。取也。隨。從也。初隨二。二隨三。三至五體震。初二在震下。震上升者也。上升則三不拯二。二不拯初。故曰不拯其隨。一說。艮止故不拯。坎爲心。爲加憂。二不見拯於三。入于坎窞。故其心不快。象曰未退聽。坎耳爲聽。未退聽。不拯之謂也。凡爻言拯者。皆謂遇坎。

焦循曰。腓在足後。猶背在身後。故腓又訓避。詩。小人所腓。牛羊腓字之。傳皆訓避。艮咸兩卦。取象於腓。正取其違背。

九三。艮其限。列其夤。厲熏心。(熏今本作薰茲從古本)

象曰。艮其限。危熏心也。

限。腰帶處。夤。脊肉。本作寅。列。分解也。三以陽處上下之交。其象如限。在艮家故曰艮其限。震起艮止。其勢必分。故曰列其夤。艮多節。夤象。列其夤。亦指上艮下艮言。厲。危也。剛而不中故危。熏閽古今字。艮爲門闕爲閽寺。九三或起或止。其閽人之心乎。閽守門之隸。稽出入司啟閉者也。

三爲身半。內經謂之天樞。故稱心。天樞之上。天氣主之。天樞之下。地氣主之。限者上下之際。氣交之中。人之分也。天地不交則否。其在人身則爲病。醫書所謂關格者。病在上下不交。又按三在互坎之中。坎爲心。以中一陽言也。六二言心。猶爲随文帶述。三則心之本位。餘詳咸九四爻下。

六四。艮其身。无咎。

象曰。艮其身。止諸躳也。

爻自五以上爲首。首以下則身也。六四雖在震中。而柔而當位。能止者也。故无咎。象曰。艮其身。止諸躳也。躳俗字。躳正字。說文。躳从呂。呂。脊骨也。卦稱艮其背。此爻近之。特未能不獲其身耳。

六五。艮其輔。言有序。悔亡。（序集解作孚）

象曰。艮其輔。以中正也。

輔。頬車。三至上頤象。初趾。二腓。三限夤。四身。五故取象於輔。震爲言。左昭七年。杜注。艮爲言。禮。口容止。口非艮。容止則艮。艮其輔。非無言也。言有序而已。有序則悔亡。悔小疵也。五出坎得中。何悔之有。象曰。艮其輔。以中正也。中可以概正。本義。正字羡文。叶韻可見。實則易象韻言。東陽間有通者。如豫之初二象傳是。

上九。敦艮。吉。

象曰。敦艮之吉。以厚終也。

邱一成爲敦邱。敦者厚也。物之厚者惟地與山。坤爲地。象稱坤厚載物。文言稱无成有終。艮爲山。九在上。山之上出者也。故爻曰敦艮吉。而象曰厚終。以陰陽之本體言之。陽厚陰薄。上九以一陽加於二陰之上。敦象也。以陰陽之生物言之。陽神陰形。山與地皆形也。又皆形中之厚者也。故剝象曰厚下安宅。艮坤之謂也。臨上復五稱敦。則坤之謂也。

䷴艮下巽上

序卦。物不可以終止。故受之以漸。漸者進也。爲卦艮下巽上。艮一陽在上。巽二陽在上。爲陽進於陰。凡內外卦陽上陰下者。惟漸與蠱。蠱巽而止。不得爲進。漸止而巽。故其義爲漸。又漸者不速之名。凡物有變移徐而不速謂之漸。艮山也。巽木也。以本體言之。山本高於木。今木在山上。非一朝一夕之故。漸漬使之然也。

漸。女歸吉。利貞。

艮少男。巽長女。男先於女。女歸之不速也。古者男三十而娶。女二十而嫁。今女長於男。已爲愆期。然不爲山風之蠱。而爲風山之漸。待聘而歸。其歸吉也。利貞者。利於正也。卦二五得正。三四乾坤交得正。又男先女後。爲婚姻之正。故曰利貞。女歸特設辭。吉利貞見離。利亦見巽。

彖曰。漸之進也。女歸吉也。

謂如漸之進而女歸始吉也。此與晉之直訓爲進者不同。長女少男。非夫婦之正。卦言吉者。亦謂其進也漸。有合於女歸之義云爾。

進得位。往有功也。

以三畫卦言。艮一陽在上。巽二陽在上。皆爲進往之義。以六畫卦言。九五進而得位。尤爲往則有功也。

進以正。可以正邦也。

陽往陰上爲進。三五正矣。九居上亦未爲不正。故曰進以正。卦辭言女歸。此又推言正邦。坤爲邦。卦三陰三陽。陽往陰上而得正。正邦之象。

其位。剛得中也。

指九五言。蠱雖陽上。然五非剛中。故不與漸同。

止而巽。動不窮也。

陽往陰上爲動。動極則窮。止而巽。則其進也漸。故不窮。若蠱之巽而止者。則不言動矣。

象曰。山上有木。漸。君子以居賢德善俗。

山體高矣。然止而不動。無可再進。木在山上。木之漸進也。然山由此益高。是亦山之漸進也。賢德之士。難進易退。君子以養賢之道居之。是士之漸進也。然由此而熏陶漸染。蔚成善俗。是亦君子之漸進也。故君子觀山木之象。以居賢德善俗。總之。漸者不遽然之意。如有王者。必世後仁。居賢德善俗。豈旦夕所可幾哉。一說。艮爲居爲德。（詳見乾九三文言。）巽爲風俗。居賢德脩己之事。善俗利物之事。二者並重。亦通。

初六。鴻漸于干。小子厲。有言。无咎。

象曰。小子之厲。義无咎也。

艮初六无咎。本爻亦无咎。鴻水鳥。羣飛有序。賢士淑女。進必以禮。有似於鴻。故以爲喻。鴻由水而陸。其進也漸。干水涯。漸于干。進之始也。艮爲少男。故曰小子。九家乾爲言。三陰三陽之卦。每取象於乾坤。故曰有言。又左傳昭七年。於人爲言。杜注艮爲言。少年初進。疾之者多。曰厲所以示危也。曰有言。所以示讒口之宜防也。然義則无咎。以其不遽進也。

六二。鴻漸于磐。飲食衎衎。吉。

象曰。飲食衎衎。不素飽也。

坎初六入于坎窞。艮六二心不快。本爻雖入于坎。而在山之中。故曰鴻漸于磐。磐大石。江河之濱。石之安固者也。漸于磐。安且吉矣。坎爲飲食。中正得應。故曰飲食衎衎。象曰不素飽。賢士得養。有益人國。非素餐也。（子母相反。）漢郊祀志。武帝詔曰。鴻漸于般。孟康注。般。水涯堆也。說文有般無磐。蓋周易古文作般不作磐。此王引之說。

九三。鴻漸于陸。夫征不復。婦孕不育。凶。利禦寇。（集解利下而用字）

象曰。夫征不復。離羣醜也。婦孕不育。失其道也。利用禦寇。順相保也。

離九四焚如死如棄如。本爻則曰夫征不復。艮九三厲熏心。本爻則曰婦孕不育。坎九二有險小得。本爻則曰利禦寇。陸者高平之原。爻處艮上坎中。其高如山。其平如水。所謂陸也。鴻漸于陸。喻賢士之日進高明。然亦有遠逝之意。詩。鴻飛遵陸。公歸不復是也。漸以上進爲義。九五居中得正。羣陰之所仰也。九三爲間於中。使上下之情不通。故有夫征不復。婦孕不育之象。夫陽也。三以陽德處陽位。故曰夫。夫征不復。離羣醜也。初至五旅。旅者離其所止之謂。又三居下卦。初二其羣醜也。自三言之。漸進則至外卦。故曰離羣醜。一說。離爲離坐離立之離。初二上進。九三間之。故曰離羣醜。亦通。婦孕不育者。卦上互離。離爲大腹。又三以一陽處衆陰之間。虛中有實。如腹之有孕者然。故曰婦孕。坎難生。故不育。艮爲止。故不復。不復不育。其凶可知。象曰失道。無應於上。有間於中也。利禦寇。戒以遠害之道。坎爲寇。艮止爲征禦。賢士在位。中而傷之者有人矣。外卦巽。舍坎就巽。順相保也。以全卦言之。三寇也。以本爻言之。三處寇之地也。禦之則上下順矣。故曰順相保。

六子坎離非夫婦。咸恒夫婦之正也。巽艮爲漸。老妻士夫之象。三言婦孕不育。五言三歲不孕。妻老之故也。震兌歸妹。老夫女妻之象。曰妹曰娣。年相懸矣。故上九有无實无血之占。

漸六爻皆正。二五三四正矣。九居上未爲非正。艮初六象曰未失正。蓋以六居初非正。在艮家則正。艮初六在他卦容有非正。在漸家則正。以其合於漸進之義也。卦初二四五上皆無凶辭。得正之故。惟九三爲下卦之主。卦以漸進爲義。三以艮坎交錯於中。爻情獨異。故以進行言之。由初至三。固已征矣。因艮止則不復。以女歸言之。由初至三。固已孕矣。因坎難則不育。或問初二亦艮也。其與三異者何。曰。初曰有言。二曰飲食衎衎。是於漸進中亦隱有艮意。但艮之止以一陽在上。故艮在下則以三爲止之主。且初二位居下。時尚有待。至三則無可待矣。故以不復不育爲凶。

六四。鴻漸于木。或得其桷。无咎。

象曰。或得其桷。順以巽也。

坎六三无功。離六五吉。巽六四田獲三品。本爻則或得其桷。說文椽方曰桷。山之外。水之涯。木之下。於此而得桷。蓋木之平方似桷者也。巽爲木。故曰鴻漸于木。爲進退故曰或。鴻足蹼。不能棲木。得其桷乃可安。故无咎。初內卦也。其始進在干。四外卦也。其始進在木。而其究則漸于陸。內外各自爲序。

九五。鴻漸于陵。婦三歲不孕。終莫之勝。吉。

象曰。終莫之勝吉。得所願也。

離上九王用出征有嘉。本爻則終莫之勝。巽九五先庚三日後庚三日。本爻則三歲不孕。其終皆吉爻也。大阜曰陵。（象見同人注。）坎之外橫亘於其上者陵也。鴻漸於此。亦安全之象。婦指二。不孕謂三間之也。坎稱三歲。故曰三歲不孕。終莫之勝者。二五正應。終得所願。亦猶同人之大師克相遇也。漸女婦吉。乃婚媾已成之象。故爻言婦孕。不言婚媾。

或問五在三上。三孕而五不孕者何。曰。三以下卦順序言之。至三則女歸已久。故孕。五以二五正應言之。爲三所間。故不孕。然日終莫之勝。則五之不孕。終有孕育之理。故六爻惟三獨凶也。

上九。鴻漸于陸。其羽可用爲儀。吉。

象曰。其羽可用爲儀吉。不可亂也。

巽上九凶。本爻亦非利用之時。鴻漸于陸。喻賢士之遠引也。（卦上一陽橫亘。亦有陸象。宋儒改作逵。）其羽可用爲儀。喻賢士之豐采。爲世所儀也。象曰其羽可用爲儀。不可亂也。若枉道干時。冒昧以進。則亂矣。何吉之有。此與九三皆言漸陸而占異者。三猶有所進。而牽於羣醜。上則超然物外。無他患也。（子母相反。）

巽終則變。此不變者。變由於窮。止而巽則不窮。故漸上不變。

鴻爲水鳥。取水族而食干磐近水者也。陵陸遠水者也。木桷則非水非陸者也。初二三四。位當求食。故三漸陸爲凶。五不待求食。故漸陵而吉。上爲隱士。不屑求食。故漸陸而亦吉也。

䷵兌下震上

妹者少女之稱。歸妹。妹得所歸也。以義言之。震動兌說。說以動則無漸進之序。以象言之。震長男。兌少女。女先男則非婚姻之常。又震雷兌澤。雷動澤隨。勢非敵體。故歸妹雖有男女相感之象。而陰陽失位。長幼懸殊。禮。聘則爲妻。奔則爲妾。說以動。其奔之義乎。序卦。進必有所歸。故受之以歸妹。漸者女之緩於進。歸妹者女之急於進也。

歸妹。征凶。无攸利。

震爲征。卦自二至五失位。又震兌皆陽下陰上。爲柔乘剛之象。非獨歸妹也。凡百事爲。苟內說外動。無詳審顧慮之意。則必至於征凶而无攸利也。易卦辭自歸妹外。言凶者四卦。曰訟比臨井。其全無吉辭而言不利者二卦。曰否剝。訟終凶。比後夫凶。猶有其吉者在也。臨八月有凶。豫戒之辭也。井羸其瓶凶。假定之辭也。惟歸妹直言征凶。毫無遁飾。蓋婚姻之制既定。女說而男動。爲理之所不許。故以征則凶。無可疑也。否剝言不利。歸妹則言无攸利。否天地不交。剝陽窮於上。其不利固也。歸妹乾三之坤四。爲天地相交。以常情觀之。宜若有利焉。言无攸利者。交而失位故也。然與否剝之直言不利。則微有間矣。

利見兌離。餘均特設辭。

彖曰。歸妹。天地之大義也。天地不交而萬物不興。歸妹。人之終始也。

乾三之坤四。天地交也。震出離見。坎勞兌說。萬物興也。言不交不興者。反辭以明歸妹之義也。歸妹者女之終婦之始。由夫婦而有父子。誠人道之終始也。又六爻三四爲人道。三下卦之終。四上卦之始。三四交故曰人之終始。

說以動。所歸妹也。

以說而動。是所歸者非女而妹。妹者嬙好之稱。以色事人。媵妾之類也。

征凶。位不當也。无攸利。柔乘剛也。

六爻祇初上當位。然陰上陽下。亦有未當。故曰位不當。震兌諸爻。柔在剛上。故曰柔乘剛。他解專指六五言。非是。五天位居中。爻多吉辭。非無利也。惟統全卦觀之。其乘剛則无攸利耳。爻辭惟上六言无攸利者。三上均以柔乘剛。上爲最終。故特發之。

象曰。澤上有雷。歸妹。君子以永終知敝。

澤雷爲随。震貞兌悔。謂內動而外說也。雷澤歸妹。兌貞震悔。謂內說而外動也。內動者內有所主。而外則随之。故其象爲随。而有元亨利貞之占。內說者。內無所主。而外復動之。故其象爲歸妹。而有征凶无攸利之戒。君子觀歸妹之象。以永終知敝。正之於始。則永終也。維之以禮。則知敝也。永終知敝。則吉而無凶矣。歸妹女之終。故曰終。兌爲毀折。故曰敝。

初九。歸妹以娣。跛能履。征吉。

象曰。歸妹以娣。以恒也。跛能履。吉相承也。

兌初九吉。本爻亦吉。歸妹上震下兌。震動兌說。爲下歸於上。娣之從君似之。說卦。兌爲妾。初以陽德而位賤。故取象於娣。象曰以恒。謂下則爲娣。乃恒道也。若六三之以娣。則非恒矣。跛能履者。非正偶而相扶持之謂。以象言之。應四震陽。震爲足。履之象。初居下體。雖以兌之毀折而跛。然其所承。固陽而能履者也。震爲征。故征吉。象曰吉相承。陽吉陰凶。初以陽應陽。吉相承也。

震得乾體。乾上兌下爲履。有跛能履眇能視之象。震上兌下亦然。又兩足兩目。自相配對。歸妹無正偶。故有跛眇之象。履乾老兌少。亦非偶也。

九二。眇能視。利幽人之貞。

象曰。利幽人之貞。未變常也。

離初九无咎。兌九二吉。本爻亦非凶辭。離爲目。在兌中。故曰眇。得中有應。故能視。歸妹無正體夫婦。二居中非娣也。五陰非夫也。處兌。在坎下。幽隱之象。故爻稱幽人之貞。而不言歸妹之事。象曰未變常。以得中爲常也。

或問初四兩陽非偶。謂初爲跛宜矣。二五正應。言眇何也。曰。五陰二陽。此在他卦爲人主虛心以求賢德。在歸妹則失陰陽之位。此如賢德之士。不求聞達。隱蔽幽闇。莫能明也。故取象於眇。所幸在中自守。故眇而能視焉。跛眇一也。初跛而二眇者。初應震。二互離也。若履三則跛眇兼之。履卦名。三互離之中也。

六三。歸妹以須。反歸以娣。

象曰。歸妹以須。未當也。（集解須上有位字）

坎六四无咎。離六二元吉。兌六三凶。本爻以陰處陽。其位不當。又上無正應。故歸妹以須。須者待也。承四陽。四爲初應。三須上不得。則反而爲娣。亦夫婦之變也。兌六三來兌。反歸之象。一說。女兄爲須。弟爲娣。須歸而娣從禮也。須反爲娣。陽反爲陰。故象曰未當也。

九四。歸妹愆期。遲歸有時。

象曰。愆期之志。有待而行也。

坎九五不盈。離九三日昃。震九四遂泥。本爻在離而阻於坎險。故歸妹愆期。震春離夏兌秋坎冬。期雖愆而時則備。亦曰遲之而已。遲歸有時。終得所歸也。震爲行爲復爲剛反。故其象如此。春秋傳。隱七年。叔姬歸于紀。是遲歸之事。四遲歸則初先行矣。故初曰吉相承。

六五。帝乙歸妹。其君之袂。不如其娣之袂良。月幾望。吉。

象曰。帝乙歸妹。不如其娣之袂良也。其位在中。以貴行也。

坎上六凶。震六五厲。本爻得中而應故吉。歸妹無正體夫婦。得中非娣也。以陰處陽非夫也。在歸妹家。仍以歸妹言。則帝乙之歸妹似之。其君之袂。不如其娣之袂良。貴而忘其爲貴也。六五以陰處陽應陽。非挾貴者比。故象曰以貴行。行猶歸也。乾爲衣爲圜。袂。衣之圜者也。五乾位得陰。二坤位得陽。故其君之袂。不如其娣之袂良。君小君也。乾爲良。月幾望者。不自滿也。坎爲月偏對離日。幾望之象。

上六。女承筐无實。士刲羊无血。无攸利。

象曰。上六无實。承虛筐也。

震上六婚媾有言。本爻歸妹而無正應。女謂三。承筐无實。上非陽也。士謂六。刲羊无血。三非應也。震爲竹故曰筐。承筐。震在上也。兌爲羊。坎爲血。三以位不當而反歸以娣。自上言之。則无血也。實陽也。血陰也。陰陽不和。則實非實。血非血。故曰无實无血。无實无血。何利之有。

䷶離下震上

序卦。得其所歸者必大。故受之以豐。豐者大也。以象言之。離爲火。震爲雷。火炎上。雷上出。二者皆有盛大之意。又震雷離電。雷電皆至。可謂盛矣。然不旋踵而逝。故豐者可大而未必可久者也。以四時言。萬物出乎震。齊乎巽。相見乎離。說言乎兌。卦上震下離中互兌巽。極熾而豐之象。以義言之。內明外動。明以動故豐也。

豐。亨。王假之。勿憂。宜日中。

豐自能亨。又乾二之坤四。陰陽交故亨。假至也。言此豐者惟王得至之。人以王爲大故也。盛極必衰。有憂道焉。而勿憂也。能如日之方中。明無所蔽。則其宜矣。以象言之。帝出乎震。王象。二至五大坎。憂象。震奮發於外。勿憂之象。宜日中者。宜守其日中之道也。離爲日。雷電晦冥。日光不見。日中則明無所蔽。故不曰日中而曰宜日中。震離相遇。其象大著。有日中之象。故豐與噬嗑皆言日中。（繫。日中爲市。）左傳。明夷之謙爲旦。謙小也。杜注。日中當王。平旦爲卿。故豐稱王假。然雷電則晝必暝晦。故豐多戒辭。必如大有者而後可稱天子當陽也。若明夷則明入地中矣。

亨見震離兌巽。王假之以下特設辭。

彖曰。豐。大也。明以動。故豐。王假之。尚大也。

尚上也。明以動則日進於上而能大。王者大而在上。故曰王假之尚大也。

勿憂宜日中。宜照天下也。

離在上則照天下。卦離在下而上動。有可上之理。故曰宜照天下。

日中則昃。月盈則食。天地盈虛。與時消息。而況於人乎。況於鬼神乎。

此因上言日中而推論之。以見豐之不可恃。乃戒備之辭。如臨象八月有凶之類。以象言之。離爲日。大坎爲月。在豐家故曰日中月盈。離在下故曰昃。離九三日昃之離是也。坎在坤中故曰食。虞氏所謂盈甲滅乙是也。

象曰。雷電皆至豐。君子以折獄致刑。

大坎爲獄爲刑。互兌毀折亦爲刑。君子法離之明以折獄。震之威以致刑也。象與噬嗑無甚區別。噬嗑利用獄。象言明罰勑法。此兼言致刑者。豐盛之時。人事日繁。作姦之徒。潛伏於中而不自覺。慕刑措之名。弛而不張。則爲惡者肆矣。唐天寶之亂。縱容祿山。社稷傾覆。正由不善處豐也。故同一用獄。在噬嗑則所重在明。在豐則所重在威。時爲之也。

初九。遇其配主。雖旬无咎。往有尚。

象曰。雖旬无咎。過旬災也。

離初九无咎。本爻亦无咎。配匹也。配主謂四。震爲主。敵應故曰配主。遇。不期而會也。禮。諸侯冬見曰遇。遇其配主。言相應也。他卦以陰陽相合爲應。豐以陰陽相敵爲應。雷電一物也。激而成聲與形。故取乎敵應。以人事言之。沈潛剛克。高明柔克。陰陽相應也。彊弗友剛克。燮友柔克。敵應也。旬十日也。十日日之極。古朝聘之禮。十日爲正。或逢凶變。或主人留之則過旬。故曰過旬災也。尚庶幾也。震爲往。初應四。故往有尚。一說。尚助也。往有尚。謂往得所助也。雷電不終日。猶朝聘之不過旬也。因取以爲喻。

六二。豐其蔀。日中見斗。往得疑疾。有孚發若。吉。

象曰。有孚發若。信以發志也。

離六二元吉。本爻亦吉。巽初六進退志疑。本爻則往得疑疾。豐其蔀日中見斗。雷電之時。繼之以風。忽晦忽明也。二與五爲敵應。由二至五。中間二陽。往得疑疾之謂。初應四而三間之。不言疑疾者。初四皆陽也。二五皆陰。故三四間之。大坎爲疾。爲孚。爲志。有孚發若。敵應也。象曰信以發志。二陰非能自孚。惟恃信以發之。與大有六五同。蔀。草名。巽爲草。震爲萑葦。亦草也。鄭薛本作菩。注云小席。總之皆揜蔽之物。斗。星名。坎爲月。星月類也。日中見星。晝伏夜象。極言豐之不可恃也。卦離居下體而上動。故二三四取象於日中。然離爲大明。其照及遠。今居震下。非明而暗。故有見斗見沬之象。

又按豐有日中之象。以六畫言之。三四兩爻中也。以三畫言之。二。離之中也。故二三四均言日中。五爲上卦之中。而其體非離。爻言來章有慶譽。卦所謂宜日中者。此爻當之。大坎在中。有日食之象焉。日食則晝晦。故見斗見沬。見斗見沬。必與日中並言者。衰微之機。常伏於極盛之時。君子所謂持盈保泰者以此。

九三。豐其沛。日中見沬。折其右肱。无咎。

象曰。豐其沛。不可大事也。折其右肱。終不可用也。

離九三日昃之離。本爻日中見沬。巽九二用史巫。兌九四介疾。本爻折其右肱。沛者水草相生之名。坎水巽草沛也。在豐家故曰豐其沛。沬。鄭馬諸本作沬。輔星也。日中見沬。幽之甚矣。安可以當大事。折其右肱。無敵應也。卦上右下左。相資如股肱。三陽而上陰。不能相資。如折其右肱者然。无咎承陽也。不相應而相比。亦可无咎。卦惟三上非敵應。三折其右肱。上闃其无人。義可互明。

九四。豐其蔀。日中見斗。遇其夷主。吉。

象曰。豐其蔀。位不當也。日中見斗。幽不明也。遇其夷主。吉行也。

兌九五厲。巽九三吝。震九四未光。本爻幽不明。以陽處陰。動在離上。故有豐其蔀日中見斗之象。與初爲敵應。故曰遇其夷主。夷。等夷也。初稱配。四稱夷。震爲行。故象曰遇其夷主吉行也。

蔀之蔽輕於沛。斗之明大於沬。二在離中而得應。四雖非中而亦得應。故皆曰豐蔀見斗。三失中無應。故曰豐沛見沬。

六五。來章。有慶譽。吉。

象曰。六五之吉。有慶也。

兌上六未光。震六五往來厲无喪有事。本爻來章有慶譽。來章謂來與二遇則章也。二居離中。遇震則暗。五居震上。向離則明。有慶譽吉。明動相資也。四爲震主。五比四故曰慶。應二故曰譽。

上六。豐其屋。蔀其家。闚其戶。闃其无人。三歲不覿。凶。

象曰。豐其屋。天際翔也。闚其戶。闃其无人。自藏也。

震上六凶。本爻亦凶。三歲不覿者。上至三中歷三爻。非敵應。故不覿也。（三歲詳見訟注。）雷電不終日。豐大無恒期。上處豐極。極則必衰。故有闚戶无人之象。卦與大壯皆有盛大之意。大壯爲宮室。故此曰豐其屋。大壯內實有人。此則內虛無人。（大壯內乾故實。豐內離故虛。）故曰闃其无人。卦初至四體家人。震草在家人。故曰蔀其家。三陰三陽之卦。每取象於乾坤。乾坤爲戶。離目在內。故曰闚其戶。二五卦主。今皆虛而非實。故曰闃其无人。象曰。豐其屋天際翔也。闚其戶闃其无人自藏也。屋翔天際。豐之過也。无人自藏。中虛也。

凡火發則明。藏則暗。自藏亦不覿之象。天際翔。集解作天際祥。祥者惡徵。孟喜曰。天降下惡祥也。

䷷艮下離上

序卦。窮大者必失其居。故受之以旅。旅者舍其所居而適他方之謂也。以卦義言之。艮止也。離麗也。入而麗乎內則曰家人。止而麗乎外則曰旅。又離即離別之離。離其所居止之地。所以旅也。以象言之。艮爲山。離爲火。洪荒之世。人民居處。必於高阜之地。山上有火。則失其所居。九三言焚次。上九言焚巢是也。焚次者人失其所居也。焚巢者鳥失其所居也。又旅爲師旅之旅。師旅所止舍之地名次。師六四師左次。旅六二即次。九三焚次是也。又祭山曰旅。山上有火。或即燔柴之意。但卦與爻俱無是象。

旅。小亨。旅貞吉。

坤三之乾五。得中乎外而順乎剛。故亨。五才柔故小亨。艮止故貞吉。重言旅者。見旅道之難。以守正爲吉也。

小見巽。亨見離兌巽。吉見離。貞見離兌。卦辭有因無創。

彖曰。旅。小亨。柔得中乎外而順乎剛。止而麗乎明。是以小亨。旅貞吉也。旅之時義大矣哉。

五以一陰介二陽之間。如羈屐者獲交賢明之友。雖非剛中。而上剛五柔。爲柔以順剛。故小亨。止而麗乎明。則所止者正。故貞吉。旅者人之所難處也。故復言時義之大而詠嘆之。

象曰。山上有火。旅。君子以明愼用刑。而不留獄。

大坎爲獄爲刑。互兌毀折亦爲刑。離爲明。艮爲愼。明愼用刑而不留獄者。艮爲止。止而留爲害滋多。故君子使獄無留犯。亦如旅之過而不留也。賁言勿敢折獄。火在山下其明小。旅言明愼用刑。火在山上其明大也。

初六。旅瑣瑣。斯其所取災。

象曰。旅瑣瑣。志窮災也。

艮初六艮其趾。本爻當旅之初。有不能艮其趾者。瑣瑣行李瑣細之狀。艮巽稱小。初又在下位。故曰瑣瑣。應四離火爲災。初位不當。志意窮迫。其災也。斯其所自取也。一說。所爲處所。所取災與焚次同意。（子母相反。）

六二。旅即次。懷其資。得童僕貞。

象曰。得童僕貞。終无尤也。

巽初六利武人之貞。艮六二心不快。本爻居下卦之中。旅而得所者也。巽爲牀。爲近利。故曰旅即次懷其資。資。行用也。艮爲閽寺。童僕之象。故曰得童僕。貞者正也。二既中且正。故終无尤。

九三。旅焚其次。喪其童僕。貞厲。

象曰。旅焚其次。亦以傷矣。以旅與下。其義喪也。

艮九三熏心。兌九四未寧。巽九二在牀下。本爻旅焚其次。皆不安之象也。巽躁兌毀。近離火。故焚其次。剛而不中。不能恤下。故喪其童僕。貞厲者。位雖正而亦危也。象曰旅焚其次亦以傷矣。以旅與下其義喪也。童僕蓋指初言。初處艮下不得應四。二以柔順之道與初故曰得。三以高亢之道與初。其義喪也。一說。當旅之時。各以相承之爻爲次爲處爲巢。而陰宜遇陽。陽宜遇陰。初遇二故取災。二遇三故即次。三遇四故焚次。四遇五故于處。五遇上故上逮。上無所遇故焚巢。

九四。旅于處。得其資斧。我心不快。

象曰。旅于處。未得位也。得其資斧。心未快也。

巽九三吝。兌九五厲。離九四无所容。本爻心不快。旅于處者。隨處而行。無定地也。巽爲進退。故曰旅于處。離爲斧。斧剛物。四本柔也。九則才剛。故得其資斧。資或作齊。利也。我四自謂也。四既失位而乘剛。（離四宜據柔不宜乘剛。詳再稿子母相反類。）故雖得其資斧而心未快。四應初不言童僕者。離火炎上。艮山止下。不相謀也。且艮初不宜應陽。故本卦六爻。惟初四爲得應。而初四均無吉辭。艮二嘗言心不快矣。逼於三也。旅四之心不快。其以乘剛之故乎。

六五。射雉。一矢亡。終以譽命。

象曰。終以譽命。上逮也。

兌上六未光。離六五吉。本爻以尊位而處旅。射雉取其文也。一矢亡。甲兵不備也。終以譽命。天命未改也。離爲雉爲矢。大坎在中。水火相射。故曰射。在旅家故曰亡。互巽爲命。應二多譽。象曰上逮。言五有自知之明。不自高亢。處上位而逮下。故終以譽命。一說。上指上九言。順乎剛故曰上逮。

陽數之微者。一矢亡。剛化爲柔。四得斧而心不快。五亡矢而終譽命。旅時宜柔不宜剛也。

上九。鳥焚其巢。旅人先笑後號咷。喪牛于易凶。

象曰。以旅在上。其義焚也。喪牛于易。終莫之聞也。（集解作喪牛之凶）

離上九折首。本爻焚巢。離爲火爲鳥爲上槁之木。巢焚鳥殃。猶旅人之失其次也。火形無定。故或笑或號咷。同人親也。先號咷而後笑。旅寡親。故先笑而後號咷。喪牛于易。以輕忽而喪其牛也。（一說。易爲疆埸。亦通。）聞者聲聞。上以凶而終莫之聞。與五之譽命異矣。牛者順物。離爲牛。三喪僕。上併喪牛。剛之過也。初以柔而取災者。旅以得中爲貴。高則禍。卑則辱。故六爻以二五爲吉。五雖失位亡矢。而終以譽命者。明在上也。此如重耳之入秦。楚昭之奔隨。終得返國。所謂止而麗乎明也。又旅者失所之謂。旅之始倉黃莫定。故初四非吉。旅之終收恤難給。故三上非吉。初。六畫之始故曰災。上。六畫之終故曰凶。人必窮而後旅。故初言窮。旅之終恒無所得。故三上皆言喪。

☴☴巽下巽上

序卦。旅而无所容。故受之以巽。巽者入也。爲卦一陰在下。二陽在上。陰順於陽而不得上升。故其義爲入爲順。上連而下斷。外剛而內柔。其於物也無不可入。亦無不能順。若此者其惟風乎。巽象似之。巽由坤之一索而得。故爲長女。風能號令萬物。故巽又爲命令。重巽者重命也。

巽。小亨。利有攸往。利見大人。

巽有致亨之道。然其性柔弱。不足以當大事。故小亨。又四當位而才柔。亦小亨之義。又巽者伏也。伏故小。剛中故利有攸往。大人謂五。中正故也。說文。選从巽。巽。遣之。

遺。縱也。段注。巽爲風。故云遺之。此亦利有攸往之義。

亨利有攸往見坤。餘特設辭。

彖曰。重巽以申命。剛巽乎中正而志行。柔皆順乎剛。是以小亨。利有攸往。利見大人。

總釋卦辭。剛巽乎中正者。謂九五以陽剛入於中正之地也。志行者柔在下也。離四以剛承柔。其象无所容。巽四以柔承剛。自剛言之。則志行也。陽上陰下。故曰柔皆順乎剛。

象曰。隨風巽。君子以申命行事。

風行而物隨。兩風相繼。亦隨象。故曰隨風巽。命以行事。巽之義也。重巽故曰申命。

初六。進退。利武人之貞。

象曰。進退。志疑也。利武人之貞。志治也。

巽爲進退。初在下。欲有所進。阻於二陽。不能進也。有退象焉。久伏者思起。初非安於退也。有進意焉。或進或退。不能自定。故曰志疑。武人外剛而少慮。利武人之貞。則志治而無疑矣。治理也。巽外剛似武人。故取象如是。虞氏逸象。乾爲武人。巽本柔弱。在初尤甚。當如乾之陽剛。則利武人之貞而志治。蓋戒辭也。

九二。巽在牀下。用史巫紛若。吉。无咎。

象曰。紛若之吉。得中也。

巽爲木。上實下虛。牀象。二在中。今云在牀下。卑巽之意也。宋衷曰。二無應於上。退而據初。心在於下。故曰巽在牀下。史巫通意志於神明者也。紛若衆多也。用史巫紛若。

巽以行其志也。故吉而无咎。二至四兌。兌爲巫。

九三。頻巽。吝。

象曰。頻巽之吝。志窮也。

頻古作顰。顰顣也。巽至三則窮而思變。故頻巽。九三剛而不中。在他卦則厲。在巽則吝。吝小疵也。厲言其位之危。吝言其志之窮。荀爽曰。乘陽無據。爲陰所乘。號令不行。故志窮也。

六四。悔亡。田獲三品。

象曰。田獲三品。有功也。

六四坤爻入乾。坤爲田。又爲利。物之自外入而爲利者莫如田。又巽爲近利市三倍。獲象。左傳。秦筮遇蠱。曰獲其雄狐。蠱。內巽也。三品。一爲乾豆。二爲賓客。三爲充君之庖。田獲三品。大得也。（三象詳見訟注。）四多懼。懼者悔之機也。巽六四得正。故悔亡。一說。初至四大坎爲悔。他卦五多功。四爲巽正爻。故象曰有功。

九五。貞吉。悔亡。无不利。无初有終。先庚三日。後庚三日。吉。

象曰。九五之吉。位正中也。

貞吉。得正而吉也。巽非無悔者。得正志行則悔亡。近利市三倍。故无不利。初終以事言。无初有終者。巽乾卦。得坤而變。坤无成有終。又巽初陰二三陽。故曰无初有終。艮一陽在上。成終之謂也。反則爲始。故又曰成始。巽一陰在下。二陽在上。故曰无初有終。巽終則變。故无初有終。於九五發之。庚更也。十干。甲爲事首。戊己居中。至庚則有更新之意。巽爲命令。五出令者也。初命未盡善。則重巽以申命。然而未可輕也。必先庚三日。後庚三日。以致其詳審之意則吉。蓋巽性多疑。初六進退。疑之失中者也。九五先庚後庚。疑之得中者也。得中故吉。又按震巽陰陽消長之始。卦凡六爻。反初則七。故震巽均言七。震陽出。故其言七也明。巽陰伏。故其言七也暗。震六二中正。故二言勿逐七日得。巽九五中正。故五言先庚三日。後庚三日。復震在下。故復言七日來復。蠱巽在下。故蠱言先甲三日。後甲三日。（餘詳外稿。）

太玄。断。次七。庚斷甲。測曰。庚斷甲。誼斷仁也。繫。巽。德之制也。巽雖順而有断制之意。故取象於庚。

上九。巽在牀下。喪其資斧。貞凶。

象曰。巽在牀下。上窮也。喪其資斧。正乎凶也。

上九本在牀上。巽終以窮而變。又巽性入。上處卦終。窮無所之。故在牀下。資斧所恃以自衛也。互離爲斧。陽得陰喪。九陽也。變六爲陰。故喪其資斧。又巽爲近利。以其外大內小。上變則無利。故喪其資斧。又巽與震反。震陽長之卦。雖喪實得。巽陰消之卦。雖得實喪。六四言田獲三品。上九言喪其資斧。陰消之故。九處於上。其位正矣。而陰消終變。雖正亦凶。故曰貞凶。

震巽終變之理。或以爲雷風無定。久而必變。說雖近是。但坎離亦非有定之物。胡不如震巽之終變也。繫稱窮則變。變則通。乾坤純陰純陽。至上而窮。故消息往來。變動不拘。震上二爻皆陰。巽上二爻皆陽。陰陽積則道窮。窮則變。坎離陰陽相間。艮下二爻陰。至三則陽。兌下二爻陽。至三則陰。非如震巽之窮也。然巽三上象皆言窮。而震不言窮者。陽長與陰消之異。若乾坤之純陰純陽。則不嫌通辭矣。

䷹兌下兌上

兌一陰在上。二陽在下。內剛而外柔。故其義爲說。謂說以向人也。又人內足而外無所阻者常說。艮六二心不快。內不足而外阻於三也。兌內足而外無所阻。故說。三索得女。故爲少女。上缺而下完。能說乎物。如澤之畜水者然。故其象爲澤。序卦。入而後說之。故受之以兌。入以形言。說以心言。二者實相須也。

兌。亨。利貞。

兌說故能亨。巽言小此不言小者。巽伏而兌見也。利貞。說之利於貞也。又兌爲澤。澤止水。故稱利貞。

亨利貞見坤。卦辭有因無創。

彖曰。兌。說也。剛中而柔外。說以利貞。

剛中故亨。柔外故利貞。以應事接物言之。柔外故亨。剛中故利貞。易固不拘一解。

是以順乎天而應乎人。說以先民。民忘其勞。說以犯難。民忘其死。說之大。民勸矣哉。

此推言治民之道。以明說之所關者大。八純不拘應與常例。乾上爲天。三爲人。變坤而能說。是順乎天應乎人也。凡卦畫。陽爲君。陰爲民。陽爲逸。陰爲勞。陽爲易。陰爲難。陽爲生。陰爲死。兌本乾卦。三上陽變爲陰。是民之勞也。民之犯難而死也。然變而能說。說以先民。民忘其勞。說以犯難。民忘其死。夫勞與死民之所甚惡也。民勸而忘。說之道不綦大哉。又大坎爲勞爲難。三至上體大過。大過死象。乾六爻皆陽。彖曰首出庶物。萬國咸寧。文言曰。聖人作而萬物覩。當是時安有勞民犯難之說哉。兌有缺於外。不能無勞民犯難之事。有孚於中。故先民而民忘勞。犯難而民忘死。若徒恃口舌之靈。未有能忘勞忘死者。君子觀於兌。而民情大可見矣。

象曰。麗澤兌。君子以朋友講習。

兩澤相麗。互受其潤。朋友講習。互受其益。又兌有兩口相向之象。兩口相向而皆說。莫過於朋友講習者。故君子觀麗澤之兌。以朋友講習。

初九。和兌。吉。

象曰。和兌之吉。行未疑也。

兌說也。說之本在和。初爲卦本。故以和兌而吉。象曰行未疑。坎疑也。九在初非坎。巽爲進退疑也。陽在內非巽。非巽非坎。行未疑也。又凡事之隱伏者多疑。兌見故未疑。又陽在下宜往。兌初陽在下。故行未疑。

九二。孚兌。吉。悔亡。

象曰。孚兌之吉。信志也。

九二中實。蓋自孚也。吉則無悔矣。言悔亡者。爲陰所乘有悔。惟實而得中故悔亡。象曰孚兌之吉信志也。信己之志。中實之謂也。

二與五均承陰。二悔亡。五有厲。二在互離之中。陰不能蔽。五互離在下。其明已失。又爲上陰所蔽。故上之象曰未光。而五之爻曰有厲。革離日在下。而五上未爲陰蔽者。革去故也。至五上則陰爲陽化矣。此卦情之不同也。

六三。來兌。凶。

象曰。來兌之凶。位不當也。

說屬陽則爲朋友之講習。說屬陰則爲小人之側媚。六三上六皆陰也。三在內故曰來。（讀如來百工之來。與震初異。）上在外故曰引。兌爲少女。來以求說。引以求說。非吉象也。三尤失位。故爻言其凶。

八卦主爻皆吉。惟兌獨否。三固凶矣。上亦非吉。三失位。上以九爲得正故也。又兌說易流於柔媚。故爻之陽剛者吉陰柔者凶。巽雖順而有斷制之意。故不專以陽剛爲貴。

九四。商兌未寧。介疾有喜。

象曰。九四之喜。有慶也。

九四以陽介陰。在互巽中。志之未定者也。故曰商兌未寧。商。商度也。坎爲疾。三至上大坎。又兌澤坎水相類。所異者坎下爻陰。兌下爻陽。陽爲喜爲慶。介。際也。介疾有喜。謂介於坎疾而有陽喜也。一說。四處下卦兌口之上故曰商。當兩澤之交故曰未寧。陰陽失序故曰疾。內無不足故曰有喜。

九五。孚于剝。有厲。

象曰。孚于剝。位正當也。

五之孚與二之孚同。兌正秋也。落實取材。當剝之運。故曰孚于剝。又剝。裂也。兌上缺如剝然。五之志不行於四而孚於上。故曰孚于剝。五陽上陰。陽爲陰乘。故曰有厲。象曰位正當。謂五所處之位。正而且當。雖厲而非凶也。

履下體說。五過剛故以夬而厲。兌上下皆說。五承陰故以孚而厲。然其位皆正。故皆曰位正當也。

上六。引兌。

象曰。上六引兌。未光也。

上以陰柔在外。物交物則引之而已矣。陽爲光。九五陽蔽。象故曰未光。爲兌正爻。故不言凶。以陰乘陽。故未爲吉。五有厲而象曰位正當。喜陽之得中也。上引兌而象曰未光。惡陰之居上也。於此亦見扶陽抑陰之意。

☵☴坎下巽上

序卦。說而後散之。故受之以渙。渙者散也。人之情愁思則鬱結。說豫則發舒。渙所以次兌也。卦由坎巽而成。坎險巽入。坎隱巽伏。是未離乎險也。所幸坎在內巽在外。險而巽。處險而順也。天下之險者。莫過於川。濟川者莫過於木。木在川上。得風而動。舟楫之象。故解之爲散。由蹇來也。渙之爲散。其象具於本卦。不假外求也。又巽風坎水。風行水上。自然成文。故渙有渙爛之義。又渙从水奐聲。禮。美哉輪焉。美哉奐焉。謂宮室之奐爛也。卦辭王假有廟。爻辭渙王居。即兼是義。又渙渙水盛貌。九五渙汗其大號。渙汗。形容辭。水盛之意也。京氏易傳。水上見風。渙然而合。是渙又訓合。古訓每於相反見義。

渙。亨。王假有廟。利涉大川。利貞。

渙自能亨。又乾四之坤二。陰陽交故亨。渙者文盛。宮室之制。所以文也。宮室以宗廟爲先。故王假有廟。渙者難已解。利涉大川。險而巽矣。利貞所以戒也。大難既散。利貞而後可久也。乾五爲王。互艮爲廟。坎爲大川。巽木利涉。二之四得位而承剛。故貞。亨見巽坎震。利見巽。有見坎巽。餘特設辭。

彖曰。渙亨。剛來而不窮。柔得位乎外而上同。

凡卦三陽在上。過剛則窮。剛來二而得中。故不窮。又坎爲通。通則不窮。巽以四爲主。坤二之四爲柔得位。承五之剛。故曰上同。上同者。巽順而與之同意也。凡此皆亨道也。

王假有廟。王乃在中也。

渙散之時。得所主而後定。王者民之主。廟者王之主。九五得中。而承上九之廟。以爲天下主。故曰王假有廟。王乃在中也。

乾爲王。以其爲君也。九家震爲王。帝出乎震也。離六五離王公。上九王用出征。日君象也。豐象言王。上震下離。日中當王也。渙象言王。乾五未變。互震。互大離。又豐盛大故稱王。渙文盛故稱王。其他爻辭言王。如隨升之類。或取象於卦體。或以爻之本位言。或以事之次第宜然。非卦體所能拘。故曰易不爲典要。

利涉大川。乘木有功也。

象曰。風行水上。渙。先王以享于帝立廟。

大難既散。享帝立廟。所以告成功而定人心也。乾爲帝。艮爲廟。震爲祭主。坎爲酒醴。坤爲大牲。先王觀渙之象以享于帝立廟。文明由此興。天下定於一矣。

初六。用拯馬壯。吉。

象曰。初六之吉。順也。

坎初六入于坎窞凶。本爻用拯馬壯吉。坎爲美脊之馬故曰壯。拯。救也。初以陰柔入坎故用拯。二爲壯馬。用拯而馬壯。初順之出險。故吉。（子母相反。）爻言拯者。皆以遇坎而用拯。明夷六二。艮六二。皆互坎。

九二。渙奔其机。悔亡。

象曰。渙奔其机。得願也。

震初九吉。坎九二小得。本爻悔亡。震動故奔机以息其身。坎爲堅木。一陽在中。上承艮身。机之象也。奔其机。在險而安也。象稱利涉大川。初二出險不言舟楫者。外卦巽爲木。初四二五非應也。剛來不窮。故爻稱悔亡。象曰得願。

六三。渙其躬。无悔。

象曰。渙其躬。志在外也。

震六二勿逐自得。艮六四无咎。坎六三勿用。本爻无悔。三與初二同處內卦。實一體也。今得上之應。舍初二而志求於外。故曰渙其躬。渙其躬者。公而忘身。義與蹇二同也。艮爲身。身即躬。（子母相反。）

六四。渙其羣。元吉。渙有丘。匪夷所思。

象曰。渙其羣。元吉。光大也。

艮六五悔亡。震六三无眚。巽六四悔亡。本爻元吉。坤爲羣。艮爲丘。四初皆陰。所謂羣也。四由二升而不與初應。故渙其羣。上承五故渙有丘。夷。等夷也。謂初。四出險得丘。故匪夷所思。象曰渙其羣元吉光大也。五得乾元。四坤爻也。坤以承天爲元。四舍初承五。如人之棄所私而從公者。故自致於光大。

九五。渙汗其大號。渙王居。无咎。

象曰。王居无咎。正位也。

巽五艮上皆吉。本爻正象之所謂王假有廟者。渙。水盛貌。汗判。水无涯也。渙汗其大號。謂號令之大。如水之盛而渙汗也。又汗。人液也。散而不復反。巽爲命爲風。大號也。渙汗其大號。謂如汗之渙散其大號也。又渙有奐濶之義。有奐爛之意。渙王居。言王居之盛美也。五王位。艮爲門闕。故曰王居。

上九。渙其血去逖出。无咎。

象曰。渙其血。遠害也。

巽上九凶。渙時出險。本爻則去險愈遠。故无咎。坎爲血。逖遠也。血去逖出。謂去血而遠出。象故曰遠害也。又惕說文或作逖。逷古文逖。惕逖二字通借。本爻作惕字解亦可。

（子母相反。）

六十四卦。惟謙與渙。六爻均吉。謙之爲吉。以其約而不自失也。厚而得所終也。渙之爲吉。以其風水之相遇也。舟楫之相通也。又乾坤往來。柔得位。剛得中。柔得位則陰與陽交而不亢。陰吉陽亦吉也。剛得中則陽與陰交而不失。陽吉陰亦吉也。巽上坎初三均凶。在渙則吉。巽究爲躁。得坎則相濟。坎陷爲險。得巽則有功。爻之全吉者以此。

☵☱兌下坎上

兌爲澤。在下卦。坎爲水。在上卦。水歸於澤。得其所節。故曰節。節者止也檢也。又符節。信也。坎水入兌澤。適得其宜。如符節也。以義言之。兌說坎難。說以犯難。守節之士也。又節儉。奢之反也。水澤之性。浸潤而泛濫。澤上水下爲困。今水上澤下。其去困者幾何。節流所以爲開源之續也。序卦渙者離也。物不可以終離。故受之以節。渙有寬大之意。節則檢也。

節。亨。苦節不可貞。

剛中故亨。乾三之坤五亦亨。苦節謂上六也。水性流通。可疏而不可節。澤之所受有限。

水之來源無窮。以澤節水。久則濫矣。故節者一時之制。非萬世之防也。上處節之終。乘剛而無應。如守節者過而不中。則矯激之弊生。恣肆之患作。東漢節義。變爲魏晉之放縱。惟苦節故也。故曰不可貞也。

爻辭惟上六爲苦節。以其爲一卦之終也。細思三五往來。上失應二亦失應。故二上均凶。初與五非應。以守節爲宜。四比五。無節之可言。在節家仍以節言。故曰安節。安節者順其自然之謂。五甘節。變而得中者也。三。節而无咎者也。若二與上其皆苦節者乎。

亨見坎兌震。貞見兌。不見震。餘均特設辭。

彖曰。節。亨。剛柔分而剛得中。

卦三陽三陰。而二五爲陽。故曰剛柔分而剛得中。又乾三與坤五往來。乾三進而之五。亦爲剛柔分而剛得中。剛得中故亨。

苦節不可貞。其道窮也。

卦三五往來不窮。上六無可往來。故曰道窮。又事之出於節止者。其終必窮。

說以行險。當位以節。中正以通。

當位指五言。坎爲通。自此以下。於卦辭之外。發明節之用也。

天地節而四時成。節以制度。不傷財。不害民。

天地節。謂二分二至之節也。四時。春夏秋冬也。合言之。四時之所以成。由分至爲之節也。下兌爲秋。上坎爲冬。互震爲春。大離爲夏。乾三之坤五而備四時。是天地節而四時成也。分言之。春夏萬物發育。秋冬萬物節縮。乾三之坤五。剛柔相節。以成坎兌。兌秋坎冬。秋冬者春夏之節。春夏得秋冬而成四時。故曰天地節而四時成也。度。法度也。坎爲度。財者取之於民者也。古人以水喻財。故周禮有泉府之官。水歸於澤。則財不傷。由上潤下。則民不害。

象曰。澤上有水。節。君子以制數度。議德行。

艮爲制。乾爲德。震爲行。爲議。君子觀節之象。以制數度議德行。制數度所以節人。議德行所以節身也。

初九。不出戶庭。无咎。

象曰。不出戶庭。知通塞也。

兌初九吉。本爻无咎。不出戶庭。靜而不動也。繫稱乾坤爲易之門。又闢戶爲乾。闔戶爲坤。門戶乾坤也。節本坤上乾下之卦。三之五。而初二不動。故初曰不出戶庭。二曰不出門庭。戶在內門在外也。初以不動爲得位。故爻曰无咎。而象曰知通塞。二以不動爲失位。故爻曰凶。而象曰失時極。通。變也。塞。不變也。坎爲通。兌上缺如口。陽在下如塞然。

九二。不出門庭。凶。

象曰。不出門庭。失時極也。

震初兌二皆吉。本爻獨凶。二與五爲正應。二升五。趣時也。今三升五。而二無可升。故曰不出門庭。爲陰所乘。不得上升。失所應與。故象曰失時極。極者中也。時極者。随時以處中也。二得中而不能變通趣時。故不曰失中。而曰失時極。（子母相反。）

六三。不節若。則嗟若。无咎。

象曰。不節之嗟。又誰咎也。

艮六四无咎。震六二厲。兌六三凶。本爻以澤口受坎水。卦之名節者以此。以爻象言之。則適得其反。老子稱塞其兌閉其門。三兌口向上。不爲塞而爲開。當節之時。放而不知檢。自貽伊戚。所以嗟也。卦二至五大離。離三大耋之嗟。離五戚嗟若。嗟。離火聲也。不節若則嗟若。爻具此二象。所謂不如此則如彼。其得无咎者。水有所歸。則不爲濫。三水之所歸。有節道焉。更以乾坤往來言之。乾三過剛不中。變之五成節。節則不嗟。故无咎。象曰不節之嗟。又誰咎也。極言不節之害。節則无咎矣。一說。嗟若。憂也。既憂之无咎。與臨三同意。象曰又誰咎。言人无可咎。天下唯不咎人而咎己。乃无咎也。

六四。安節。亨。

象曰。安節之亨。承上道也。

艮六五悔亡。震六三无眚。坎六四无咎。本爻與初均不動。得位有應。故曰安節。亨通也。三之五爲亨。四艮止故安。承五故亨。

九五。甘節。吉。往有尚。

象曰。甘節之吉。居位中也。

坎五艮上皆吉。本爻亦吉。甘者苦之反也。道窮則苦。位當則甘。往有尚謂三之五也。五應二互震。震爲稼。稼穡作甘。一說。兌澤爲甘。以水言之。動則甘。止則苦。兌止水。坎動水。坎兌合成節。則爲止水。惟九五居中得正。乃水之動而通者。故曰甘。上爲節之終。故曰苦。

上六。苦節。貞凶。悔亡。

象曰。苦節貞凶。其道窮也。

坎上六失道而凶。本爻以道窮而凶。上與三爲正應。三變而上不變。苦節之士也。大離在下。離爲火。火炎上作苦。在節家故曰苦節。陰陽之道。往來不窮。三五往來。上無可往來。故道窮。守正而不變故凶。然道無終窮之理。窮則思變。變成中孚。節而信之。坎象不見。故悔亡。象曰苦節貞凶。其道窮也。節非中道。節至上。道窮將變時也。

䷼兌下巽上

孚。信也。中孚。信在中也。字从爪从子。如鳥之伏子。意無不誠也。序卦。節而信之。故受之以中孚。節而不信。則失其節之用。中孚所以次節也。爲卦四陽在外。二陰居中。若符節然。二五剛中。自孚也。三四中虛。相孚也。總之皆中孚也。以義言之。內說外巽。說而巽亦孚也。

中孚。豚魚吉。利涉大川。利貞。

豚魚吉。言誠能孚物則吉。舉豚魚以概其餘也。獨言豚魚者。豚魚物之至愚莫可教擾者也。且供人魚肉無能抗拒者也。於豚魚能孚。則他物可知。於物能孚。則於人可知。說卦坎爲豕。豕剛鬣。坎剛中似之。豚。豕之小者。對豕言則豚爲小。對他物言則豚即豕也。中孚剛中。豚象。虞氏逸象。巽爲魚。又豚性適於草澤。魚澤中物也。巽爲草。兌爲澤。觀巽兌之象。而及於豚魚。作易者其有愛物之心乎。坎離上經之終也。離言畜牝牛。中孚小過既濟未濟下經之終也。中孚言豚魚。小過言飛鳥。未濟言小狐。天人而外。終及於物。其次第然矣。先儒以豚魚爲江豚。乘風鼓浪。風止則滅。謂有合於中孚之義。說亦可通。大抵相孚之誠。禽獸鱗介。視人爲摰。卦言豚魚。爻言鶴鳴翰音。蓋即此意。然謂人之孚如豚魚則吉。似不若前說之廣大。利涉大川。誠可濟險也。利貞。相孚之道利於正也。說而巽。不得其正。則流於邪僻之途。故以利貞戒之。

利貞見兌。利亦見巽。餘均特設辭。

彖曰。中孚。柔在內而剛得中。

柔內則中虛。剛中則中實。中實自孚。中虛孚人。

柔在內指三四言。此與他卦之言內外者不同。故卦中論應與。亦與他卦異。

說而巽。孚乃化邦也。

坤爲邦。巽兌皆坤索而得。故取象於邦。

豚魚吉。信及豚魚也。

言信及於豚魚。

利涉大川。乘木舟虛也。

巽爲木。中虛。舟象。兌爲澤。水所歸也。因舟虛而及大川。非必取象於坎也。

中孚以利貞。乃應乎天也。

他卦以陰陽相反爲應。中孚若合符然。兼取敵應。天指五言。應乎天指九二言。言以剛應剛。爲得其正。故曰利貞。

象曰。澤上有風。中孚。君子以議獄緩死。

澤止水。有風則隨之而動。如相孚然。故曰中孚。斷獄之道。貴得其情。情者孚也。昔曹劌論戰。以察獄爲先。君子觀中孚之象。而議獄緩死。有以也哉。卦兩口相向。議獄之象。震爲反生。巽爲不果。緩死之象。中孚反覆不衰。其卦畫如兩兩相印。議獄緩死。所以求其至當而反覆印証也。

初九。虞吉。有他不燕。

象曰。初九虞吉。志未變也。

兌初九吉。本爻亦吉。虞。安也。不燕不安也。有他。指四。中孚象若合符。初上對。二五對。三四對。以相對言之。初上均陽。初志未變則虞吉。對四絕類馬匹亡。則不燕。初上對。初吉而上凶者。兌初未變。巽終則變。初能孚上不能孚也。一說。虞。澤虞也。水鳥似鶚。蒼黑色。常在澤中。見人不去。有似主守。故澤虞爲守澤之鳥。虞人爲守澤之官。虞吉者。言如鳥之專一不去則吉。燕亦鳥名。庇人宇下。故藉以爲燕安字。

九二。鳴鶴在陰。其子和之。我有好爵。吾與爾靡之。

象曰。其子和之。中心願也。

震初九吉。兌九二孚兌吉。本爻剛而得中。與五合符。位則君臣也。故取象於爵。情則骨肉也。故取象於子。鶴水鳥。在澤中。(兌爲澤。)性清潔。言爵祿者往往以鶴爲喻。陰。木陰也。(巽爲木。)靡。共也。震爲鳴。雷風相應。故曰和。九家。巽爲鶴。二五爲孚之中心。二五皆實。象故曰中心願。我吾爾。爻似假爲五對二之辭。實則極言中孚之應。泛指一切均可。

六三。得敵。或鼓。或罷。或泣。或歌。

象曰。或鼓或罷。位不當也。

兌六三凶。震六二厲。艮六四无咎。本爻未言吉凶。以相對言之。(爻稱得敵。指四言。敵即對也。)三四合符。鼓可也。歌可也。以相應言之。上舍三而與初對。不鼓而罷者有矣。不歌而泣者有矣。歌泣離象。(二至五大離。)又兌口爲歌。離目爲泣。震爲鼓。艮爲止。止即罷也。離中虛大腹。亦鼓象。象曰位不當。以陰處陽不當。以陰應陽。在中孚家亦爲不當也。

六四。月幾望。馬匹亡。无咎。

象曰。馬匹亡。絕類上也。

艮六五悔亡。震六三无眚。巽六四田獲三品。本爻則馬匹亡。亡者獲之反也。中孚兩兌相向。與月之上弦下弦正類。以三四相對言之。上弦下弦之間。大離在中。幾望之象也。以四初相應言之。初陽而四陰。如駕車者。亡其馬匹。不能遠行之象。所以无咎者。六四當位而與三相對。中孚以相對爲主故也。說卦。乾爲馬。匹。對也。馬匹。兩馬也。六四非陽而陰。不與初同類。亡其馬匹之象。象曰馬匹亡。絕類上也。謂四絕初之類而在上也。月幾望言三四之相孚。馬匹亡言四初之不孚也。

九五。有孚攣如。无咎。

象曰。有孚攣如。位正當也。

巽五艮上皆吉。本爻无咎。中孚兩兌相向。兌二五皆言孚。又卦名中孚。五卦主故曰有孚。巽繩艮止。故曰攣如。二五既應且對。故中孚以二五爲最吉。

上九。翰音登于天。貞凶。

象曰。翰音登于天。何可長也。

巽上九貞凶。本爻亦貞凶。禮。雞曰翰音。巽爲雞。信鳥也。然善鳴而不善飛。翰音登天。失其常德。不能孚也。上與三應。三陰而上陽。在中孚家未爲相孚。上又與初對。一處澤下。一居山上。由初視之。若登天然。遠而不相聞。何孚之有。巽爲長。巽終則變。不孚之象。象故曰何可長也。

彖言柔在內而剛得中。則與他卦之專論應與者異。言乃應乎天。則似以九二爲主爻。上在五上。故曰登于天。兌於中孚之義尤切。故以九二爲主。

䷽艮下震上

小過。小者過也。四陰二陽。陰過乎陽。故曰小過。以象言之。震爲雷。艮爲山。雷伏地爲復。出地爲豫。在天爲大壯。山上有雷。離乎地而未至於天。亦小過而已。又過从辵。有行意。度也。越也。至也。呂氏春秋異寶篇。伍員過於吳。高誘注。過猶至也。艮爲止。震爲行。內止外行。其越不遠。故曰小過。序卦。有其信者必行之。故受之以小過。過即行也。

六子以坎離爲中。兌巽相遇爲大過。震艮相遇爲小過。物不可以終過。大過之後。故繼以坎離。小過之後。故繼以既濟未濟。

小過。亨。利貞。可小事。不可大事。飛鳥遺之音。不宜上宜下。大吉。

震起故亨。艮止故利貞。柔得中故可小事。剛失中故不可大事。又過失也。小事而過。猶可言也。大事而過。不可恕也。飛鳥者小而過於人者也。卦中二陽如鳥身。上下四陰如鳥翼。飛鳥之象也。震爲善鳴。音也。艮爲止。遺也。飛鳥志在避人。入林惟恐不密。飛鳥而有所遺。過也。明夷于飛垂其翼。過之大者也。飛鳥遺之音。過之小者也。不宜上宜下大吉者。上下均過。然與其過上。毋寧過下。即象傳行過乎恭。喪過乎哀。用過乎儉之意。六爻二五得中爲吉。初四過下。三上過上。但初四猶愈於三上。所謂宜下不宜上也。大吉未詳。以卦畫言之。中二陽。外四陰。橫看成非字。說文。非。从飛下翄。取其相背。下翄則宜下不宜上。蓋文字多以鳥飛爲上下。不者。鳥飛上翔不下來也。至者。鳥飛至地不上去。小過之宜下不宜上。即卦畫亦可徵明。卦畫係兩翅相背。正鳥之下飛時也。

亨見震兌巽坎。利貞見兌。不見艮。小見巽。利亦見巽。餘均特設辭。

謂小過於大而得中故亨。

彖曰。小過。小者過而亨也。

過以利貞。與時行也。

過即行也。過以利貞。待時而行。故曰與時行也。艮爲時。震爲行。

柔得中。是以小事吉也。剛失位而不中。是以不可大事也。有飛鳥之象焉。飛鳥遺之音。不宜上宜下。大吉。上逆而下順也。

上卦陰揜陽。下卦陽揜陰。故上逆下順。順則宜逆則不宜。於文。逆。古作屰。从干。干上犯也。順。从頁从川。下流也。說文。鳶作鴍。鳥之鷙者。从鳥从屰。陸甸曰。鳶飛戾天。故从屰。上逆而下順也。然則小過乃小鳥。且飛且鳴。不能遠舉者也。彖傳於大吉二字。未加解釋。即六爻亦無大吉之占。意者小過而大吉。乃義之所當然。非象之所已見歟。履象不咥人。履三咥人凶。卦與爻固有不相同者。

象曰。山上有雷。小過。君子以行過乎恭。喪過乎哀。用過乎儉。

三者皆過之小者。所謂觀過知仁是也。易例。陽亢陰卑。陽舒陰慘。陽施陰嗇。小過陰過乎陽。故君子觀小過之象。以行過乎恭。喪過乎哀。用過乎儉。

初六。飛鳥以凶。

象曰。飛鳥以凶。不可如何也。

艮初六无咎。本爻反凶者。小過无吉爻。惟二五得中。可小事不可大事。小過有飛鳥之象。初上兩爻。一上一下。皆取象於飛鳥。初曰飛鳥以凶。因凶而飛也。鳥處山林之下。（艮山巽木。）似可止矣。而震動。坎陷。兌毀。有迫之以必飛者。象曰飛鳥以凶。不可如何也。亦飛而避之已耳。蓋以凶而飛。飛尚可免於凶。與上六之離凶有別。所謂宜下不宜上也。（子母相反。）

艮初六宜應陰不宜應陽。故本爻言凶。此詳再稿子母相反類中。

六二。過其祖。遇其妣。不及其君。遇其臣。无咎。

象曰。不及其君。臣不可過也。

巽初六進退志疑。艮六二不拯其隨。本爻不及其君。所以无咎者。柔順中正。過而非過也。祖君謂三四。妣臣謂五。三四陽而五陰也。二過三四與五應。是過祖遇妣。過君遇臣也。不言過君者。象曰不及其君。臣不可過也。蓋以臣過君。不可爲訓。婉言之也。五君位。何以爲臣。小過不拘常例。故六五爻辭言公。祖妣君臣。陰陽之代詞。非定位也。過祖遇妣不及君遇臣。明過而非過。過之小者也。

一說。祖君以位言。五君位。推之於家則爲祖。今非陽而陰。故變其文曰妣。小過可小事。不敢直謁君上。故曰不及其君遇其臣。

九三。弗過防之。從或戕之。凶。

象曰。從或戕之。凶如何也。

兌九四未寧。巽九二紛若。艮九三艮限列夤熏心。本爻居山險之中。止而弗過。且以二之與五遇。忌而防之。然防不勝防。其從或戕之。九三在下卦之上。過剛不中。故其象如此。從。指二陰也。在三下故曰從。坎爲隱伏爲盜。小過陽不敵陰。故曰防曰戕。

九四。无咎。弗過遇之。往厲必戒。勿用永貞。

象曰。弗過遇之。位不當也。往厲必戒。終不可長也。

震九四未光。巽九三吝。兌九五有厲。位正當。本爻則往厲。位不當。其曰无咎者。以陽而在上卦之下。位陰承陰應陰。無所過也。其曰勿用者。小過。小過於大。四雖大而勿用也。在震故往厲。在坎故必戒。遇之。遇五也。二過而遇五。四承五。弗過而遇也。又小過。小者過。三四陽也。故皆曰弗過。貞固也。永貞即永守之意。謂不宜往也。或以勿用永貞爲句。言當隨時之宜。不可永守其常。亦通。象曰弗過遇之位不當也。言四與五非正應。雖弗過遇之。而以位之不當。未可獲吉。故繼之曰往厲必戒。終不可長也。互巽爲長。巽究則變。故終不可長。

六五。密雲不雨。自我西郊。公弋取彼在穴。

象曰。密雲不雨。已上也。

兌上六引兌。震六五无喪有事。本爻柔而得中。亦卦中之吉者。密雲不雨。不可大事也。公弋取彼在穴。可小事也。我。作易者自謂。三至五兌。兌正西也。故曰西郊。坎在上爲雲。在下爲雨。小過大坎在中。介於雲雨之間。故曰密雲不雨。又雨者陰陽相和之謂。小過陰過於陽。不雨之象。不雨而言自我西郊何也。作易者蓋謂。此密雲不雨。自我西郊以往。皆如此也。當此不雨之時。不能大作。弋其可乎。夫弋有得有不得。取彼在穴。則無不得者。在穴指二。小過之時。非獨二遇五。五亦取二。或曰。在穴指上。飛鳥離之是也。五爻稱公。亦易之變例。坎爲弓。故曰弋。爲坎窞。故曰穴。艮爲手。故曰取。象曰密雲不雨已上也。大坎在上下之交。五在坎上。故曰已上。

上六。弗遇過之。飛鳥離之。凶。是謂災眚。

象曰。弗遇過之。已亢也。

震上六凶。本爻亦凶。弗遇過之者。上在五前。弗遇而過之也。過之則避而之他可矣。奈高亢致禍。有如飛鳥之離之者。所謂无妄之災。凶如何也。離。麗也。震終變成離。大坎爲災眚。小過宜下不宜上。故其象如此。

小過多凶爻。本於母爻之吉凶。一也。震艮相背而不相交。二也。又卦名小過。如柔弱之人。扶得東來西又到。故從上則過上。從下則過下。惟二五得中多吉辭。

䷾離下坎上

序卦。有過物者必濟。故受之以既濟。濟。定也。謂六爻得位而定也。又調濟也。火炎上。水潤下。水上火下。陰陽相交。得調濟之宜也。又涉川爲濟。坎在外。是未濟也。不名未濟而名既濟者。蓋取陰陽相交之義。坎中男。離中女。中男與中女相值。天然配偶。卦無夫婦婚姻之象者。天地定位。不言夫婦。尊之也。雷風相薄。山澤通氣。皆有相得益彰之勢。故震巽艮兌相重。多取象於夫婦。惟坎離不然。誠以水火二物。相逮而不相射。不相射故非夫婦。相逮如既濟是也。不相逮則未濟是也。左傳。陳災。裨竈曰。火。水妃也。又昭十七年傳。水。火之牡也。陰陽書有五行嫁娶之法。火畏水。故以丁爲壬妃。水火本相厭勝。言牡言妃者。所以見相畏之意。然此祇五行家言。非易例配偶之正也。

既濟。亨。小利貞。初吉終亂。

乾二之坤五。陰陽交。故亨小利貞者。濟險以陽。陰助陽以濟。利在貞守。故曰小利貞也。初吉終亂。亦以小言。六二得中助陽。則可濟而吉。上六乘陽。勢處於窮。貞而不變則亂也。又初吉終亂。有先事豫防之意。凡人未濟則奮。既濟則怠。怠者亂之源也。即下彖傳觀之。亨小可連讀。故曰小者亨。然細思卦辭言小。均指陰爻言。即未濟之小狐。亦以陰爻言。卦辭既注重陰爻。則小字雖連下句讀。亦無妨言小者亨也。

亨見坎離。利貞吉見離。餘均特設辭。

彖曰。既濟亨。小者亨也。利貞。剛柔正而位當也。初吉柔得中也。終止則亂其道窮也。

凡彖傳多以五爲主。本彖則似以二爲主。蓋坎爲險。濟險者離。二爲離正爻。坤下交乾。故曰小者亨。交而上六皆正。故曰剛柔正而位當。由初至終。皆正當矣。初吉而終亂者。陰陽消息。無時或止。濟不終於濟故也。初吉以二言。故曰柔得中。終亂以上言。上六陰柔。處既濟之終。既濟定也。定則止。止則亂。止而亂何也。柔非居上之道。上柔乘剛。

極而不反。其道窮也。言終不言上者。言上則不辭也。又既濟外坎。坎上失道。故卦稱終亂。而彖稱道窮也。

象曰。水在火上。既濟。君子以思患而豫防之。

既濟未必有患。思而豫防之。所以善其終也。

初九。曳其輪。濡其尾。无咎。

象曰。曳其輪。義无咎也。

離初九无咎。本爻亦无咎。濡其尾涉也。曳其輪備涉也。然皆有不遽涉之意。初才足濟險。欲涉而不遽涉。故曳輪濡尾而无咎。坎爲輪爲曳。在初故曰尾。既濟初吉。彖雖以二言。而初九亦无咎。二爲下卦正爻。初九則一卦之始也。

六二。婦喪其茀。勿逐。七日得。

象曰。七日得。以中道也。

坎初六凶。離六二元吉。本爻喪而復得。亦吉爻也。離爲中女。二得坤之中。故稱婦。茀。子夏傳作髴。首飾也。詩衛風。翟茀以朝。傳。翟。翟車。茀。蔽也。蓋婦人行車。則用茀以蔽其體。喪茀則不可行。既濟本坤上乾下之卦。乾爲首。二之五變離。乾首外見。故曰婦喪其茀。勿逐七日得者。乾二以一陽入坤中。有震象焉。又既濟位定。定則變。卦只六爻。至七而復。二以中道。剝極必復也。七日詳見訟注。

凡卦各具一坎離。初陽。二陰。三陽。離也。四陰。五陽。六陰。坎也。卦各具互爻。惟乾坤既未濟無互。蓋乾坤互仍乾坤。既未濟互仍既未濟。卦無乾坤坎離。而取象於乾坤坎離者。在易中不少其例。乾坤坎離。殆易之緼邪。乾坤無互。多取象於六子。（參看文言。）既未濟無互。間亦取他卦之象。如既濟之六二六四。未濟之九四是。又按乾二升坤五。二變陰爲喪。然五爲二應。喪而復得之象。以爻情言之。既濟二五往來。三間於中。得而不能遽得。故曰勿逐七日得。以消息言之。乾坤往來。七日而復。諸卦之所同也。然以既濟爲最正。故勿逐七日得。見於六二繇辭。

九三。高宗伐鬼方。三年克之。小人勿用。

象曰。三年克之。憊也。

坎九二有險小得。離三四皆凶。本爻亦非全吉。離爲日。君象。以離繼離。中興之君也。故取象於高宗。坎爲寇。以坎繼坎。幽遠之寇也。故取象於鬼方。離爲戈兵。故曰伐。才剛故曰克。陷於兩陰之間。故曰小人勿用。坎爲勞卦。故曰憊。既濟終亂。三下卦之終。故不言吉。三年詳見訟注。又按離上言王用出征。既濟之三。見離上之象。未濟之四。見離上之象。既濟離火上交。未濟離火下交。即此亦具陰陽往復之義。

六四。繻有衣袽。終日戒。

象曰。終日戒。有所疑也。

離六五出涕沱若戚嗟若吉。坎六三勿用。六四无咎。本爻出坎入坎。戒懼之時也。繻。濡也。坎爲水故曰濡。袽。衣之敝破者也。乾爲衣。二之五乾體破。故有衣袽。衣袽可以塞舟漏。卦名既濟。故言塞漏之具。下離已過。故曰終日戒。四巽位。故象曰有所疑。

繻。說文。繒采色也。繻有衣袽。或解作繻中而有衣袽。即衰伏盛中之意。亦通。

九五。東鄰殺牛。不如西鄰之禴祭。實受其福。

象曰。東鄰殺牛。不如西鄰之時也。實受其福。吉大來也。

坎五離上皆吉。本爻中正得應。誠吉爻也。卦坎離相峙。若東西鄰然。離日東鄰也。坎月西鄰也。（禮。大明生於東。月生於西。）離畜牝牛。遇坎而殺。（指互坎也。）坎用樽酒。在離爲禴。（指互離言。離於時爲夏。禴。夏祭名。）均之祭也。而受福不同。實受其福吉大來也者。謂乾二之坤五。乾爲福。坤虛能受。乾來坤則實受其福也。

周易蓋作於居岐之時。如所謂自我西郊。王用亨于西山岐山可見。而於商周興衰之際。又時有所感發。明夷離在下。九三得其大首而不可疾。尚有待也。既濟離在下。九五東鄰不如西鄰。成功之後。鑑於前事而自戒也。故東鄰西鄰。以象言之則坎離。以事推之。則商周之交也。

上六。濡其首。厲。

象曰。濡其首。何可久也。

坎上六凶。本爻亦凶。濟而濡尾常也。濟而濡首。象同滅頂。故凶。上首位。終變未濟。故濡其首。乾爲久。上陰柔終亂。何可以久。

卦名既濟。以陽剛爲可濟。初曳輪濡尾。時未至也。二陰柔。故婦喪其茀。得中故七日得。得則可濟矣。三代鬼方克之。雖憊而實濟也。四陰柔。雖在已濟之時。而終日戒。五實受其福。既濟之盛者也。盛極必衰。自然之理。上以陰柔當之。何可久也。

䷿ 坎下離上

序卦。物不可窮也。故受之以未濟終焉。既濟定也。定故窮。未濟未定也。未定故變。易以變爲義。故終於未濟。爲卦坎下離上。水火同居。而其性不同。失調濟之宜。故曰未濟。又六爻皆失位。亦未濟之義。雜卦。未濟男之窮也。未濟時女非不窮。卦以濟爲名。險在坎。坎中男也。故曰男窮。且與歸妹對言。宜其然矣。若泥辭以觀易。則序卦物不可窮也。窮指既濟言。今以未濟爲窮。豈非以窮濟窮乎。

未濟。亨。小狐汔濟。濡其尾。无攸利。

乾坤交剛柔應故亨。狐性善疑。而能涉水。其大者有力而畏難不前。故未濟。小者力弱。汔濟矣。而未登於岸。已濡其尾。濡尾則未濟。夫不爲者之未濟。固無利矣。不能者之未濟。亦豈得爲利。此可見時之未至。雖奮往未必有成。而濟險之利。貴乎斷以赴之。尤貴力以继之也。坎爲狐。言小則與未濟之義爲當。非必有他象。亨見離坎。利見離。餘均特設辭。

彖曰。未濟亨。柔得中也。

剛中固亨。柔得中亦亨。

小狐汔濟。未出中也。

亦指六五言。凡坎在內者。至外卦則出險。未濟。內坎之後。继以互坎。故曰未出中。

濡其尾无攸利。不續終也。

終指上言。上陽剛。五陰柔不能與上相續。所以汔濟而未濟。

雖不當位。剛柔應也。

五雖不當位。而下與二應。未濟終有可濟之理。以全卦言。六爻陰陽相配。亦爲剛柔應也。故未濟非不濟之謂。

象曰。火在水上。未濟。君子以愼辨物居方。

火與水不同物也。火在水上。則非其方也。君子觀未濟之象。愼辨物居方。所以求濟也。

初六。濡其尾。吝。

象曰。濡其尾。亦不知極也。

坎初六入于坎窞。本爻濡其尾吝。當未濟時。無備而涉。故爲不知極。極中也。言亦者。承既濟上六而來。上六在既濟。固爲不知極。初六在未濟。亦不知極也。

九二。曳其輪。貞吉。

象曰。九二貞吉。中以行正也。

離初九无咎。坎九二有險小得。本爻剛而得中。曳其輪所以備涉也。得中故貞吉。濡尾曳輪。在既濟爲初九一爻之辭。在未濟爲初六九二兩爻之辭。既濟之備涉也速。未濟之備涉也緩。故既濟至三則濟。而有高宗克鬼方之象。未濟至三則仍未濟。而有未濟征凶之占。

六三。未濟。征凶。利涉大川。

象曰。未濟征凶。位不當也。

坎六三入于坎窞勿用。本爻則未濟征凶。離六二元吉。坎六四无咎。本爻則利涉大川。征行也。征凶即不利有攸往之意。出坎入坎故未濟。三位剛才柔。進退皆坎。幸位在二上。備涉已久。且外有剛應。當未濟時。雖不足往行他事。而以涉則利。蓋未濟而將濟者也。爻介兩坎之間。與既濟之六四同。彼獨非凶者。位當也。

既未濟與否泰略同。皆言陰陽消息。然否泰三陰三陽。各歸其類。其象一而不雜。故泰上貞吝。否上後喜。其理簡而易曉。既未濟陰陽相間。象蓁煩雜。其吉凶亦若無定。而以本爻爲尤難解。然細按之。各爻多與坎離母爻相類。坎六三入于坎窞。本爻故言未濟征凶。三爲小成之卦。陰陽消息。未濟終變爲既濟。故又有利涉大川之占。

九四。貞吉。悔亡。震用伐鬼方。三年有賞于大國。

象曰。貞吉悔亡。志行也。

坎九五无咎。離九三九四均凶。本爻貞吉悔亡。貞吉。固守則吉也。離四爲九。震四亦爲九。不言離而言震者。爻辭取震動之意。故曰震用伐鬼方。蒼頡篇。鬼遠也。鬼方蓋取幽遠之義。神陽鬼陰。中夏言神州。四夷則鬼方也。惠氏棟以荊楚爲鬼方。本於汲郡古文。然紀年於王師克鬼方後。即繼以氐羌來歸。又後漢章帝紀。克伐鬼方。開通西域。文選趙充國頌。李善注。鬼方於漢則先零戎也。諸儒或以鬼方爲南蠻。或以鬼方爲西戎。大抵上古蠻夷之地。皆可稱鬼方。乃鄙賤之詞也。坤爲國。陽爲賞。四以陽居坤中。故曰有賞于大國。坎稱三歲。故曰三年。未濟之四。即既濟之三。爻辭略同。彼勞而此逸者。彼在下坎之中。此在上坎之中。坎將出矣。其勢逸也。坎爲悔爲志。以上下兩卦言。去坎就離故悔亡。以陽據陰故志行。（子母相反。）

六五。貞吉。无悔。君子之光。有孚。吉。

象曰。君子之光。其暉吉也。

坎上六凶。離六五吉。互坎已出。故貞吉无悔。離爲光。應二坎有孚。位尊。處離明之中。故稱君子。

管輅曰。日中爲光。朝日爲暉。中則日在上。朝則日在下。上光下暉。無不獲吉。二五往來。上離下互離故也。九二爻稱貞吉。象言中以行正。言行者亦二五往來之義。

上九。有孚于飲酒。无咎。濡其首。有孚失是。

象曰。飲酒濡首。亦不知節也。

離上九王用出征有嘉折首。本爻則飲酒濡首。有孚。與三相孚也。陽剛濟險故无咎。坎爲酒食。三至上噬嗑象。故曰飲酒。坤入乾五。在離則折首。在未濟故曰濡首。一陽在上。進無所往。其勢必變。故曰有孚失是。大過言滅頂。既未濟言濡尾濡首。皆以卦名取象。鼎上六象傳剛柔節。未濟上六象傳不知節。亦以卦名爲義。蓋火在木上。烹飪得宜。節也。火在水上。終未得濟。不知節也。亦者對初六言。又按未濟與需同義。需者未濟而有所需。故飲食宴樂以待之。未濟至上九。固已濟矣。已濟而飲酒可也。濡其首則失矣。需五需于酒食。陽剛中正故貞吉。未濟柔居五而不續終。故汔濟而濡其尾。飲酒則濡其首。既濟出明而之險。未濟出險而之明。既濟初吉終亂。未濟初亂終吉。而卦又不盡然。且既未濟均以濡尾始。以濡首終。其中間亦多同異錯雜之處。蓋乾坤震巽艮兌。其成卦後卦爻之吉凶。往往可以次序推求。坎離則難。以坎離卦畫陰陽相間故也。易例變動不拘。於坎離尤可見。

學易初稿卷之五

萊陽于元芳習

繫辭上傳

此統論卦爻所繫之辭。而發其義例。因篇中屢言繫辭。又所發明。雖兼及蓍筮諸法。其大旨則歸於繫辭者多。故篇名繫辭。別於文周卦爻。故曰傳。卷分上下。故曰上傳。史記引同歸殊塗二語。作易大傳。說者謂史遷曾受易楊河。河自爲傳。故加大傳以別之。理或然也。

天尊地卑。乾坤定矣。卑高以陳。貴賤位矣。動靜有常。剛柔斷矣。方以類聚。物以羣分。吉凶生矣。在天成象。在地成形。變化見矣。

繫辭兩篇。大抵言天地陰陽造化之理。與聖人作易之功。或由陰陽而及易。或由易而及陰陽。或陰陽與易渾言。錯綜變化。不拘一例。自天尊地卑。至而成位乎其中矣。爲第一章。章分數節。此節之旨。則首明天地爲易之本也。夫易始於乾坤。以成六十四卦。其卦爻所列。有貴賤之等。剛柔之用。吉凶之占。變化之跡。此數者皆天地自然所表見。蓋具於卦爻未成之先。而不假強爲者也。觀句尾五矣字。即所以表示自然之意。尊卑以上下言。卑高者。畫卦由下而上。位即六爻之位。貴賤如五貴三賤之類。天地一陰陽也。陽爲剛。陰爲柔。陽以動爲用。陰以靜為用。陽動有時而靜。陰靜有時而動。動靜不失其時。故曰動靜有常。其在易。則乾爲陽爲剛。坤爲陰爲柔。乾陽動則剛變爲柔。坤陰動則柔變爲剛。剛柔各分。故曰剛柔斷矣。方。嚮也。以類聚。謂性之所嚮。有善惡清濁遲速之不同。其聚也各從其類。物者形色之總名。以羣分。謂人不與馬牛爲羣。羽毛不與鱗介爲羣。羣分類聚。紛爭之始。故曰吉凶生。其在易。則下繫所謂愛惡相攻者是也。象謂日月星辰之屬。形謂山川動植之屬。天地以象形爲變化。而象形亦各自有其變化。易之變化。取法天地。故曰在天成象。在地成形。變化見矣。

是故剛柔相摩。八卦相盪。

此二句承上文變化而來。惟其變化。故剛柔相摩。八卦相盪。摩者嗟摩。盪動也。總之皆卦爻變化之意。（盪集解作蕩。）

鼓之以雷霆。潤之以風雨。日月運行。一寒一暑。乾道成男。坤道成女。乾知大始。坤作成物。（集解坤化成物）

此復言天地陰陽之流行。而卦爻之變化。亦寓乎其中。蓋乾坤與天地對言。則上覆者爲天。下載者爲地。卦爻六陽者爲乾。六陰者爲坤。若渾言之。則乾坤即天地之代辭。雷霆風雨日月寒暑四句。專指天地言。成男成女大始成物四句。則合乾坤與天地而併言也。

乾以易知。坤以簡能。易則易知。簡則易從。易知則有親。易從則有功。有親則可久。有功則可大。可久則賢人之德。可大則賢人之業。易簡而天下之理得矣。天下之理得。而成位乎其中矣。（集解成位上有易字）

易者難之反。簡者繁之反。大始難知。乾以易知之。成物至繁。坤以簡能之。所謂無爲而成化也。聖人法乾坤之知能。其爲道也。明白易曉而有親。中庸可行而有功。有親則信之者深而可久。有功則施之者宏而可大。可久可大而德業興。亦易簡之爲也。不言聖而言賢者。乾坤自然而然。聖者之事。法乾坤則賢者之心也。天下之理得。萬物育也。成位乎其中。天地參也。

朱子語類。若以學者分上言之。則廓然大公者易也。物來順應者簡也。又云。乾知大始。乾以易知。二知字。作管字訓。不當解作知見之知。按如今言知縣知事之意同。

此章言天地陰陽之理。以明作易之所由來。

聖人設卦觀象。繫辭焉而明吉凶。剛柔相推而生變化。

設卦意取於創。故稱聖人。相推即陰陽往來也。

是故吉凶者。失得之象也。悔吝者。憂虞之象也。變化者。進退之象也。剛柔者。晝夜之象也。六爻之動。三極之道也。

失得所包者廣。不專指失位得位言。悔吝者吉凶之次也。由悔可以入吉。由吝漸至於凶。憂在內。虞在外。內憂故悔。外虞故吝。陽爲進。陰爲退。陽變則退。陰化則進。極。中也。三極。天地人也。天地以大中之道育萬物。人受中以生。故以天地人爲三極。又至也。陰陽至極則動。動則變化以協於中。故道之至者。皆中道也。吳氏澄曰。吉凶悔吝。象人事之失得憂虞。變化剛柔。象天地陰陽之晝夜進退。是六爻兼有天地人之道也。愚按。凡卦爻有顯然之失得者。則言吉凶。有隱然之憂虞者。則言悔吝。剛柔者立本者也。晝夜有定。故剛柔者晝夜之象。變通者趣時者也。進退無定。故變化者進退之象。

是故君子所居而安者。易之序也。所樂而玩者。爻之辭也。（集解序作象樂作變）

易之序謂盈虛消長自然之序。爻之辭謂吉凶悔吝顯著之辭。居而安。樂而玩。則與易爲一矣。又按六十四卦之序。不相承則相反。相反者極而變者也。相承者因而不變者也。人生境遇。罔不如是。故君子居而安之。

是故君子居則觀其象而玩其辭。動則觀其變而玩其占。是以自天祐之。吉无不利。（祐集解作右）

凡單言變者。化在其中。易所以明天道。觀象玩辭。觀變玩占。則不違於天。是以自天祐之。俞氏琰曰。觀象玩辭。如蔡墨云。在乾之姤。知莊子云。在師之臨是。觀變玩占。如陳侯遇觀之否。晉侯遇大有之睽是。愚按。下繫。吉凶存亡則居可知。居謂不動。本節居字。解作筮而不動亦可。蓋不動則觀象辭。乃筮之定例。孔子彖傳。玩辭之事。大象。觀象之事。下文彖者言乎象者也。亦一氣相承。

彖者。言乎象者也。爻者。言乎變者也。

象者本然之體。卦立而象著。故彖言乎象。變者變而之他。爻以九六爲占。故爻言乎變。周易雖以九六爲占。但爻辭所以明象。非以明變。蓋變則占是爻。非是爻豫變以待占。故三百八十四爻。以變爻取象者。皆有別義。其以本爻取象者。乃常例也。

吉凶者。言乎其失得也。悔吝者。言乎其小疵也。无咎者。善補過也。

有過而能改之曰補過。

是故列貴賤者存乎位。齊小大者存乎卦。辨吉凶者存乎辭。（辨集解作辯）

易例陽貴陰賤。陽大陰小。然貴賤視乎其位。故頤初九以陽處陽。而象曰不足貴。三多凶。五多功。則曰貴賤之等。卦無位而爻有位。列貴賤者存乎位也。齊猶正也。自乾坤外。陽卦不無陰爻。陰卦不無陽爻。故小大之齊。在卦而不在爻。例如大過非無陰爻。而卦名爲大。小過非無陽爻。而卦名爲小。齊也者齊不齊以爲齊。卦之大者。雖有小爻。不失其爲大。卦之小者。雖有大爻。不能揜其小也。又如謙小豫大。同爲一陽五陰之卦。旅小豐大。同爲三陰三陽之卦。故小大之齊。在卦而不在爻也。辭兼指卦爻言。周易六十四卦。三百八十四爻。言凶者五十八。（彖五。爻五十三。）言吉者一百四十六。（彖二十三。爻一百二十三。）其餘皆未言吉凶。然觀其辭而吉凶可知。例如飛龍在天。不言吉而吉可見。龍戰于野。不言凶而凶可見。故曰辨吉凶者存乎辭也。

又按卦之小大。非可一概而論。如屯利建侯則大。蒙童蒙則小。泰小往大來則大。否大往小來則小。以二體言之。卦具乾震離者。往往而大。其艮兌則小。然尤當以卦成後所得之象定之。不能盡同也。

憂悔吝者存乎介。震无咎者存乎悔。

介。際也。春秋傳介居二大國之間是也。又助也。古者賓行必有介。介所以助也。乾上有悔。不得所助也。故曰賢人在下位而无輔也。蒙四之吝。以其介於羣陰之間也。故曰困蒙之吝。獨遠實也。際以比言。助以應言。下繫遠近相取而悔吝生。即是此意。憂悔吝者。說卦坎爲加憂。坎一陽介於二陰。故其象爲憂。悔吝者憂虞之象。故曰憂悔吝者存乎介。一說。悔吝者介於吉凶之間。憂之則趨吉而避凶也。震動也。有以止而无咎者。艮象是也。有以動而无咎者。復象言朋來无咎是也。復下震上坤。陰窮於上。有悔心焉。震一陽動於下。悔而无咎者也。初九言不遠復无祇悔。喜陽之速復。故以无悔言之。實則卦之名復。由悔來也。悔而不復。則有咎而至於凶。悔而速復。則无咎而趨於吉。易爻艮而无咎者多。其震无咎者。則存乎悔也。（此艮震猶言動靜。）

以上言吉凶悔吝无咎。獨不及厲。厲危也。有與吉併言之。如訟六三是。有與凶併言者。如小畜上九是。有與无咎併言者。如乾九三是。有與悔吝併言者。如家人九三是。有單言厲者。如履九五是。大抵厲之爲占。可吉可凶。象已形而未著。非必然之事也。故此節畧而不述。又按悔吝多由於比應。則吉凶多由於本爻可知。

是故卦有小大。辭有險易。辭也者各指其所之。

險者艱深。易者平易。所之謂占者之所向。卦勿論小大。辭勿論險易。各指其所之而定。

例如貧賤而得大有之卦。安居而筮龍戰之爻。非必大有龍戰也。當各以其所之而參互論斷之。如左昭七年。孔成子筮。以元亨屬元。以盤桓居貞屬縶。昭十二年。南蒯枚筮。得黃裳元吉。而惠伯不以爲吉。皆各指其所之之謂。

此章言易之通例。

易與天地準。故能彌綸天地之道。仰以觀於天文。俯以察於地理。是故知幽明之故。原始反終。故知死生之說。精氣爲物。游魂爲變。是故知鬼神之情狀。（天地之道集解作天下之道反作及）

準。同也。彌。滿也。綸。絡也。彌綸天地。即包羅天地之意。仰觀天文。俯察地理。作易之事。原始反終。易之往來。精氣爲物。游魂爲變。易之變化也。幽明死生。即陰陽之謂。鬼神者人物既化之通稱。故鬼神與人物對待。則人物爲明爲生。鬼神爲幽爲死。鬼神相爲對待。則神者伸也。鬼者歸也。伸則爲明爲生。歸則爲幽爲死。精氣者人物之所以生也。精氣對言。則氣陽精陰。魂魄對言。則魂陽魄陰。精氣與魂魄對言。則精氣爲陽。魂魄爲陰。言物不言人者。言物則人在內。言魂不言魄者。言魂則魄可概也。易卦辭不及鬼神。爻辭惟睽上言之。至孔子贊易。則屢以鬼神與天地併舉。蓋天地之道。有陽則有陰。有明則有幽。有生則有死。有人物則有鬼神。理原一貫。知此則知彼也。

九家易曰。陰陽交合。物之始也。陰陽分離。物之終也。合則生。離則死。交。泰時。春也。分離。否時。秋也。鄭康成曰。精氣謂七八也。遊魂謂九六也。七八木火之數也。

九六金水之數。木火用事而物生。故曰精氣爲物。金水用事而物變。故曰遊魂爲變。精氣謂之神。遊魂謂之鬼。愚按游集解作遊。又按卦爻詳於明而畧於幽。詳於生而畧於死。詳於人物。而畧於鬼神。然其言吉凶得失。非知幽明死生之理。與夫鬼神之情狀者。不能道出。故此節推言之。

與天地相似。故不違。知周乎萬物而道濟天下。故不過。旁行而不流。樂天知命故不憂。安土敦乎仁故能愛。

承上準天地而來。言易與天地相似。故不違於健順之德。知周乎萬物。而道濟天下。統言卦爻之用也。六十四卦。始於天地萬物。而終於既濟未濟。故曰知周乎萬物。而道濟天下。不過者即可以無大過之意。知周道濟。故不過也。旁行即乾文言之所謂旁通。六十四卦。陰與陽通。陽與陰通。然陰自爲陰。陽自爲陽。故曰旁行而不流。乾爲天。坤爲土。法乾之知。則樂天知命。法坤之仁。則安土敦仁。不憂知者之效。能愛仁者之施也。又按此節知仁二字。足以盡之。知周萬物。知也。道濟天下。仁也。旁行。知也。不流。仁也。不憂。知也。能愛。仁也。此合上下兩節。俱言易與聖人之事。蓋聖人與易爲一體。言易即所以言聖人也。

範圍天地之化而不過。曲成萬物而不遺。通乎晝夜之道而知。故神无方而易无體。

天地至大。易則範圍天地之化而不使過。萬物至繁。易則曲成萬物而無所遺。剛柔者晝夜之象。易則剛通乎柔。柔通乎剛。通而不窮。知者之事。故曰通乎晝夜之道而知。陰陽不測之謂神。神无方而易无體。然則易之用其神矣乎。

以上三節。朱子分爲窮理盡性至命。折中言。準是準則之。相似是與之合德。範圍則造化在其規模之內。蓋一節深一節也。愚按。中一節尤足見聖學之真。蓋知周萬物。而道不足以濟天下。是謂知之過。二氏是也。旁行而流則或失於兼愛。墨子是也。樂天知命。而無安土敦仁之功。則近於爲我。楊子是也。

此章言易之用。

一陰一陽之謂道。繼之者善也。成之者性也。

前言道濟天下。道者何。一陰一陽之謂也。老氏言道先天地。宋儒言所以陰陽者道。均非易旨。易例。陽爲善。陰爲惡。善生也。惡死也。生則繼。死則不繼。故曰繼之者善。成之者性。則指其賦於人物者言之。例如乾坤道也。乾大生。坤廣生。繼之者善也。人物禀大生廣生之善。而自成爲生。成之者性也。孟子道性善。指其可繼者言之。下文所謂成性存存。道義之門也。若概論全體。有陽則有陰。有善則有惡。無陰則陽不獨生。無惡則莫名爲善也。

仁者見之謂之仁。知者見之謂之知。百姓日用而不知。故君子之道鮮矣。

前言樂天之知。安土之仁。二者皆善也。皆性也。即皆道也。道無所不概。各隨所見以爲仁知。百姓非不用也。日用而不知其所以然。故君子之道鮮矣。君子者知行並進。見仁而又見知者也。孔子言性。終不說一惡字。論語言上知下愚。於善中只說一上知。此言見仁見知。於善中又分出二種來。其餘則歸之於百姓不知。不知即下愚也。然終不說一惡字。

學者須於此處體認聖人之意。

顯諸仁。藏諸用。鼓萬物而不與聖人同憂。盛德大業至矣哉。富有之謂大業。日新之謂盛德。

前言可久則賢人之德。可大則賢人之業。僅言可者。猶有所未盡之辭。實則乾坤之盛德大業。非人爲所得強同。蓋顯諸仁。藏諸用。鼓萬物。乾坤與聖人之所同也。乾坤自然而然。聖人有爲而歸於自然。是故聖人有終身之憂。而乾坤無之。仁德也。用業也。德蘊於內。陽以顯之。仁也而知生焉。用發於外。陰以藏之。知也而仁寓焉。陰陽互用。仁知兼施。萬物日受其鼓蕩而不自知。盛德大業至矣哉。富有者至大之謂。日新者至久之謂也。知仁對言。則乾知坤仁。德業對言。則乾德坤業。言顯諸仁則乾。藏諸用則坤。合言之。春夏爲顯諸仁。秋冬爲藏諸用。萬物燦然具陳爲顯諸仁。妙化無跡爲藏諸用。

生生之謂易。成象之謂乾。效法之謂坤。極數知來之謂占。通變之謂事。陰陽不測之謂神。

（效集解作爻）

陰生陽。陽生陰。故曰生生。陰變陽。陽變陰。故曰不測。成象謂成其大體。即作始之意。效法謂效法於乾。即順承之意。極數知來。謂推極其數而知未來也。易主變通。通其變使民不倦。故曰通變之謂事。陰陽不測。則不可以仁知名。不可以德業稱。即此一陰一陽之道。而莫測其所爲。故曰神也。易乾坤占神。均見前。連用之謂二字。是釋辭。

本義。效。呈也。法謂造化之詳密而可見者。愚按。易主於生。一生二。二生三。乾得之而成天地人之象。坤效而兩之。而成六爻之位。以讀易者言之。即卦爻而觀其象。乾之事也。詳列其失淂。坤之事也。

此章多解釋前文之辭。

夫易廣矣大矣。以言乎遠則不禦。以言乎邇則靜而正。以言乎天地之間則備矣。

遠邇以縱橫言。天地之間以上下言。不禦則無遠弗屆。靜而正則各得其理。

夫乾其靜也專。其動也直。是以大生焉。夫坤其靜也翕。其動也闢。是以廣生焉。

翕。斂也。以卦畫言之。乾奇故靜專而動直。坤偶故靜翕而動闢。專而直則不可分。故大。翕而闢則無不容。故廣。以卦義言之。乾道變化非專也。其靜也專。坤爲吝嗇非闢也。其動也闢。

廣大配天地。變通配四時。陰陽之義配日月。易簡之善配至德。

言易配天地四時日月至德。與首章相應。作一結束。至德者天地造化之妙用。即前所謂盛德大業。前分言之。茲合言之耳。

此章即易之廣大而詠嘆之。

子曰易其至矣乎。夫易。聖人所以崇德而廣業也。知崇禮卑。崇效天。卑法地。天地設位。而易行乎其中矣。成性存存。道義之門。（禮集解作體）

篇中屢見子曰二字。疑皆傳易者撮取孔子之言。附於各篇之次。以相發明。非繫傳本文也。或以孟子太史公之著書爲解。恐有未合。觀下文子曰易有聖人之道四焉者。此之謂也。尤可証明子曰二字。非孔子所自稱也。知欲先人。故曰崇。禮欲下人。故曰卑。知禮對言。知屬天。禮屬地。故曰崇效天。卑法地。天地設位。位即六爻之位。天地即乾坤也。成性指人言。存存守而勿失之謂。言人得易簡之善。以成性而存存。則道義之門也。朱子語類。禮卑是卑順之意。卑便廣。高則狹了。若只揀取高底作便狹。兩腳踏地作方淂。

崇效天卑法地。與前天尊地卑二句意重。天地設位而易行乎其中矣。與後乾坤成列而易立乎其中矣辭重。

聖人有以見天下之賾。而擬諸其形容。象其物宜。是故謂之象。聖人有以見天下之動。而觀其會通。以行其典禮。繫辭焉以斷其吉凶。是故謂之爻。（以上五十六字與後重）

賾。深也。道深難明。象以明之。典禮。道之可共守者。謂示人以常道也。變通言之。如潛見飛典禮也。或潛或見或飛。行其典禮也。可潛可見可飛。皆觀其會通而得之。不拘一例也。何楷曰。會如省會之會。自彼而來者。面面可至。通如通都之通。自此而往者。方方可達。

前言彖者言乎象者也。此以象與爻對言。似乎象即是彖。然爻亦言象。彖亦言吉凶。故繫辭上下篇。多渾言互言。不能強分。

言天下之至賾而不可惡也。言天下之至動而不可亂也。擬之而後言。議之而後動。擬議以成

其變化。（蹟集解作嘖上同）

惡粗也。道深象淺。淺則易流於惡。而不可以惡言。道靜爻動。動則易流於亂。而不可以亂言。擬之而後言。議之而後動。所以無惡亂之弊。擬議以成其變化。易其至矣乎。虞云。自上議下稱擬。

鳴鶴在陰。其子和之。我有好爵。吾與爾靡之。子曰。君子居其室。出其言善。則千里之外應之。況其邇者乎。居其室。出其言不善。則千里之外違之。況其邇者乎。言出乎身。加乎民。行發乎邇。見乎遠。言行君子之樞機。樞機之發。榮辱之主也。言行。君子之所以動天地也。可不愼乎。

此與下六爻皆示人以學易之法。所謂擬議以成其變化。非獨作易者爲然。即學易者亦然。夫鳴鶴子和。好爵爾靡。與中孚何與。不知鳴鶴好爵。如人之有言行也。善則應不善則違。善則榮不善則辱。此其由邇及遠。以至上動天地。皆於言行驗之。君子觀中孚六二爻辭。所以愼於言行也。以象言之。艮爲居室。震爲言爲行爲出。巽爲千里。（風行千里。）震爲樞機。陽爻爲天。爲善。爲遠。爲榮。陰爻爲地。爲不善。爲邇。爲辱。雷風相薄。爲應亦爲違。

王引之曰。樞。戶樞也。機。門梱也。續漢五行志。陛下樞機之內。衽席之上。按如王說。則震當爲樞。艮當爲機。

同人。先號咷而後笑。子曰。君子之道。或出或處。或默或語。二人同心。其利斷金。同心

之言。其臭如蘭。

此同人九五爻辭。初非有及於出處語默也。不知同人以心。出處語默。皆有可同之道。其利斷金。謂如利刃雖金可斷。其臭如蘭。則臭味之相契也。以象言之。乾爲金。巽爲利爲臭爲蘭。五坎位而中實。心象。下應六二。中隔二陽。其同也以心不以跡。

初六。藉用白茅。无咎。子曰。苟錯諸地而可矣。藉之用茅。何咎之有。慎之至也。夫茅之爲物薄。而用可重也。慎斯術也以往。其无所失矣。

此見能慎者。雖大過之時。亦无咎也。初爲地道。故曰錯諸地。以茅爲藉。雖任重而無失。故曰用可重。

勞謙君子有終吉。子曰。勞而不伐。有功而不德。厚之至也。語以其功下人者也。德言盛。禮言恭。謙也者。致恭以存其位者也。

坤厚載物。艮爲厚終。故曰厚之至。凡勞而伐。功而德。皆器薄不能下人者也。德愈盛者禮愈恭。禮愈恭者位愈固。故曰謙也者致恭以存其位者也。三居艮終。德盛之象。在地下。禮恭之象。

亢龍有悔。子曰。貴而无位。高而无民。賢人在下位而无輔。是以動而有悔也。

與乾文言重。

不出戶庭。无咎。子曰。亂之所生也。則言語以爲階。君不密則失臣。臣不密則失身。幾事不密則害成。是以君子慎密而不出也。

震爲言。兌爲口舌。言語之象。坎爲隱伏。隱伏則密。兌爲見。見則不密也。又兌爲毀折。故有失身失臣害成之象。節初本言出處。此復推及言語。所謂擬議以成其變化者如此。

子曰。作易者其知盜乎。易曰。負且乘。致寇至。負也者。小人之事也。乘也者。君子之器也。小人而乘君子之器。盜思奪之矣。上慢下暴。盜思伐之矣。慢藏誨盜。冶容誨淫。易曰。負且乘。致寇至。盜之招也。（作易集解作爲易冶集解作野）

解六三以柔處剛。小人而乘君子之器也。介於兩陽。負且乘也。陷於兩坎。致寇至也。不獲於上下。故曰上慢下暴。慢藏二句。蓋成語。坎水爲淫。因六三之致寇。故連類及之。繫辭所舉諸卦爻。除結繩網罟數條。爲制器尚象外。餘皆示人以修身處世之道。或疑即文言之散見者。細按則非。文言乃以次釋經。此則斷章取義。觸處皆通也。

自子曰易其至矣乎起。至此節止。疑非孔子所自著。蓋門人稱述孔子之言。而足成者也。當別爲一章。

大衍之數五十。其用四十有九。分而爲二以象兩。掛一以象三。揲之以四以象四時。歸奇於扐以象閏。五歲再閏。故再扐而後掛。

衍。推演也。下文所謂一三五七九。二四六八十之數。乃衍之小者。合之爲五十有五。則大衍也。五十者舉成數而言。其用四十有九。謂筮之數祇於四十九也。

又按一二三四五。爲五行生數。六七八九十。爲五行成數。然五雖爲生數。而諸數由之以成。月令。春數八。夏數七。秋數九。冬數六。蔡邕獨斷曰。東方有木三土五。故數八。南方有火二土五。故數七。西方有金四土五。故數九。北方有水一土五。故數六。是五者分布於四季。而不拘一方。故中央純土。則但言數五。今以五乘一得五。乘二得十。乘三得十五。乘四得二十。合五。十。十五。二十之數。統爲五十。故曰大衍之數五十。（天數五。地數五。合之則十。五十相乘。則爲五十。）衍者藩衍。謂增益之。即所謂生生也。揲之而得六七八九。是由生數而得成數也。總之五十之數。乃以五數分布於生數中。此算法之乘法。揲之以四而得七八九六。係算法之除法。下文五十有五。則生成各守其位。（故曰五位相得而各有合。）乃算法之加法也。（餘詳外稿。）

易爲卜筮之書。此篇畧載其法。李剛主氏周易傳註。疏解筮法。較爲明白易曉。節錄於左。

原註曰。其數共五十。而用以筮。則置一策不用。祇曰四十九策。鄭康成曰。五十全數。不可以爲七八九六之用。故減其一。郭子和曰。世俗皆知一五兩四謂之三少。一九兩八謂之三多。以定卦象。然不必四十九數。以四十五。四十一。皆初揲非五則九。再揲三揲。非四則八。且不獨此。自三十以上。三十三。三十七。五十三。五十七。六十一。六十五。六十九。七十三。七十七。八十一。八十五。八十九。九十三。九十七。皆可得五九四八多少之象。與四十九數爲母者無以異。獨不可得三十六二十四二十八三十二之策數。故蓍數四十九。不易之道也。於是將四十九策。分之左右。以象天地兩儀。又任取兩中一策。掛於指間。以象人道。共兩儀爲三才。乃以四數揲。（仲氏易曰。揲。連撥之。

說文。揲。閱持也。又云。匹四丈也。八揲一匹。蓋揲爲閱持。其兩手間容五尺也。）左策。其所餘或一或二。或三或四。又四數揲右策。其所餘同扐餘也。如王制祭用數之仂也。是揲之以四。以象四時。乃歸掛之一奇於兩扐而合之。（虞氏說。）是歸奇於扐以象閏。閏亦餘也。通掛一之策。不五則九。合爲一變。謂之成易。掛一節。揲一節。扐一節。又揲一節。又扐一節。共五節。猶五歲然。（朱子說。）再扐則猶五歲之再閏也。（仲氏易曰。前三歲一閏。尚餘六日。以加一月止三十日。而三歲所餘。有三十六日也。故兩歲二十四日。合前六日。又加一月再閏。）故必再扐。然後取四十四策。或四十策。復掛爲二變。掛扐之策。不四則八。取四十策。或三十六策。或三十二策。復掛爲三變。亦不四則八。言掛則分與揲扐統之矣。五四。以一四爲奇。九八。以二四爲偶。三變皆奇。則十三策。其揲策三十六。四數之凡九。故名九而爲老陽。三變皆偶。則二十五策。其揲二十四。四數之凡六。故名六而爲老陰。二偶一奇。則二十一策。其揲二十八。四數之凡七。故名七而爲少陽。二奇一偶。則十七策。其揲策三十二。四數之凡八。故名八而爲少陰。是爲一爻。老變而少不變。蓋以象言。老陽乾。老陰坤。少陽震坎艮。少陰巽離兌。父母變子不變也。以數言。商易占不動爻以七八。周易占動爻以九六。則九六七八。筮之數也。由是復合四十九策。如前揲之。至九變而成內卦。十有八變而六爻備。外卦亦成焉。（以上均係李氏說。）

按朱子筮法。奇者左右四揲之餘也。扐。指間也。謂四揲左手之策。而歸其餘於無名指間。四揲右手之策。而歸其餘於中指之間也。視前說稍有出入。而結果則同。可弗深論。

天數五。地數五。五位相得而各有合。天數二十有五。地數三十。凡天地之數五十有五。此所以成變化而行鬼神也。乾之策二百一十有六。坤之策百四十有四。凡三百有六十當期之日。二篇之策。萬有一千五百二十。當萬物之數也。

前節分二。掛一。揲四。歸奇之義。可一言而解。象兩象三象四象閏。所以解之也。惟大衍之數五十。其用四十有九二句。其義頗繁。故此節專釋之。天數五者。一三五七九也。地數五者。二四六八十也。天一生水。得地六而成。地二生火。得天七而成。天三生木。得地八而成。地四生金。得天九而成。天五生土。得地十而成。此五位之相得也。各有合者。謂奇與奇合。偶與偶合。奇數一三五七九。合之則爲二十有五。偶數二四六八十。合之則爲三十。故曰凡天地之數五十有五。筮法取象於天地。不用五十有五。而用四十有九者。蓋非此不足以成變化而行鬼神也。何則。乾之爻三十六策。六爻則爲二百一十有六。坤之爻二十四策。六爻則爲百四十有四。凡三百有六十。當期之日。使以他數筮之。雖可得掛扐之數。而必不可得三十六二十四之數。夫天時以期爲本。四時則期之節目。閏則期之盈餘也。不可以得期之數。則四時與閏。無所附麗。欲以成變化而行鬼神也難矣。朱子本義。揲蓍之法。通計三變之餘。去其初掛之一。凡四爲奇。凡八爲偶。奇圓圍三。偶方圍四。三用其全。四用其半。積而數之。則爲六七八九。是以掛扐之數。爲六七八九所由名。始有此用全用半之曲說。不知掛扐之數。不必四十有九而後得。且掛扐者策之餘也。重餘而輕策。失天然之序矣。二篇之策者。合上下經二篇之策。即六十四卦之策。萬有一千五百二十。當萬物之數。概言之耳。

又按三十六策。老陽也。二十四策。老陰也。其少陽七。爲策二十八。六爻凡一百六十八。少陰八。爲策三十二。六爻得一百九十二。合之得三百六十。六十四卦。少陽少陰各半。則爲一萬一千五百二十。是少陽少陰之策。亦當期與萬物之數。今但言乾坤。因周易所列三百八十四爻。皆係老陽老陰。故皆稱九六也。

是故四營而成易。十有八變而成卦。八卦而小成。引而伸之。觸類而長之。天下之能事畢矣。顯道神德行。是故可與酬酢。可與祐神矣。（伸集解作信祐集解作右）

四營。即分二掛一揲四歸奇也。易。變易。四營而成易。謂一變也。三變成爻。故十有八變而成卦。八卦。乾坤六子也。九變成內卦。則八卦之名以立。卦止於八。其成猶小。引伸觸類。至六十四卦。則陰陽之道。得此而顯。三才之德行。得此而神。酬酢以人事言。祐神則前文所謂行鬼神也。

子曰。知變化之道者。其知神之所爲乎。

此章言揲蓍之法。

易有聖人之道四焉。以言者尚其辭。以動者尚其變。以制器者尚其象。以卜筮者尚其占。

王韓程朱。尚辭者也。漢儒如荀虞。尚變者也。焦京尚占者也。制器尚象。乃三代以前之事。如十三卦所言者是。（合乾坤爲一。則爲十二卦。）

是以君子將有爲也。將有行也。問焉而以言。其受命也如嚮。无有遠近幽深。遂知來物。非

天下之至精。其孰能與於此。（是以集解作是故）

此尚辭尚占之事。有爲謂有所建設。行往也。有行謂有所往也。言有爲有行。則無爲無行之不可占也明矣。問焉而以言。謂以言問筮也。受命。蓍受命也。嚮。響通。

參伍以變。錯綜其數。通其變。遂成天地之文。極其數。遂定天下之象。非天下之至變。其孰能與於此。（伍集解作五）

此尚變尚象之事。筮法每爻有五節三變。是參伍以變也。錯者彼此不一。綜則理也。三變之餘。或五或九或四或八者錯也。合而理之則綜也。又參天謂參。益以兩地謂伍。或參或兩謂錯。統參兩而一以貫之謂綜。天地之文。謂剛柔交錯。天下之象。謂吉凶之象也。物有象而後有數。然由數亦可以得象。且有數而象乃定。循環之理如是。（太玄即以數得象。）

易无思也。无爲也。寂然不動。感而遂通天下之故。非天下之至神。其孰能與於此。

此兼指辭變象占而言。神者精與變之至妙者也。本義。易指蓍卦。愚按。繫辭易字。有易書。有易理。此等易字。指易理言即可。其在人。則一心之用。亦有寂然不動感而遂通之妙。聖人之言。推之皆準如此。

夫易。聖人之所以極深而研幾也。唯深也。故能通天下之志。唯幾也。故能成天下之務。唯神也。故不疾而速。不行而至。子曰。易有聖人之道四焉者。此之謂也。

此節疑後人所加。深對淺言。志蘊於中。莫可得見。唯深也能通之。幾即莊子萬物皆出於幾皆入於幾之幾。幾者動之微。故能成天下之務。務。事也。

天一。地二。天三。地四。天五。地六。天七。地八。天九。地十。

此節程子謂在天數五地數五之前。所以釋大衍之數者。蓋脫簡也。後儒以五行論易。實昉於此。細思天一地二。猶言陽奇陰偶云爾。必以五行生成釋之。亦謂揲蓍之數。有此變化錯綜。說卦諸象。固未嘗分列五行。自漢儒以五行言象。後世術數家。知有五行而不知有象。此亦易學變遷之大端也。（詳見外稿）

子曰。夫易何爲者也。夫易開物成務。冒天下之道。如是而已者也。是故聖人以通天下之志。以定天下之業。以斷天下之疑。

此節疑亦後人所加。務。事也。陽開故開物。陰闔故成務。開言物成言務者。互文耳。冒觸也。冒天下之道。觸類而長也。張子曰。圓神故能通天下之志。方知故能定天下之業。易貢故能斷天下之疑。

是故蓍之德圓而神。卦之德方以知。六爻之義易以貢。聖人以此洗心。退藏於密。吉凶與民同患。神以知來。知以藏往。其孰能與於此哉。古之聰明睿知神武而不殺者夫。（洗集解作先）

蓍之數奇。七七四十九。陽數。卦之數偶。八八六十四。陰數。且蓍布於未成卦之先。其用無定。故曰圓而神。卦成於已揲蓍之後。其體有定。故曰方以知。蓍卦言德爻言義者。蓍卦指全體言。爻則指一時一事言也。易以貢者。謂變易以示人。洗心退藏於密。寂然不動也。吉凶與民同患。感而遂通也。神以知來者。如蓍之用無不周。知以藏往者。如卦之體無不備。神武不殺。即不言而信不怒而威之意。極言聖人與易同德也。

是以明於天之道。而察於民之故。是興神物。以前民用。聖人以此齋戒。以神明其德夫。

明於天之道。即明於天地之道。神物謂蓍龜。史記。龜千歲遊於蓮葉之上。蓍生滿百莖者。下必有神龜守之。上常有青雲覆之。是神物也。聖人假蓍龜以前知。民咸用之。而知吉凶得失。故曰是興神物。以前民用。齋戒以神明其德。謂必齋戒而後卜筮。所以神明其德。示民以不可褻。又按齋戒則其德神明。始可與神相通。

是故闔戶謂之坤。闢戶謂之乾。一闔一闢謂之變。往來不窮謂之通。見乃謂之象。形乃謂之器。制而用之謂之法。利用出入。民咸用之謂之神。

此言卦爻象變之事。陸績曰。民皆用之。而不知所由來。謂之神也。

是故易有太極。是生兩儀。兩儀生四象。四象生八卦。八卦定吉凶。吉凶生大業。

此復言揲蓍之事。生生之謂易。極。中也。四十九策未分之前。渾然莫名。是爲太極。分而爲二以象兩。生兩儀也。四揲之而得七八九六之數。以象四時。生四象也。由是九變而成內卦。十有八變而成外卦。八卦而小成。引伸之爲六十四卦。於以定吉凶。生大業。其原皆出於太極。故合者分之祖。無者有之端。此於揲蓍有然。即畫卦亦然。陰陽未分之前。渾然莫名者太極也。畫一奇以象陽。一偶以象陰。太極生兩儀也。奇也間之以偶。如巽離兌。偶也間之以奇。如震坎艮。合之純奇純偶。其象有二。兩儀生四象也。四象成而八卦以名。重之爲六十四卦。於以定吉凶。生大業。其原皆出於太極也。太極者渾然莫名之假名也。若徒以迹象求之。泥矣。

是故法象莫大乎天地。變通莫大乎四時。縣象著明莫大乎日月。崇高莫大乎富貴。備物致用。立成器以爲天下利。莫大乎聖人。探賾索隱。鉤深致遠。以定天下之吉凶。成天下之亹亹者。莫大乎著龜。（賾集解作嘖亹作娓莫大乎著龜作莫善乎著龜）

歷言天地四時等。而終之以著龜。見卜筮之重也。亹亹猶勉勉。人當勉於所業。得著龜而大業成。故曰成天下之亹亹者。

是故天生神物。聖人則之。天地變化。聖人效之。天垂象見吉凶。聖人象之。河出圖。洛出書。聖人則之。

神物謂著龜。變化謂陰陽四時。垂象見吉凶。謂日月之薄蝕。星辰之順逆。河圖洛書。今不可考。然曰聖人則之。則亦仰觀俯察之類。取法其意而已。（詳見外稿）

鄭玄曰。春秋緯云。河以通乾出天苞。洛以流坤吐地符。河龍圖發。洛龜書感。河圖有九篇。洛書有六篇也。孔安國曰。河圖則八卦也。洛書則九疇也。侯果曰。聖人法河圖洛書。制歷象以示天下也。

易有四象。所以示也。繫辭焉所以告也。定之以吉凶。所以斷也。

四象解作揲著之四象。與畫卦之四象。均通。卦爻中有繫辭而无吉凶者。則以其辭之吉凶爲斷。其明言吉凶者。則以其明言之吉凶爲斷。此節與辨吉凶者存乎辭句。互相發明。

此章多言蓍龜之事。蓋承上章而言易道之神也。

易曰。自天祐之。吉无不利。子曰。祐者助也。天之所助者順也。人之所助者信也。履信思乎順。又以尚賢也。是以自天祐之。吉无不利也。（祐集解作右。人之所助者信也。集解无之字。又。集解作有。）

此與第一章畧重。疑與鳴鶴在陰等爲一類。大有離上乾下。五天位而中虛。順以承上。信以應二。上得五之佑。有履信思順之象。以陽剛而居五上。尚賢之象。

子曰。書不盡言。言不盡意。然則聖人之意。其不可見乎。子曰。聖人立象以盡意。設卦以盡情僞。繫辭焉以盡其言。變而通之以盡利。鼓之舞之以盡神。

立象如說卦諸象是。設卦則六十四卦之已成也。繫辭謂卦爻之辭。變通則三百八十四爻之相交也。鼓舞仍以辭焉。觀下文鼓天之動者存乎辭句。其義可明。夫以言之不盡意。乃有象有卦有變。而其終仍不外乎辭。故象以盡意。辭以明象。學易者亦於象與辭求之而已。

乾坤其易之緼邪。乾坤成列。而易立乎其中矣。乾坤毀則无以見易。易不可見。則乾坤或幾乎息矣。

緼。衣所著之絮也。六十四卦。其爻皆出於乾坤。如衣之有絮然。故曰乾坤成列。而易立乎其中矣。毀。虧也。乾毀則孤陰不化。坤毀則孤陽不變。不變不化。則无以見易。至於易不可見。則乾坤息。息止也。乾坤或幾乎息者。反言以明易之可見。蓋乾坤固無時而毀。而易亦無時不可見也。

是故形而上者謂之道。形而下者謂之器。化而裁之謂之變。推而行之謂之通。舉而措之天下之民謂之事業。（裁集解作財下同）

言謂之者。人謂之也。此節變通舉措。均指人言。崔憬曰。動物以形軀爲體爲器。以靈識爲用爲道。植物以枝幹爲體爲器。以生性爲用爲道。

是故夫象。聖人有以見天下之賾。而擬諸其形容。象其物宜。是故謂之象。聖人有以見天下之動。而觀其會通。以行其典禮。繫辭焉以斷其吉凶。是故謂之爻。（賾集解作嘖下同）

此與前重。

極天下之賾者存乎卦。鼓天下之動者存乎辭。

前言象言爻。此言卦言辭。互文耳。

化而裁之存乎變。推而行之存乎通。神而明之存乎其人。默而成之。不言而信。存乎德行。（默而成之集解無之字）

自易曰自天祐之起。至此節止。多後人雜取孔子之言而附益之之辭。

繫辭下傳

八卦成列。象在其中矣。因而重之。爻在其中矣。剛柔相推。變在其中矣。繫辭焉而命之。動在其中矣。吉凶悔吝者。生乎動者也。剛柔者立本者也。變通者趣時者也。吉凶者貞勝者也。天地之道貞觀者也。日月之道貞明者也。天下之動。貞夫一者也。

乾與坤成列。震與巽成列。坎與離成列。艮與兌成列。蓋三畫卦成。即有爲天爲地爲雷爲風諸象。因而重之爲六十四卦。則爻在其中。可見畫卦事甚簡易。不必八分爲十六。十六分爲三十二也。推。移也。剛柔相推。即升降消息。命。告也。繫辭焉而命之。即前文繫辭焉所以告也之意。動在其中者。謂卦爻之辭。言其本體。而動在其中。蓋吉凶悔吝。以動而見。不動則不可見。下故曰吉凶悔吝者生乎動者也。剛柔即陰陽。剛自剛。柔自柔。其本也。剛變柔。柔變剛。其時也。三百八十四爻。取義於本爻者多。即立本趣時之說。貞。正也。勝如丹書敬勝怠怠勝敬之勝。貞勝者。吉凶無定。唯貞可勝。或卦爻本貞。或變而之貞。貞則吉勝凶。不貞則凶無由吉。即吉亦不終於吉。又貞固也。貞則吉凶可勝。不貞則凶無由勝。即吉亦無由勝。易卦爻多言貞。誠以貞者無時而不勝。天地之道。以貞爲觀。（觀示也。）日月之道。得貞而明。日月蝕則非正而不明。天下之動。必貞夫一。貞之不可以已也如是。高氏萃曰。天常示人以易。地常示人以簡。雖陰不能以不愆。陽不能以不伏。而貞觀之理。常自若也。日明乎晝。月明乎夜。雖中不能以不昃。盈不能以不食。而貞明之理。常自若也。惠氏棟曰。爻之發動。所之之卦。一則正。兩則惑。京氏筮法。一爻變者爲九六。二爻以上變者爲八。故晉語重耳得貞屯悔豫皆八。乃三爻變不稱屯之豫。而稱八。左傳穆姜遇艮之八。乃五爻變不稱艮之隨。而稱八。皆是貞夫一之義也。又左傳莊二十二年。遇觀之否。閔元年。昭七年。遇屯之比。又閔二年。遇大有之乾。僖十五年。遇歸妹之睽。二十五年。遇大有之睽。襄二十五年。遇困之大過。昭五年。遇明夷之謙。十二年。遇坤之比。凡九占。皆一爻變。其蔡墨所稱乾之姤等。乃隨舉各爻之辭。猶言初九初六之類。非謂乾變姤。學者當共審也。（惠氏所言是非。詳見筮例中。）

夫乾確然示人易矣。夫坤隤然示人簡矣。爻也者效此者也。象也者像此者也。爻象動乎內。吉凶見乎外。功業見乎變。聖人之情見乎辭。

確者剛貌。隤者柔貌。效此象此之此。謂易簡也。易簡之道。即貞一之道。內外猶先後。謂爻象動則吉凶見也。功業對德言。靜其德也。變其功業也。

天地之大德曰生。聖人之大寶曰位。何以守位曰仁。何以聚人曰財。理財正辭。禁民爲非曰義。

此因天地推及聖人之治天下。以引起下文觀象觀法而作卦之事。天地之大德曰生。聖人法之以守位聚人理財正辭禁民爲非。即所爲而分言之。或爲仁。或爲義。或爲財。然是數者非位不行。故曰聖人之大寶曰位。上繫言崇高莫大乎富貴。亦是此意。

王氏宗傳曰。理財如所謂作網罟以佃漁。作耒耜以教耨。致民聚貨以交易之類是也。正辭如所謂易結繩以書契。百官以治。萬民以察是也。禁非如所謂重門擊柝。以待暴客。剡矢弦弧。以威天下是也。

此章雜論卦爻及天地聖人之事。

古者包犧氏之王天下也。仰則觀象於天。俯則觀法於地。觀鳥獸之文與地之宜。近取諸身。遠取諸物。於是始作八卦。以通神明之德。以類萬物之情。

仰觀象於天。俯觀法於地。如陰陽動靜風雷山澤之類。物相雜謂之文。鳥獸之文。如牝牡雌雄予齒去角予翼兩足之類。地宜謂邱陵川澤各有所宜之物。近取諸身。耳目手足是也。遠取諸物。馬牛豕雞是也。大抵聖人作卦。凡天地萬物。無不取則。其要不外於陰陽消息。其用則足以通神明之德。而類萬物之情。通神明者。占事知來之謂。類萬物者。如下文所言十三卦是也。

作結繩而爲網罟以佃以漁。蓋取諸離。（集解無網字佃作田漁作魚）

互巽爲繩。離爲目。兩目相承。網罟象。又離者麗也。網罟成而物麗。於獸則爲佃。於魚則爲漁。蓋者疑詞。自後推前。疑其如此也。此合以下諸卦。均六畫卦取象之法。

包犧氏沒。神農氏作。斲木爲耜。揉木爲耒。耒耨之利。以教天下。蓋取諸益。

耜。耒頭鐵也。說文耜從木。古蓋以木爲之。故斲木使之銳。耒。耜柄也。其形曲。故揉木爲之。震當春作。耕耨之時。巽爲木。爲繩直。爲工。斲木揉木之象。上入下動。用艮手持木。而震足巽股。進退坤田中。耒耜耕耨之象。巽有號令之意。故曰以教天下。

日中爲市。致天下之民。聚天下之貨。交易而退。各得其所。蓋取諸噬嗑。

上下兩陽。民所居也。適中一陽。山水薈萃。（互艮坎。）有市象焉。離與震遇。其明大著。故豐與噬嗑。有日中之象。陰爻爲民爲貨。艮爲止。故曰致。離爲麗。故曰聚。乾坤初交。陰陽易位。故曰交易。初陽得位。五陰得中。故曰各得其所。噬嗑食也。借言之即食貨之意。（與市合之音亦通。）

神農氏沒。黃帝堯舜氏作。通其變使民不倦。神而化之。使民宜之。易窮則變。變則通。通則久。是以自天祐之。吉无不利。黃帝堯舜垂衣裳而天下治。蓋取諸乾坤。（集解无不利下有也字祐作右）

自黃帝至於堯舜。制作備矣。制作不能無變化。惟通其變故民不倦。神而化故民宜。此有合於易象窮變通久之理。故孔子引大有爻辭以稱之。窮變通久。包以下五節在內。故重言黃帝堯舜以起端。乾坤無爲而治。黃帝堯舜則之。故垂衣裳而天下治。乾上坤下。覆冒萬物。衣蔽上體。裳蔽下體。故乾爲衣。坤爲裳。

刳木爲舟。剡木爲楫。舟楫之利。以濟不通。致遠以利天下。蓋取諸渙。（刳集解作挎按常作挎剡集解作掞）

巽爲木。爲風。爲繩直。爲工。坎爲水。互艮爲手。震爲動。以工攻木。施以準繩。刳剡之象。木乘風。在水上。手以動之。舟楫之象。

服牛乘馬。引重致遠。以利天下。蓋取諸隨。

服。虞作犕。說文。絥。車絥也。或作鞴。古音通。牛駕重載之大車。故引重。馬健行可乘。又或駕戎車及載人之車。故致遠。隨本乾坤往來之卦。乾爲馬。坤爲牛。互艮爲背。所以乘也。巽爲繩。所以服也。合言之則下動而上說。故曰蓋取諸隨。乾爲遠。坤爲重。故曰引重致遠。

重門擊柝。以待暴客。蓋取諸豫。（柝集解作暴作虣）

坎爲盜。震爲驚。暴客之象。復一陽在下。象曰閉關。豫一陽在內卦之外。門象。互艮爲門闕。重門之象。柝。說文作㯷。判也。土判曰㙏。木判曰㯷。震下連上判。爲警衛。爲鳴。當豫備之時。鳴聲遠聞。以作警衛。擊柝象。艮爲手。爲堅木。手持堅木。而震動。行於坤夜。亦擊柝象。

斷木爲杵。掘地爲臼。臼杵之利。萬民以濟。蓋取諸小過。（掘集解作闕）

震爲動。艮爲堅木。爲手。爲止。以手持木。上動下止。臼杵之象。兌爲毀折。斷木之象。坤爲地。巽爲入。巽壞坤體。掘地之象。杵小臼大。以杵擊臼。小者過也。

弦木爲弧。剡木爲矢。弧矢之利。以威天下。蓋取諸睽。

坎弓離矢。火上澤下。卦內外乖違。故取象如是。

上古穴居而野處。後世聖人易之以宮室。上棟下宇。以待風雨。蓋取諸大壯。

大壯內三陽象人。上一陽象棟。震爲竹爲葦。人在竹葦之下。日即於壯大。宮室棟宇之象。無巽坎故曰以待風雨。一說。風雨者天之所爲。宮室作而風雨可避。人定勝天之象。大壯乾屈於下。震陽上出。春秋傳所謂雷乘乾者。勝天之象也。故宮室取象焉。古人民文明未啟。衣食而外。無他建設。自宮室作而文明進。書契作而文明益進。大壯四陽。故象宮室。夬五陽。故象書契。大過四陽。而上下爲陰所揜。故象棺槨。此三事蓋又以義爲象。

古之葬者。厚衣之以薪。葬之中野。不封不樹。喪期无數。後世聖人易之以棺槨。蓋取諸大過。

大過反復不衰。內外兩巽。巽爲木。陽在中爲人。上下兩陰爲土。人在兩木之中。土以掩之。棺槨之象。卦澤上木下。以幅員計之。澤大木小。澤滅木。大者過也。

惠士奇易說。山上木爲高木。地中木爲生木。火上木火下木爲爨木。澤上木爲虛木。地上木爲觀木。水上木爲行木。水下木爲汲木。澤下木爲滅木。虛木象舟。觀木象門闕。行木象舟行。汲木象汲井。滅木象棺槨。

上古結繩而治。後世聖人易之以書契。百官以治。萬民以察。蓋取諸夬。

書即文也。說卦坤爲文。夬一陰在上。有文字初開之象。列子。宋人有遊於道。得人遺契者。密數其齒。蓋古無紙。書契均用竹木爲之。衆陽在下如板然。上陰如齒。契之象也。官治民察。則取陽決陰真決僞君子決小人之意。

以上三事。蓋累世而成。故不言創始之人。而取象亦在隱約之間。虞云兩象易。因誤會傳中三易字。故有此僻解。實則結繩之世。安得卦象而取之。且制器尚象。自後代推之。謂爲取象於某卦可也。器未成之先。象亦無由而見。乃更推及制器之前。謂取象於某卦。已

多事矣。（虞說詳見周易集解）

是故易者象也。象也者像也。彖者材也。爻也者效天下之動者也。是故吉凶生而悔吝著也。（像集解仍作象）

易本於象。三畫卦之象。如說卦所列者是。六畫卦之象。如上文所列者是。彖言一卦之材。彖其體也。爻其動也。效。說文曰象也。吉凶悔吝生乎動。故曰爻也者。效天下之動者也。（彖象詳見外稿）

此章言制器尚象之事。

陽卦多陰。陰卦多陽。其故何也。陽卦奇。陰卦耦。其德行何也。陽一君而二民。君子之道也。陰二君而一民。小人之道也。

震坎艮得乾之一奇。而爲陽卦。巽離兌得坤之一耦。而爲陰卦。陽爲君。陰爲民。陽卦一君而二民。得致一之道。故曰君子之道。陰卦二君而一民。非致一之道。故曰小人之道。

易曰憧憧往來。朋從爾思。子曰。天下何思何慮。天下同歸而殊途。一致而百慮。天下何思何慮。日往則月來。月往則日來。日月相推。而明生焉。寒往則暑來。暑往則寒來。寒暑相推。而歲成焉。往者屈也。來者信也。屈信相感。而利生焉。尺蠖之屈。以求信也。龍蛇之蟄。以存身也。精義入神。以致用也。利用安身。以崇德也。過此以往。未之或知也。窮神知化。德之盛也。（屈集解作詘）

此因咸九四爻辭。以明萬殊之歸於一本也。咸剛柔爻各三。故有日月寒暑之象。四在乾中。上下無常。進退無恒。又當山澤通氣之時。三感二。五感上。四介其間。從違莫定。故有往來屈信之象。乾道變化爲龍。巽爲風。蟲由風生。故有尺蠖龍蛇之象。精義而入神。內修之事。施之於外則致用。利用以安身。外養之事。資之於內則崇德。夫往與來。屈與信。致用與崇德。其事不同。而其歸則一。然此猶有可知者存也。過此以往。至於窮神知化。則爲盛德之至。而不可知矣。學至於不可知。則無往來屈信之可言。亦無思慮之可言。彼憧憧往來。朋從爾思者。果何爲哉。

易曰。困于石。據于蒺藜。入于其宮。不見其妻凶。子曰。非所困而困焉。名必辱。非所據而據焉。身必危。既辱且危。死期將至。妻其可得見邪。（期集解作其）

困六三失位無應。介於兩剛。困之至者也。故其象如此。說文。困。故廬也。廬即宮室。故取象於宮。不見其妻者。上無應也。三在剛下。爲困于石。故曰非所困而困。三又在剛上。爲據于蒺藜。故曰非所據而據。易例陽生陰死。困剛掩。將死之象。大過滅木。已死之象。困六爻莫凶於三。故曰死期將至。陸績謂六三變之大過。爲死喪之象。三惟未變。故曰死期將至。若變大過。則已死矣。何言將至邪。然大過已死而得妻。困將死而不見妻。蓋卦爻各立。爻與爻亦各立。至吉之卦。不無凶爻。至凶之卦。亦不無吉爻。大過之凶。固在三上而不在二五也。

易曰公用射隼于高墉之上。獲之无不利。子曰。隼者禽也。弓矢者器也。射之者人也。君子藏器於身。待時而動。何不利之有。動而不括。是以出而有獲。語成器而動者也。（墉集解

作庸）

此釋解上六爻辭。解已出險。可以從容修養。上在解終。藏器已久。發則必利。故推言成器而動之效如此。括與筈同。矢受弦處也。動而不括。謂動而不輕納於括也。餘詳本爻註。

子曰。小人不恥不仁。不畏不義。不見利不勸。不威不懲。小懲而大誡。此小人之福也。易曰。屨校滅趾无咎。此之謂也。（勸集解作動懲作徵誡作戒）

此釋噬嗑初九爻辭。震爲懲爲誡。餘詳本爻注。

善不積不足以成名。惡不積不足以滅身。小人以小善爲无益而弗爲也。以小惡爲无傷而弗去也。故惡積而不可掩。罪大而不可解。易曰何校滅耳凶。（掩集解作弇）

此釋噬嗑上九爻辭。離明故不可掩。坎陷故不可解。餘詳本爻注。

子曰。危者安其位者也。亡者保其存者也。亂者有其治者也。是故君子安而不忘危。存而不忘亡。治而不忘亂。是以身安而國家可保也。易曰其亡其亡。繫于苞桑。

此釋否九五爻辭。苞桑非堅固之物。其亡其亡。繫于苞桑。即安不忘危。存不忘亡。治不忘亂之意。

子曰德薄而位尊。知小而謀大。力小而任重。鮮不及矣。易曰鼎折足。覆公餗。其形渥凶。言不勝其任也。（兩小字似重覆。唐石經作力少而任重。集解兩小皆作少。又鮮作尟。形作刑。）

鼎四即離四也。離四處嫌疑之地。以剛承柔。此於家爲不能守先人之業。於國爲不能盡匪躬之節。位尊謀大任重。以所處者言也。德薄知小力小。重剛不中也。四雖薄德。未嘗無知無力。然孔子概目爲小。狙詐非知也。猛戾非力也。

子曰。知幾其神乎。君子上交不諂。下交不瀆。其知幾乎。幾者動之微。吉之先見者也。君子見幾而作。不俟終日。易曰介于石。不終日。貞吉。介如石焉。寧用終日。斷可識矣。君子知微知彰。知柔知剛。萬夫之望。

此釋豫六二爻辭。豫樂也。有自滿之意。自滿則上交必諂。下交必瀆。六二居中得正。爲不諂不瀆之君子。知微知彰。知柔知剛。即知幾之謂。震潛動於中。幾象。四爲震主。初應四而鳴。三承四而悔。五乘四而疾。上雖遠於四。而不得其中。故爲冥。冥者不知幾之謂。然則六二之知幾。是非萬夫之望乎。石者剛果之物。介。耿介也。介如石者。喻人之當幾而斷。無所疑也。卦以一爻爲一日。二之去四。中間六三一爻。故曰不終日。正義。云吉不云凶者。凡豫前知幾。皆向吉而背凶。違凶而就吉。

子曰。顏氏之子。其殆庶幾乎。有不善未嘗不知。知之未嘗復行也。易曰不遠復。无祇悔。元吉。

此釋復初九爻辭。有不善未嘗不知。蓋察於隱微未形之時。天下固有意善而行未盡善者。故又曰未嘗復行。

天地絪縕。萬物化醇。男女構精。萬物化生。易曰。三人行則損一人。一人行則得其友。言

致一也。（絪緼集解作）

此釋損六三爻辭。天地即陰陽也。男女即雌雄也。絪緼元氣也。酒之厚者謂醇。化者二而一之之謂。天地以氣化而成形。如醇酒然。此萬物之始也。萬物各有其男女。男女以形化而爲生。此飛潛動植之所由蕃也。損乾三之坤上。爲陰陽交。交者一也。生民之初。其一原乎。一生二。二生三。三生萬物。古之言造化者皆如此。餘詳本爻注。

子曰。君子安其身而後動。易其心而後語。定其交而後求。君子修此三者故全也。危以動。則民不與也。懼以語。則民不應也。无交而求。則民不與也。莫之與則傷之者至矣。易曰莫益之。或擊之。立心勿恒凶。

益卦震下巽上。震巽終變者也。又上九處益之窮。窮極則反。反時則有不恒其德之象。震爲動爲語爲交。得其恒則爲安身而動。易心而語。定交而求。失其恒則爲危以動。懼以語。無交而求。民之不應不與固也。且非獨莫與。而傷之者至。此與困六三皆係進一步釋法。項氏安世曰。危以動則民不與。黨與之與。無交而求則民不與。取與之與。又曰。直者易。曲者懼。

自陽卦多陰起。至此節止。蓋孔子所恒言者。而門人引之也。（當自爲一章。）

子曰。乾坤其易之門邪。乾陽物也。坤陰物也。陰陽合德。而剛柔有體。以體天地之撰。以通神明之德。其稱名也。雜而不越。於稽其類。其衰世之意邪。

門者人物之所由出入。撰。數也。即前文所言天數五地數五之數。雜而不越者。謂雜而不越於陰陽剛柔之常例。於。嘆辭。稽其類而疑其爲衰世之意。蓋文周繫辭。已非復包犧之舊矣。

夫易彰往而察來。而微顯闡幽。開而當名。辨物正言。斷辭則備矣。其稱名也小。其取類也大。其旨遠。其辭文。其言曲而中。其事肆而隱。因貳以濟民行。以明失得之報。（彰集解作章辨集解作辯）

彰往。謂陰陽消息之已見者。則彰而明之。察來。謂吉凶悔吝之未著者。則察而知之。微顯。謂顯者微之。由人事推之於造化。闡幽。謂幽者闡之。由造化驗之於人事也。開者。卦爻之所開也。當名辨物正言斷辭。易道備於此矣。當名如乾坤之類。辨物如井鼎之類。正言如元亨利貞之類。斷辭如丈人吉後夫凶之類。稱名小取類大者。例如乾爲馬。凡類於馬者可推。坤爲牛。凡類於牛者可推。肆。陳也。言曲而中。言其所包者廣。事肆而隱。明其爲衰世之意。貳。疑也。因民之所疑。以濟其行。以明失得。則易之用也。虞翻曰。微者顯之。謂從復成乾。是察來也。闡者幽之。謂從姤之坤。是章往也。

易之興也。其於中古乎。作易者其有憂患乎。

中古謂文王時。憂患者。易成於羑里也。虞翻曰。興易者謂庖犧也。繫以黃帝堯舜爲後世聖人。庖犧爲中古。則庖犧以前爲上古。

是故履。德之基也。謙。德之柄也。復。德之本也。恒。德之固也。損。德之修也。益。德之裕也。困。德之辨也。井。德之地也。巽。德之制也。（辨集解作辯）

此明九卦之德。即所以處憂患之道。履者禮也。故爲德之基。謙所以持禮。故爲德之柄。復乾元初出。故爲德之本。恒立不易方。故爲德之固。損懲忿窒慾。故爲德之修。益遷善改過。故爲德之裕。井居其所而養。故爲德之地。辨。別也。謂困乏之時。君子小人。自此而別。制。裁制也。巽以出之。則可以制事也。

履和而至。謙尊而光。復小而辨於物。恒雜而不厭。損先難而後易。益長裕而不設。困窮而通。井居其所而遷。巽稱而隱。

此明九卦之性。和。和順。至。周至也。小謂陽微。辨於物謂別於羣陰也。夫婦雜處。易至於厭。惟有恒則不厭。損者損其所固有。故先難。損而得友。故後易。設。大也。益者益其所本無。故長裕。始有而未至於豐。故不設。稱者得物之宜。隱則默入而不擾也。

履以和行。謙以制禮。復以自知。恒以一德。損以遠害。益以興利。困以寡怨。井以辨義。巽以行權。

此明九卦之用。迷而不復。則無自知之明。復以自知。所謂有不善未嘗不知。知之未嘗復行也。富者衆之怨也。人守困則寡怨。井以辨義者。鄭注。井。法也。謂井井有條。如義之有分別也。故太玄準井以法。權所以知輕重。巽順則不執於一。故可以行權。

項氏安世曰。凡象辭之體。先釋卦名。次言兩卦之體。末推卦用。故此章之序亦然。以爲觀象者之法也。胡氏炳文曰。上經自乾至履九卦。下經自恒至損益亦九卦。上經履至謙五卦。下經益至困井亦五卦。上經謙至復又九卦。下經井至巽又九卦。上經自復而後。八卦而爲下經之恒。下經自巽而未濟。亦八卦復爲上經之乾。上下經對待。非偶然者。愚按所不同者。惟上經始於乾。下經不始於咸耳。

此章言易作於衰世而憂深慮遠。因發其微旨。又歷引各卦。以明所以處憂患之道。

易之爲書也不可遠。爲道也屢遷。變動不居。周流六虛。上下无常。剛柔相易。不可爲典要。惟變所適。（屢集解作婁）

不可遠。謂不可求之於遠也。六虛。爻之六位也。上下以位言。剛柔以性言。不爲典要者。謂吉凶悔吝之屬。不以常例拘也。

其出入以度。外內使知懼。又明於憂患與故。无有師保。如臨父母。初率其辭而揆其方。既有典常。苟非其人。道不虛行。（率集解作帥）

出入以卦爻陰陽言之。則陽來爲出。陰來爲入。如震巽是。以人事言之。則出入猶行止也。如言利有攸往者出也。勿用有攸往者入也。外者意見於語外。其辭隱。如屨校滅趾是也。內者意見於語內。其辭明。如莫益之或擊之是也。出入以度者。易雖不爲典要。而亦不越於法。外內使知懼。則有所惕而不敢爲非也。明於憂患與故。謂明於憂患與其故。无有師保。如臨父母。互文耳。言易无有師保。而如臨師保。无有父母。而如臨父母也。初率其辭而揆其方。言學易者由辭而度其所向。則既可得其典常。然人能宏道。非其人則道不虛行也。邵子曰。既有典常。常也。不可爲典要。變也。

易之爲書也。原始要終以爲質也。六爻相雜。惟其時物也。

質本也。卦爲爻之本。卦則原始要終。爻則相雜而趣於時物。

其初難知。其上易知。本末也。初辭擬之。卒成之終。

爻辭多出於一貫。初之爲辭。必擬之而後設。故曰難。卒則成初之終而已。故曰易。

若夫雜物撰德。辨是與非。則非其中爻不備。

爻皆雜也。然雜物撰德。辨是與非。則備於中爻。中爻者中四爻也。撰。集也。

噫。亦要存亡吉凶。則居可知矣。知者觀其彖辭。則思過半矣。

噫。嘆辭。居。不動也。易唯變所適。以常例言之。爻變彖不變。然自知者觀之。苟明其彖辭。雖未及爻。而亦思過半。故曰存亡吉凶。則居可知矣。

王引之曰。噫與抑通。或作意。又作億。小雅。抑此皇父。鄭箋。抑之言噫。噫亦即抑亦也。二字連讀。

二與四同功而異位。其善不同。二多譽。四多懼。近也。柔之爲道。不利遠者。其要无咎。其用柔中也。

二至四爲一卦。故同功。四近五。二遠五。故異位。其善不同。猶言其善否不同也。要。約也。以當位言之。二四宜柔。柔之爲道。利近不利遠。二雖遠而其用柔中。故其要无咎而多譽。四非中。故近而多懼。此亦相互見意。崔憬曰。二士大夫。位卑。四孤公牧伯。位尊。故有異也。

三與五同功而異位。三多凶。五多功。貴賤之等也。其柔危。其剛勝邪。

得中无咎。已見上文。故此惟言貴賤之等。柔危剛勝。似指三言。然五亦剛勝於柔。崔憬曰。三諸侯之位。五天子之位。同有理人之功。而君臣之位異者也。

中四爻二四宜柔。三五宜剛。至初上兩爻。則原始要終以爲斷。不以剛柔論吉凶也。然初以剛爲當位。上亦剛勝於柔。此稽之爻辭而可知者。故六爻惟四柔勝於剛。餘皆以剛爲勝。二得中。剛亦多譽。不獨柔之无咎也。又按崔氏謂四爲孤公。三爲諸侯。與京氏異。學者宜以爻情爲斷。不拘公侯之說可也。

易之爲書也。廣大悉備。有天道焉。有人道焉。有地道焉。兼三才而兩之故六。六者非他也。三才之道也。道有變動故曰爻。爻有等故曰物。物相雜故曰文。文不當故吉凶生焉。

(他集解作它)

三才之道。天中有地。地中有天。人中有天地。分之則三才各兩。兩之則三才爲六。其實皆一道也。有等指貴賤言。相雜指陰陽言。不當者文不當也。以各爻言之。固有不當位而吉。當位而凶者。惟合全卦相雜之文以爲當否。始可與言吉凶矣。

易之興也。其當殷之末世。周之盛德邪。當文王與紂之事邪。是故其辭危。危者使平。易者使傾。其道甚大。百物不廢。懼以終始。其要无咎。此之謂易之道也。

周德雖盛而以爲危。危者平之基也。殷德雖衰而以爲易。易者傾之漸也。作易者慼殷周之事。故其辭如此。不獨指殷周言也。故又曰百物不廢。

此章多言易之條例。及其作用。

夫乾天下之至健也。德行恒易以知險。夫坤天下之至順也。德行恒簡以知阻。能說諸心。能研諸侯之慮。定天下之吉凶。成天下之亹亹者。是故變化云爲。吉事有祥。象事知器。占事知來。天地設位。聖人成能。人謀鬼謀。百姓與能。（亹亹集解作娓娓）

乾爲天下之至健。體其德行。則無難事。故易。坤爲天下之至順。體其德行。則無繁事。故簡。然易簡者非直情逕行之謂。事有險阻則知之。蓋險者下陷。乾則健而上舉。阻者外梗。坤則順而攸往。知險知阻。所以無險無阻也。於是本其易簡。故不事困勉。而能說諸心。本其知險知阻。故憂勤惕厲。而能研諸慮。（本義。侯之二字衍。今從之。）說諸心。研諸慮。則定天下之吉凶。成天下之亹亹者。皆健順之德爲之。變化云爲。吉事有祥者。言能體健順之德。則動作言行。得其吉祥。所謂自天祐之也。象事知器。占事知來。則極言其無所不知。總之天地設位而有其能。成之者聖人也。聖人不自以爲是。故謀及卿士庶人而人謀。謀及卜筮而鬼謀。人謀鬼謀之後。百姓從之。是百姓與能也。

八卦以象告。爻彖以情言。剛柔雜居。而吉凶可見矣。變動以利言。吉凶以情遷。是故愛惡相攻而吉凶生。遠近相取而悔吝生。情僞相感而利害生。凡易之情。近而不相得則凶。或害之。悔且吝。（是故集解作是以）

八卦指三畫卦言。以象告。如爲天爲圜之類。爻彖者。六十四卦之爻彖也。以情言。則卦有卦情。爻有爻情。必斟酌全體之情以示其從違。故象之象。有不盡與說卦相同者。其情異也。乾剛坤柔。雜居而吉凶可見。蓋剛吉柔凶者常也。雜居之則剛不必吉。柔不必凶。

夫吉不必吉。凶不必凶。乃吉凶之可見者也。變動以利言。謂爻言乎變。然三百八十四爻。變者少不變者多。惟利乃變耳。吉凶以情遷。謂或吉或凶。悉本於情。或本吉而凶。或本凶而吉。其遷也以其情也。夫人情有愛即有惡。有遠即有近。有情即有僞。當其始。混混淪淪。無愛惡即無吉凶。無遠近即無悔吝。無情僞即無利害。及乾坤各判。剛柔雜居。則愛惡相攻而吉凶生。遠近相取而悔吝生。情僞相感而利害生。人情大抵然也。易之情亦何獨不然。故凡易之情。近而不相得。則凶或害之悔且吝。言近則遠者可知。言不相得。則相得者可知矣。

崔憬曰。遠謂應。近者此。或取遠應而含近比。或取近比而含遠應。愚按易中遠近。殊無定位。有以同體爲近者。有以相比爲近者。有以相應爲近者。而其他則遠。又卦有主爻。與之相近者爲近。相遠者爲遠。近不必凶。遠不必吉。近而相得則吉。近而不相得則凶。遠而相得或不相得。其吉凶皆視近爲差。故遠近相取。其中大有斟酌。蒙四以遠實而吝。需三以近坎而災也。又按。愛惡指本卦本爻之情而言。其所關者大。故曰吉凶生。遠近指爻之距離而言。其所關者小。故曰悔吝生。情僞指卦爻之德而言。其所關大小不等。故曰利害生。然吉凶悔吝利害。三者蓋相互而生。觀近而不相得。則凶或害之悔且吝句。可以證明。

將叛者其辭慚。中心疑者其辭枝。吉人之辭寡。躁人之辭多。誣善之人其辭游。失其守者其辭屈。（屈集解作詘）

聖人之情見乎辭。繫辭終篇。教人以觀辭之法。不拘拘於卦爻之辭也。
此章申言乾坤易簡之德。及卦爻吉凶之由。以終全篇之意。

學易初稿卷之六

萊陽于元芳習

說卦傳

昔者聖人之作易也。幽贊於神明而生蓍。參天兩地而倚數。觀變於陰陽而立卦。發揮於剛柔而生爻。和順於道德而理於義。窮理盡性以至於命。

幽。隱也。蓍神草。天地生之。聖人贊天地之化育。故曰幽贊於神明而生蓍。參兩數也。參天兩地。筮數也。倚。因也。繫辭。天一地二天三地四。一者數之單。單則不足以資變化。故言天之變數。不始於一而始於三。參者三也。倚三之數而加之。三變則成九而爲老陽。二者數之複。複則足以資變化。故言地之變數。不始於四而始於二。兩者二也。倚二之數而加之。三變則成六而爲老陰。推之兩個三。一個二。則成八而爲少陰。兩個二。一個三。則成七而爲少陽。總之倚天數者必始於三。倚地數者必始於二也。言參兩不言三二者。古人於通常語多作異音。如大學大夫之類是。或作異字。如一月爲正月。卦一六兩爻爲初上之類是。觀變於陰陽而立卦。謂聖人觀陰陽之變。以立八卦。發揮於剛柔而生爻。

則增益之爲六十四卦。卦有六爻也。繫辭。一陰一陽之謂道。繼之者善也。成之者性也。又曰。自天祐之。吉无不利。又曰。聖人以此齋戒以神明其德。故卦爻所列。盡人事以合天道。和順於道德而理於義。以人事言。窮理盡性以至於命。由人而推之天也。曰蓍。曰數。曰卦。曰爻。統言作易之事。不必強分先後。和順於道德以下。則作易之效也。

朱子語類。和順於道德。是默契本原處。理於義是應變合宜處。

昔者聖人之作易也。將以順性命之理。是以立天之道。曰陰與陽。立地之道。曰柔與剛。立人之道。曰仁與義。兼三才而兩之。故易六畫而成卦。分陰分陽。迭用柔剛。故易六位而成章。

陰陽以氣言。剛柔以質言。仁義以性言。其實一而已矣。天不盡陽。兼地之陰。地不盡柔。兼天之剛。人秉天地以爲性。故兼仁與義。三才不獨立。兼而兩之。易以六畫而成卦。六位而成章者以此。

此章言聖人兼三才而作易。以引起下文卦象諸事。

天地定位。山澤通氣。雷風相薄。水火不相射。八卦相錯。

天尊地卑。其位定也。山盈澤虛。其氣通也。雷風以相薄而章。水火以不相射爲用。射如弓矢之射。水射火則火滅。火射水則水空。不相射者。其性反也。乾坤象天地。凡乾在下之卦多上升。坤在上之卦多下降。定位故也。艮兌象山澤。震巽象雷風。易中言夫婦之卦。多取是四者。而咸恒爲最著。故曰山澤通氣。雷風相薄也。坎離象水火。坎離不爲夫婦。即與坎性相近之兌。苟與離遇。輕則爲睽。重則爲革。水火不相射之義。亦可見矣。

錯。雜也。相錯謂陰陽之不一也。乾坤錯。艮兌錯。震巽錯。坎離錯。八卦以對待而成變化。故曰相錯。天地山澤雷風水火。實物也。不可言相錯。故易其詞曰八卦相錯。二者須分別觀之。邵康節傳先天之學。以乾南坤北。爲天地定位。離東坎西。爲水火不想射。艮西北。兌東南。爲山澤通氣。震東北。巽西南。爲雷風相薄。正坐不知分別耳。且經文亦無南北東西之言。可示人以共見者。

數往者順。知來者逆。是故易逆數也。

繫辭神以知來。知以藏往。知來乾之事。藏往坤之事。此即乾坤往來而分言者也。若合言之。則數往者順。知來者逆。數往謂溯所已見。故順。知來謂迎其未至。故逆。易主於前民利用。其理則順。其數則逆。此可於揲蓍驗之。凡數由一而推至十百千萬者爲順。由十百千萬而反於一者爲逆。天一地二。以至天九地十。又天數五地數五。以至五十有五。順數也。大衍之數五十。分二揲四再扐四營十八變而成一卦。逆數也。又可於畫卦驗之。畫卦由下而上。陰陽消息。亦由下而上。小過彖稱上逆下順。合而觀之。易爲逆數。不其然乎。

雷以動之。風以散之。雨以潤之。日以晅之。艮以止之。兌以說之。乾以君之。坤以藏之。

(晅集解作煊)

此即八卦之及於物者言之。艮止兌說乾君坤藏。獨舉卦名。而他不然者。辭便也。

帝出乎震。齊乎巽。相見乎離。致役乎坤。說言乎兌。戰乎乾。勞乎坎。成言乎艮。

帝。上帝也。上帝之出不可見。於萬物見之。故又曰萬物出乎震。此即古所傳八卦方位。

而孔子釋之。所最難解者。天上地下爲定位。今乾居西北。豈西北有天。他方無天耶。坤居西南。豈西南有地。他方無地耶。竊意洪荒之世。言四方不言八卦。（下文言震東方。離南方。坎北方。而他皆不言方。雖兌亦不言方。然其爲四方。顯然可見。故古稱四海。堯典稱四岳四門。又二月東巡。五月南巡。八月西巡。十一月北巡。皆以四方爲限。羲和所掌嵎夷南交昧谷幽都。均未飾以八卦之名。則唐虞以前可知矣。）有好事者取八卦之名。隱相比附。謂離火文明。似南似夏。坎水隱伏。似北似冬。震雷奮出。萬物以生。似東似春。兌澤說懌。萬物以成。似西似秋。此其義未嘗不當。而說亦未嘗不可通。厥後事務日繁。由四方而推及八方。而所謂八卦者。益不可無所比附。於是以巽有潔齊之象。（巽爲白爲長爲高。）宜在震出之下。故位東南。坤有養衆之義。必養而後可成。宜在兌西之前。故位西南。艮有成終之象。（艮陽在上。）終者始之基。宜在震出之前。故位東北。八方有其七。則西北一方。自非乾莫屬。且以陰陽相薄言之。巽離坤兌陰也。乾坎艮震陽也。西北一方。乃陰陽相接之地。乾爲剛首。剛極則戰。亦其理也。八卦方位既定。於是五行家出而附會之。如巽本木也。震象未嘗言木。而以其位於東方。則亦木之。乾本金也。兌象未嘗言金。而以其位於西方。則亦金之。坤本土也。艮象未嘗言土。而以其介於水木之交。則亦土之。蓋由震而下。木生火。火生土。土生金。金生水。獨水不能生木。故間以艮土。月令木火金水。王於四時。而四季土王。蓋猶襲坤艮相間之意。其列中央土在季夏之下。則坤位也。大抵名稱之立。初時多有所假借。及其行之既久。遂不復知其所以然矣。舊解以此方位爲文王所定。夫方位者日月之常。果當時人民。羣曉然於先天方位。文王雖聖。安得取人民所共信者。而悉改之。且王者嘗以改正朔聞矣。不聞其改方位也。然則說卦所列八卦方位。其諸爲歷代相沿。至周初而大定者歟。又按。生民之初。由西北而東南。故古代相傳。北爲陽。南爲陰。（左傳成十六年。南國蹶。可證。）所謂陽氣自北而南也。惟其始於西北。故乾爲西北。其相對而交者坤。則爲西南。推之坎與離對。艮與巽對。震與兌對。皆出於不得不然。此以東西南北直對。非四隅斜對。何則離火宜南。坎水宜北。震雷宜東。皆有確定之義。震一陽在下。兌一陰在上。相對者也。震東則兌宜西。艮一陽在上。巽一陰在下。相對者也。艮東北則巽宜東南。或疑艮東北無確定之義。曰。陽北陰南。既有定矣。陽之乾坎震。陰之坤離兌。亦有定位矣。使非位艮於東北。位巽於東南。將烏從而位之哉。總之以八卦定方位。既由歷代相沿而來。係一時之假借。非天然之位置。即聖人釋之。亦不過曰出乎震齊乎巽云云而已。無新奇之說也。

至宋儒所傳先天方位。乃由鄭氏爻辰推演而得。其爲後起無疑。外稿詳言之。

萬物出乎震。震東方也。齊乎巽。巽東南也。齊也者。言萬物之潔齊也。離也者明也。萬物皆相見。南方之卦也。聖人南面而聽天下。嚮明而治。蓋取諸此也。坤也者地也。萬物皆致養焉。故曰致役乎坤。兌正秋也。萬物之所說也。故曰說言乎兌。戰乎乾。乾西北之卦也。言陰陽相薄也。坎者水也。正北方之卦也。勞卦也。萬物之所歸也。故曰勞乎坎。艮東北之卦也。萬物之所成終而成始也。故曰成言乎艮。

此段似釋上文之辭。

神也者。妙萬物而爲言者也。動萬物者。莫疾乎雷。撓萬物者。莫疾乎風。燥萬物者。莫熯

乎火。說萬物者。莫說乎澤。潤萬物者。莫潤乎水。終萬物始萬物者。莫盛乎艮。故水火相逮。雷風不相悖。山澤通氣。然後能變化既成萬物也。（撓集解作橈）

神即上文之所謂帝也。逮。及也。水火不相射而相逮。雷風相薄而不相悖。如此乃能變化而成萬物。本義。此去乾坤而專言六子。以見神之所爲。崔憬曰。艮不言山。獨舉卦名者。以動撓燥潤功是雷風水火。至於終始萬物。於山義則不然。故言卦。而餘皆稱物。各取便而論也。

乾健也。坤順也。震動也。巽入也。坎陷也。離麗也。艮止也。兌說也。

乾三陽故健。坤三陰故順。震以一陽處二陰之下。陽不能終伏。故動。巽以一陰處二陽之下。陰不能上升。故入。坎以一陽處二陰之間。如陷溺者然。故曰陷。離以一陰處二陽之間。如附麗者然。故曰麗。艮之止。陽在上也。陽在上則止。在下則動。在中則陷。兌之說。陰在上也。陰在上則說。在下則入。在中則麗。說文。說。釋也。從言兌聲。段注。說釋悅懌。古今字。按說之從兌。諧聲而兼會意。凡人外柔則取說於人。兌外柔之卦也。又意足則心說。兌二陽在內。無不足也。又說有開釋之意。兌上缺。開釋之象也。

乾爲馬。坤爲牛。震爲龍。巽爲雞。坎爲豕。離爲雉。艮爲狗。兌爲羊。

馬取其行健。牛取其任重。龍由蟄而動。震之陽動於下似之。雞報曉若命令然。巽爲命故爲雞。豕曰剛鬣。坎剛中似之。又性污下。坎陷則污下也。離爲雉。取其明也。艮爲狗。取其止也。羊毛柔則肉美。又其性內狠而外順。兌外柔內剛似之。八者皆當時恒見之物。故取以爲象。蓋各有一端之相合。非所論於全體也。

乾爲首。坤爲腹。震爲足。巽爲股。坎爲耳。離爲目。艮爲手。兌爲口。

乾位尊故爲首。坤有容故爲腹。震陽履於下爲足。艮陽伸於上爲手。巽陰垂於下爲股。兌陰開於上爲口。坎中通故爲耳。離外明故爲目。詩。坎其擊鼓。坎坎伐檀。聲也。耳可聞。彼黍離離。形也。目可見。詩人用字。猶本易義。

乾天也。故稱乎父。坤地也。故稱乎母。震一索而得男。故謂之長男。巽一索而得女。故謂之長女。坎再索而得男。故謂之中男。離再索而得女。故謂之中女。艮三索而得男。故謂之少男。兌三索而得女。故謂之少女。

索求也。陰求陽爲男。陽求陰爲女。一再三指其序而言。所謂乾坤往來也。

說卦論三畫卦取象之法。觀一再三索可見。

乾爲天。爲圜。爲君。爲父。爲玉。爲金。爲寒。爲冰。爲大赤。爲良馬。爲老馬。爲瘠馬。爲駁馬。爲木果。

易以陽爲天。陰爲地。奇爲圜。偶爲方。乾三陽故爲天。三奇故爲圜。其位尊。於國則爲君。於家則爲父。土之有金玉。時之有寒。水之有冰。皆其至者。故以屬乾。或曰。玉取其純。金取其剛。寒冰以乾位西本而言。亦通。赤者陽盛之色。大赤別於坎也。分言方色。則天玄地黃。渾言之則陽赤陰白。故周天正。色尚赤。殷地正。色尚白。漢唐以來。俗以喜事尚赤。喪事尚白。亦陰陽之義。陽善陰惡。故乾爲良馬。陽骨陰肉。故乾爲瘠馬。老馬以其時久。駁（駁駮古字通。赤色也。）獸如馬。鋸牙食虎豹。爲駁馬。言威猛之至也。爲木果。蓋指純陽而言。純陽爲實。果者實也。又果實所以生木。乾生生不已。

其最上一奇。如木之有果者然。艮得之故爲果蓏也。一說。木果多圜。乾爲圜而在上。木果亦圜而在上者也。

坤爲地。爲母。爲布。爲釜。爲吝嗇。爲均。爲子母牛。爲大輿。爲文。爲衆。爲柄。其於地也爲黑。（輿集解作）

三陰故爲地。陰位之尊故爲母。多紋理而廣布。故爲布。容衆美故爲釜。性歛故爲吝嗇。畫偶而稱故爲均。均。虞讀曰旬。坤數十。旬十日也。亦通。子母牛。牝牛之少小者。順之至。故爲子母牛。一說。多子之母牛。爲子母牛。蓋取生育之義。能載物故爲大輿。物相雜故爲文。爲衆。以其偶之多也。爲柄。以其爲生物之本也。說文。黑。火所熏之色也。渾言之。則坤爲地。其色黃。析言之。則其於地也爲黑。蓋乾陽坤陰。陰陽定位。故天玄地黃。有陰無陽。則色黑也。凡言其於者義有二。本爲是物而言其於是物者。舍雜而取純者也。如坤言其於地也爲黑是。本非是物而言其於是物者。如此則爲是物。不如此則非是物也。如兌言其於地也爲剛鹵是。

震爲雷。爲龍。爲玄黃。爲旉。爲大塗。爲長子。爲決躁。爲蒼筤竹。爲萑葦。其於馬也爲善鳴。爲馵足。爲作足。爲的顙。其於稼也爲反生。其究爲健。爲蕃鮮。（龍集解作駹旉作專）

一陽在下。鬱而必伸。故爲雷爲龍。乾坤初交。故爲玄黃。玄黃者蒼色也。陽初動故爲旉。旉又作敷。華也。至艮則成果矣。塗。涂通。周禮。夫間有遂。遂上有徑。十夫有溝。溝上有畛。百夫有洫。洫上有涂。千夫有澮。澮上有道。萬夫有川。川上有路。析言之。涂大於徑而小於路。渾言之。則大涂言其大者。徑路言其小者。易以一陽在中之坎爲川。水之形然也。震長於艮。故以一陽在下之震爲大塗。一陽在上之艮爲徑路。亦其序然也。爲長子見前。上開故爲決。陽內蘊故爲躁。下實上虛。故爲蒼筤竹爲萑葦。善鳴與爲雷同意。馵足。馬後左足白也。震爲足。出東方爲左。又一陽在下。故爲馵足。蓋赤白對言。則赤陽白陰。白黑對言。則白陽黑陰。觀於坤黑巽白可知。作足。起其足也。下動故爲作足。的顙。顙之有旋毛而明者是也。震上開如毛色中分。故爲的顙。其於馬也者。震非馬。馬之善鳴馵足作足的顙。則震之爲也。其於稼也者。震本爲稼。稼之反生。則純乎其爲震也。反生謂實之在下者。震根連而上怒出。故爲稼。下實故爲反生。推言之。實在上者屬艮。在中者屬坎。在下者屬震。當不謬也。一說。反生謂生而反出。亦通。究。竟也。物有始壯究。究者變之幾也。其究爲健者。震一陽在下。勢尚微弱。至究而陽多則健也。爲蕃鮮者。下連而上歧出。如草之庶生。至究而陽多。故蕃盛而鮮美也。

巽爲木。爲風。爲長女。爲繩直。爲工。爲白。爲長。爲高。爲進退。爲不果。爲臭。其於人也。爲寡髮。爲廣顙。爲多白眼。爲近利市三倍。其究爲躁卦。

木取其由小以高大。風上動而下靜。外剛而內柔。其性善入。巽象似之。長女見前。乾其動也直。巽得乾二陽而性柔。物之柔而能直者惟繩。故爲繩直。或曰木從繩則直。亦通。工。巧飾也。善其事也。性遜而入。事易工巧。推言之則性剛而浮者多疏也。陽白陰黑。陽長陰短。陽高陰卑。乾爲大赤。故不言白。浩乎無際。故不言高與長。巽得乾二陽而在上。故爲白爲長爲高。離兌不言者。離陽分。兌陽在下也。陽勇陰怯。巽勇於前而怯於後。故爲進退。爲不果。臭。氣也。屬陽而上升。巽陽在上故爲臭。寡髮。虞作宣髮。宣白也。陸氏曰。黑白雜爲宣。按人之有髮。如地之有草木。巽爲木爲白。作宣髮是也。說文。髮根也。草木以根爲首。枝爲末。人以頭爲首。髮爲根。巽二陽在首。似非寡髮。或曰髮血餘也。陰類。巽首陽盛。陽盛則髮退。理或然歟。顙眼皆屬於首。以通例言之。陽廣陰狹。陽白陰黑。巽上陽盛。故爲廣顙。爲多白眼。其於人也者。巽非人。人之寡髮廣顙多白眼。則巽之爲也。陽大陰小。陽施陰斂。巽外大而內小。外施而內斂。故爲近利。（人之近利者。大抵如是。）曰市三倍者。市物而得利三倍。甚言其近利也。其究爲躁卦者。風能躁物。諺謂風高物躁是也。又震爲決躁。巽反成震。其性躁也。震究不言卦者。震反非乾故也。震反非乾而言健者。震一陽在下。變至三則健。巽一陰在內。陽反則爲震。震巽皆言究。而成卦不同者。扶陽抑陰之意也。扶陽抑陰奈何。震初陽也。變其二三焉可矣。初即不必變也。巽初陰也。消至二三。則震出於下。震出於下。則巽變其初。巽初陰也。故欲其變。震初陽也。故不欲其變。夫然而消息之義。已具於三畫卦時。蓋亦陰陽自然之表見也。

坎爲水。爲溝瀆。爲隱伏。爲矯輮。爲弓輪。其於人也爲加憂。爲心病。爲耳痛。爲血卦。爲赤。其於馬也爲美脊。爲亟心。爲下首。爲薄蹄。爲曳。其於輿也爲多眚。爲通。爲月。爲盜。其於木也爲堅多心。（輮集解作揉）

坎上下兩陰象土。中一陽象水。所謂行於地中也。中通故爲溝瀆爲通。陽陷於陰。故爲陰伏。矯者矯曲而使之直。輮者輮直而使之曲。弓半曲半直。輪外曲內直。以陰陽言之。陰曲陽直。坎以一陽直二陰爲矯。二陰曲一陽爲輮。其半則爲弓。全則爲輪。故爲矯輮爲弓輪。或曰水性能使直者曲曲者直。亦通。其於人也者。坎非人。人之加憂心病耳痛。則坎之爲也。陽在中。心象。中無不足。則爲有孚。中有所銜。故爲加憂。爲心病。坎爲耳。見前。中有所銜。故爲耳痛。血之流行一身。與水之流行大地相似。坎爲水。故爲血卦。中得乾陽。故爲赤。赤。血色也。今人以心田陽明者爲赤心。即此義。美脊亟心。以中畫陽剛言。亟。急也。上下兩陰。故爲下首。爲薄蹄。失健行之力。故爲曳。其於馬也者。坎非馬。馬之美脊亟心下首薄蹄曳。則坎之爲也。輿。車中可居之處。亦車之總名。坎象輪。析之則中畫象軸。上下兩畫象輪。此外別無可居之處。故爲多眚。又坤爲大輿。坎破坤體。陷而不能行。故曰其於輿也爲多眚。月。水之精也。離爲日故坎爲月。盜行於夜者也。坎陽伏故爲盜。今術家以玄武爲盜賊。義本此。其於木也者。坎非木。木之堅多心。則坎之爲也。中實故爲堅多心。

離爲火。爲日。爲電。爲中女。爲甲胄。爲戈兵。其於人也爲大腹。爲乾卦。爲鼈。爲蟹。爲蠃。爲蚌。爲龜。其於木也爲科上槁。

爲火爲日爲電。取其明也。爲甲冑爲戈兵。剛在外也。中女見前。離得坤之中。中虛而外滿。人之腹大者似之。故爲大腹。火燥萬物。故爲乾卦。一說。震坎艮坤卦。得乾而成男。巽離兌乾卦。得坤而成女。象獨於離言乾卦者。舉一偶也。鄭注。乾當爲幹。陽在外能幹正也。鼈蟹蠃蚌龜。取其中柔而外堅也。科。中空也。虞作折。上槁。火盛也。離非木。木之科上槁。則離之爲也。

艮爲山。爲徑路。爲小石。爲門闕。爲果蓏。爲閽寺。爲指。爲狗。爲鼠。爲黔喙之屬。其於木也爲堅多節。（集解無堅字）

兩陰在下爲土。一陽在上如山。自其小言之。則爲小石。徑路見震爲大塗下。爲門闕者。上一畫橫。下兩畫虛而雙峙。如門闕也。木實曰果。草實曰蓏。艮得乾一陽而成終成始。故爲果蓏。閽人所以禁入。寺人所以禁出。皆用剛以衛柔。艮象似之。手之用在指。艮爲手故爲指。狗。虞作拘。亦止義。鼠。黔喙之屬。皆獸類之小而摯者。其剛在前。艮體小而前剛。故有是象。艮爲篤實。故其於木也。爲堅多節。又艮爲止。凡木之發育遲滯者多節也。

兌爲澤。爲少女。爲巫。爲口舌。爲毀折。爲附決。其於地也爲剛鹵。爲妾。爲羊。

上虛下實。如水之蓄而不流。澤象也。少女見前。外開內動。故爲口舌。巫以口說神。男曰覡。女曰巫。兌爲口爲說爲女。故爲巫。毀折。以其上之缺也。外決而內連。故爲附決。又陰附於陽。而陽決陰也。水所蓄爲鹵。二陽在下爲剛。剛鹵之地。物不生焉。兌正秋。其氣肅殺。故有是象。（說文。鹵。西方鹹地也。从西省。安定有鹵縣。東方謂之斥。西方謂之鹵。釋名。地不生物曰鹵。）少女從姊爲娣。故爲妾。爲羊見前。虞作羔。注。女使。朱駿聲曰。恙之譌字。借恙爲厮養之養。鄭本以陽爲之。愚按朱說未詳然否。

附九家逸象。（象之見於經者。其義可求諸三畫之中。九家而下。雜圖讖卦氣等項而言之。)

乾爲龍。爲直。爲衣。爲言。

爲龍以其變化不測。又陽爲龍。故乾爻稱龍。坤文言。爲其嫌於无陽也。故稱龍焉。是其義也。爲直爲衣。見繫辭。爲言。指陽動而言。人靜則陰。動則陽。默則陰。言則陽。乾純陽故爲言也。

坤爲牝。爲迷。爲方。爲囊。爲裳。爲黃。爲帛。爲漿。

乾爲牡。坤爲牝。乾爲得。坤爲迷。乾爲直。坤爲方。乾爲衣。坤爲裳。其勢然也。爲囊蓋取收括之意。坤六四稱括囊。天玄地黃。見文言。坤爲布故爲帛。春秋傳。庭實旅百。奉之以玉帛。天地之美具焉。杜預註。乾爲玉。坤爲帛。食養陰。飲養陽。漿與食對言。則漿屬乾。食屬坤。酒外發。漿內滋。漿與酒對言。則酒屬乾。漿屬坤。譬之晴爲陽。雨爲陰。若雨與霜對言。則春雨陽生。秋霜陰盛。陸爲陽。水爲陰。析言之。則川水陽。澤水陰。易固不拘一例也。

震爲王。爲鵠。爲鼓。

帝出乎震故爲王。屯利建侯。豫利建侯。皆謂震也。鵠。黃鵠也。能高飛。震奮發似之。爲鼓以其善鳴。

巽爲楊。爲鸛。

楊。木中之高大者。巽爲木爲長爲高。故爲楊。鸛水鳥。禽經載。鸛仰鳴則晴。俯鳴則陰。又鸛生三子。一爲鶴。巽極成震。陰變爲陽。震爲鶴巽爲鸛云云。按巽之爲鸛。義不能明。果如禽經所說。仰鳴晴。俯鳴陰。則當取號令之義。如雞之報曉相似。不必援巽極成震之義。而言震爲鶴巽爲鸛也。

坎爲宮。爲律。爲可。爲棟。爲叢棘。爲狐。爲蒺藜。爲桎梏。

坎十一月卦。律中黃鐘。黃鐘宮聲。故爲宮。爾雅釋言。坎律銓也。樊光註。水性平。律亦平。銓亦平也。爲可者。得其平則能裁定可否。惠氏棟以爲河之磨滅字也。又言石鼓文河作可。蓋古文也。爲棟當係爲棟之誤。大過中四陽象棟。坎陽在中。故爲棟也。叢棘蒺藜。內堅而外刺。坎中一陽爲堅。上下兩陰如刺也。狐淫獸。坎水性淫。故爲狐。說文。狐者鬼所乘。坎爲隱伏。鬼象。故爲狐。又坎爲月。於星宿心月狐也。桎梏刑具。坎爲刑。故爲桎梏。亦象兩陰困一陽。

離爲牝牛。

離得坤之中。故爲牝牛。

艮爲鼻。爲虎。爲狐。

艮爲山。朱子曰。鼻者面之山。管輅已如此說。爲虎以其外之剛猛也。於地支艮當寅。寅屬虎。或曰虎爲山君。爲狐以其爲黔喙之屬也。

兌爲常。爲輔頰。

九家注。常。西方之神也。愚按輔頰近口。兌爲口。故爲輔頰。

虞氏傳其家五世孟氏之學。八卦逸象。十倍於九家。

乾逸象六十一

爲王。爲神。爲人。爲聖人。爲賢人。爲君子。爲善人。爲武人。爲行人。爲物。爲敬。爲威。爲嚴。爲道。爲德。爲信。爲善。爲良。爲愛。爲忿。爲生。爲慶。爲祥。爲嘉。爲福。爲祿。爲積善。爲介福。爲先。爲始。爲知。爲大。爲盈。爲肥。爲好。爲施。爲利。爲清。爲治。爲高。爲宗。爲甲。爲舊。爲久。爲古。爲畏。爲大明。爲晝。爲遠。爲郊。爲野。爲門。爲大謀。爲道門。爲百。爲歲。爲朱。爲頂。爲圭。爲蓍。（原本少一象。只六十。）

坤象八十一

爲妣。爲民。爲刑人。爲小人。爲鬼。爲尸。爲形。爲自。爲我。爲躬。爲身。爲拇。爲至。爲安。爲康。爲富。爲財。爲積。爲重。爲厚。爲基。爲致。爲用。爲包。爲寡。爲徐。爲營。爲下。爲裕。爲虛。爲書。爲永。爲邇。爲近。爲思。爲默。爲惡。爲禮。爲義。爲事。爲類。爲閉。爲密。爲恥。爲欲。爲過。爲醜。爲惡。爲怨。爲害。爲終。爲喪。爲死。爲殺。爲亂。爲喪期。爲積惡。爲冥。爲晦。爲夜。爲暑。爲乙。爲年。爲十年。爲盍。爲戶。爲闔戶。爲庶政。爲大業。爲土。爲田。爲邑。爲國。爲邦。爲大邦。爲鬼方。爲器。爲缶。爲輻。爲虎。爲黃牛。

震象四十九

爲帝。爲主。爲諸侯。爲人。爲行人。爲士。爲兄。爲夫。爲元夫。爲行。爲征。爲出。

爲逐。爲作。爲興。爲奔。爲奔走。爲警衛。爲百。爲言。爲講。爲議。爲問。爲語。爲告。爲嚮。爲音。爲應。爲交。爲懲。爲後。爲世。爲從。爲守。爲左。爲生。爲緩。爲寬仁。爲樂。爲笑。爲大笑。爲陵。爲祭。爲鬯。爲草莽。爲百穀。爲麋鹿。爲筐。爲趾。

坎象四十七

爲雲。爲玄雲。爲大川。爲志。爲謀。爲惕。爲疑。爲恤。爲逖。爲悔。爲涕洟。爲疾。爲災。爲破。爲罪。爲悖。爲欲。爲淫。爲獄。爲暴。爲毒。爲虛。爲瀆。爲孚。爲平。爲則。爲經。爲法。爲蒺。爲聚。爲習。爲美。爲後。爲入。爲納。爲臀。爲腰。爲膏。爲陰夜。爲歲。爲三歲。爲酒。爲鬼。爲校。爲穿木。爲弧。爲弓彈。

艮象三十七

爲弟。爲小子。爲賢人。爲童。爲童僕。爲官。爲友。爲道。爲時。爲小狐。爲狼。爲碩。爲碩果。爲慎。爲順。爲侍。爲執。爲厚。爲求。爲篤實。爲穴居。爲城。爲宮。爲庭。爲廬。爲牖。爲居。爲舍。爲宗廟。爲社稷。爲星。爲斗。爲沫。爲肱。爲背。爲尾。爲皮。

巽象二十

爲命。爲誥。爲號。爲隨。爲處。爲利。爲商。爲同。爲歸。爲交。爲白茅。爲草莽。爲草木。爲新。爲帛。爲墉。爲牀。爲桑。爲虵。爲魚。

離象十九

爲黃。爲見。爲飛。爲明。爲光。爲甲。爲孕。爲戎。爲刀。爲斧。爲資斧。爲矢。爲黃矢。爲罔。爲鸛。爲鳥。爲飛鳥。爲甕。爲瓶。

兌象九

爲友。爲朋。爲刑。爲刑人。爲小。爲密。爲見。爲右。爲少知。

已上逸象共三百二十三

說卦取象。舉其例而已。虞氏廣之。深得三反之意。間有曲合經文。遂與說卦之例相違。亦有自成爲例者。特爲疏出而釋之如左。其顯著者。不盡釋也。

一乾逸象

爲王。乾爲君故爲王。震得乾初陽。新建之君也。故九家稱震爲王。

爲武人。說卦坤爲文。推之則乾爲武。以其體之剛健也。巽初六。利武人之貞。巽外剛似乾。故亦爲武人。

爲物。乾爲物。坤爲事。（物即事也。物事對言。則物實事虛。）蓋取陽實陰虛之意。且以順序言之耳。張惠言曰。精氣爲物。

爲肥。說卦乾爲瘠馬。以其見骨也。虞於遯上九注云。乾爲盈爲肥。實則物之肥者。得陰氣爲多。譬諸草木。至夜而滋。向日則實。可知肉體之肥屬坤。其堅實則乾也。

爲郊爲野。邑外曰郊。郊外曰野。虞以坤爲近。故爲邑。以乾爲遠。故爲郊野。

爲百。訟九二。其邑人三百戶。虞注云。乾爲百。坤爲戶。按繫。闢戶爲乾。闔戶爲坤。則乾坤均可言戶。所不同者闢闔耳。又繫。天一地十。今以虞氏之例推之。乾爲百則坤爲千。乾爲萬則坤爲十萬也。又說文。百。白也。十百爲一貫。貫章也。注。白。告白也。章。明也。是百有坦白之意。乾陽明故爲百。

爲歲。爾雅釋天。夏曰歲。商曰祀。周曰年。唐虞曰載。注。歲取行星一次。祀取四時一終。年取禾一熟。載取無終更始。虞言乾爲歲。坤爲年。以星屬天。禾屬地也。按繫辭。寒暑相推。而歲成焉。虞氏易例。乾爲寒。坤爲暑。震兌坎離爲四時。然則歲功之成。由乾坤之相推也。強爲析之。使年歲各屬。亦支離之甚矣。

爲蓍。繫。蓍之德圓而神。乾爲圜故爲蓍。

二坤逸象

爲自爲我。易爻辭凡言自我。均不須取象。虞言坤爲自我。蓋對乾而言。亦猶內外遠近之分也。（坤爲自我。推之則乾爲他人。）

爲躬爲身。說文。身。躳也。段注。呂部曰躳身也。二字爲互訓。躳必入呂部者。躳謂身之傴。主於脊骨也。按艮彖艮其背不獲其身。六四艮其身无咎。象曰。艮其身止諸躬也。是艮之爲身爲躬。決無可疑。今云坤爲身爲躬。豈以其爲腹之故歟。

爲拇。說文。拇將指也。段注。手以中指爲將指爲拇。足以大指爲將指爲拇。按易象凡言拇者。非艮即震。今言坤爲拇。似有未允。焦循曰。拇母同音也。

爲營。張惠言曰。營求陰道。

爲永。訟初六不永所事。虞注。永長也。永訓爲長。似非坤象。坤用六利永貞。坤利永貞。非坤爲永也。

爲禮。禮以下人爲貴。天高地下。故坤爲禮。繫所謂知崇禮卑也。又禮以辨上下。上天下澤履。履者禮也。又禮對刑而言。坎爲刑則離爲禮。

爲虎。履虎尾。虞注云。坤爲虎。惠氏棟已非之。茲不贅。

三震逸象

爲百。震象。震驚百里。鄭玄曰。震聲聞於百里。古者諸侯之象。（百里侯封。）按乾逸象爲百。說已見前。震當爲百里。

爲交。以乾坤初交言。故巽亦爲交。

爲懲。以恐懼修省言。

爲後爲世爲守。以長子繼體守宗廟言。

爲從。說文。本作从。相聽也。書汝無面從。震爲從。即雷同之意。

爲緩。緩。寬緩也。禮樂記。其樂心感者其聲嘽以緩。疏。歡樂在心。故聲必隨而寬緩。

震起蟄蘇枯。緩象也。

爲樂。言中無所積。

爲笑爲大笑。中無所積。聲聞於外也。

爲麇鹿。以其善奔。

爲筐。震爲萑葦爲竹。制筐之具也。上兩偶可貯物。下一陽如底然。

四坎逸象

爲逖。渙上九。血去逖出。虞注。逖憂也。按逖訓爲憂。與爲惕爲疑同意。

爲虛。易例。陽實陰虛。坎爲陷故爲虛。非陰陽之謂也。

爲後。後。遲也。坎難故後。

爲入。說卦巽爲入。虞以坎爲入。當以水性善入之故。張惠言曰。坎萬物之所歸。故爲入。

爲納。說文。納。絲溼納納也。是納有溼意。又納入也。水性柔入物。而物納之。亦無不納之物。

爲臀。困初六。臀困于株木。干寶曰。兌爲孔穴。坎爲隱伏。隱伏在下。而漏孔穴。臀之象也。

爲腰。此即醫家所謂腎水。

爲歲爲三歲。乾爲歲。坤爲年。說已見前。坎之爲歲。或取歲終於冬之義。三歲。坎上六爻辭也。天一。地二。天三。地四。天五。地六。天七。地八。天九。地十。繫辭傳列有明文。震巽坎離艮兌。未詳其數。崔憬謂艮三。坎五。震七。乾九。離十。巽八。坤六。兌二。按之經文。不驗者多。九家易。巽八。坎四。艮三。見於說卦注。其餘未聞焉。震六二。勿逐七日得。巽九五。先庚三日。後庚三日。坎上六。三歲不得。外如八月十年。其象不一。解家亦各執一辭。難可強通。竊謂十爲坤數。已有定義。臨之八月。即十二辟卦消息之說。三日三年三歲。有指內外卦各三爻而言者。有指坎離言者。至七日則明其爲震。復象所謂七日來復也。日月年歲。則辭之類也。大抵取其近而速則言日。取其遠而遲則言月。言年。言歲。虞以坎爲三歲固當。然通觀卦爻。三亦不專指坎也。（餘詳訟注）

五艮逸象

爲官。官。說文吏事君也。艮爲官。與爲僕同意。隨初九。官有渝。九家易以震爲官。

爲友。兌象。君子以朋友講習。義取互相漑潤。虞以艮爲友。或以艮爲篤實。故取象於友歟。

爲道。艮爲徑路故爲道。繫。一陰一陽之謂道。則道者陰陽之總名。不專指艮也。

爲時。說卦。八方四時。以艮爲終始。故艮爲時。

爲碩。碩。充實也。剝上九碩果不食。謂艮也。

爲愼爲順。二陰在一陽之下。不敢肆也。

爲侍。止而待之。

爲舍。置也。手止稱舍。

爲星爲斗爲沫。易例。陽明陰暗。在上而明者星也。艮陽在上。故爲星爲斗爲沫。或曰星石也。艮爲石故爲星。又按星月類。明於夜。如陽之明於陰中者然。坎爲月。似亦當爲星。

爲尾爲皮。卦以下爲始。上爲終。尾奇象也。艮上奇故爲尾。皮所以包肉。陽在上包下二陰如皮然。故爲皮。

六巽逸象

爲命爲誥爲號。風行天上。有號令之象。故爲命爲誥爲號。

爲交。乾坤初交。爲震爲巽。然巽之爲交。不見於爻象。

爲帛。坤爲帛。說已見前。巽之爲帛。或以二陽在上。文明外著之故歟。
爲虵爲魚。兌見巽伏。虵魚皆物之伏者也。
七離逸象
爲黃。黃中色也。離得坤之中。故爲黃。
爲刀爲斧爲矢。當以離爲甲兵之故。
爲飛鳥。中輕而兩翼舉也。
八兌逸象
爲刑人。兌爲毀折。故爲刑人。
爲密。兌見似不宜爲密。或曰密近也。六子以兌爲小。密與小類。故爲密。或曰密祕也。陽蘊於內密象也。或曰坤爲密。兌得坤之終。故亦爲密。
爲少知。兌得乾二陽而上缺。乾爲知。兌上缺而外露。故爲少知。
張惠言氏彙虞注而次其逸象。視前列爲多。茲補錄之。已見前者不載也。
乾逸象　爲先王。爲明君。爲大人。爲易。爲立。爲直。爲堅剛。爲盛德。爲行。爲性。爲精。爲言。爲仁。爲義。爲茂。爲揚。爲宗族。爲老。爲衣。爲瓜。爲龍。
坤逸象　爲臣。爲順。爲萬民。爲性。爲牝。爲聚。爲萃。爲容。爲疆。爲理。爲體。爲俗。爲度。爲藏。爲弑父。爲過惡。爲迷。爲敝。爲窮。爲少。爲閉關。爲積土。爲階。爲萬國。爲異邦。爲裳。爲紱。爲車。爲囊。爲兕。爲牝牛。
震逸象　爲定。爲聲。爲鳴。爲反。爲常。爲喜。爲道。（大塗。）爲鼓。

巽逸象　爲教令。爲號咷。爲處女。爲婦。爲妻。爲入伏。爲舞。爲谷。爲長木。爲苞。爲楊。爲木果。（有果之木。）爲蘭。爲杞。爲葛藟。爲腰帶。爲繘。爲鮒。

坎逸象　爲聖。爲河。爲心。爲思。爲慮。爲艱。爲蹇。爲忘。爲勞。爲濡。爲疾病。爲疾厲。爲罰。爲脊。爲尸。爲叢木。爲叢棘。爲蒺藜。爲棘匕。

離逸象　爲婦。爲惡人。爲爵。爲折首。爲飛矢。爲隼。爲鴻。

艮逸象　爲霆。爲果。（決也。）爲節。爲制。爲小。爲多。爲取。爲鼻。爲腓。

兌逸象　爲妹。爲妻。爲講習。爲少。爲通。爲下。爲契。（書契。）

序卦傳

有天地然後萬物生焉。盈天地之間者唯萬物。故受之以屯。屯者盈也。屯者物之始生也。物生必蒙。故受之以蒙。蒙者蒙也。物之穉也。物穉不可不養也。故受之以需。需者飲食之道也。飲食必有訟。故受之以訟。訟必有衆起。故受之以師。師者衆也。衆必有所比。故受之以比。比者比也。比必有所畜。故受之以小畜。物畜然後有禮。故受之以履。履而泰然後安。故受之以泰。泰者通也。物不可以終通。故受之以否。物不可以終否。故受之以同人。與人同者。物必歸焉。故受之以大有。有大者不可以盈。故受之以謙。有大而能謙必豫。故受之以豫。豫必有隨。故受之以隨。以喜隨人者必有事。故受之以蠱。蠱者事也。有事而後可大。故受之以臨。臨者大也。物大然後可觀。故受之以觀。可觀而後有所合。故受之以噬嗑。嗑者合也。物不可以苟合而已。故受之以賁。賁者飾也。致飾然後亨則盡矣。故受之以剝。剝者剝也。物不可以終盡剝。窮上反下故受之以復。復則不妄矣。故受之以无妄。有无妄然後可畜。故受之以大畜。物畜然後可養。故受之以頤。頤者養也。不養則不可動。故受之以大過。物不可以終過。故受之以坎。坎者陷也。陷必有所麗。故受之以離。離者麗也。

（屯者物之始生也。集解物上有萬字。故受之以履下。有履者禮也四字。履而泰無而泰二字。有大者不可以盈。作有大有不可以盈。有无妄然後可畜。作有无妄物然後可畜。）

有天地然後有萬物。有萬物然後有男女。有男女然後有夫婦。有夫婦然後有父子。有父子然後有君臣。有君臣然後有上下。有上下然後禮義有所錯。夫婦之道不可以不久也。故受之以恒。恒者久也。物不可以久居其所。故受之以遯。遯者退也。物不可以終遯。故受之以大壯。物不可以終壯。故受之以晉。晉者進也。進必有所傷。故受之以明夷。夷者傷也。傷於外者必反於家。故受之以家人。家道窮必乖。故受之以睽。睽者乖也。乖必有難。故受之以蹇。蹇者難也。物不可以終難。故受之以解。解者緩也。緩必有所失。故受之以損。損而不已必益。故受之以益。益而不已必決。故受之以夬。夬者決也。決必有所遇。故受之以姤。姤者遇也。物相遇而後聚。故受之以萃。萃者聚也。聚而上者謂之升。故受之以升。升而不已必困。故受之以困。困乎上者必反下。故受之以井。井道不可不革。故受之以革。革物者莫若鼎。故受之以鼎。主器者莫若長子。故受之以震。震者動也。物不可以終動。止之。故受之以艮。艮者止也。物不可以終止。故受之以漸。漸者進也。進必有所歸。故受之以歸妹。得其所歸者必大。故受之以豐。豐者大也。窮大者必失其居。故受之以旅。旅而無所容。故受之以巽。巽者入也。入而後說之。故受之以兌。兌者說也。說而後散之。故受之以渙。渙者離也。物不可以終離。故受之以節。節而信之。故受之以中孚。有其信者必行之。故受之以小過。有過物者必濟。故受之以既濟。物不可窮也。故受之以未濟終焉。（物不可以久居其所。集解作終久於其所。）

序卦詳解。散見於各卦之首。茲載其全文而已。先儒謂。夏首連山。殷首歸藏。然則卦之有序。乃周易之次第宜然。亦由人爲。非天定也。又按序卦以相承相反爲義。雖非天定。而適合萬事萬物自然之象。此詳易稿外錄。

雜卦傳

乾剛坤柔。比樂師憂。臨觀之義。或與或求。

仰觀者求之象。俯臨者與之象。又臨陽長。陽性施故與。觀陰消。陰性嗇故求。求則無取乎退讓。故觀卦以近者爲利。與則無取乎競爭。故臨卦以近者爲无攸利。

屯見而不失其居。蒙雜而著。

以卦畫言之。屯如草木之初生。初陽象根。貫坤土而出。至五則將見矣。上覆以土。拆甲時也。故曰屯見而不失其居。蒙則陽出於上。見而著矣。然九二雜於羣陰。猶未離其類也。故曰雜。陽已在上。故曰雜而著。以卦義言之。屯者居而不動。蒙與厖通。詩。狐裘蒙戎。春秋傳作厖戎。厖者雜也。又三國志。魏文帝紀注。或以雜文爲蒙。凡物之有雜文者。易爲人所注目。故蒙雜而著。

震起也。艮止也。損益盛衰之始也。

虞翻曰。損。泰初益上。衰之始。益。否上益初。盛之始。愚按。虞氏言損益之往來。與他解異。今但以義言之。日損則衰。日益則盛。故曰盛衰之始。

大畜時也。无妄災也。

時者養得其所之意。論語山梁雌雉。時哉時哉是也。大畜所養者大。故曰時。左傳伯宗云。天反時爲災。无妄與大畜相反。故曰災。无妄之象曰。茂對時育萬物。大畜初象不犯災。相互爲義。

萃聚而升不來也。
　來猶下也。升故不下。
謙輕而豫怠也。（怠虞作怡）
　謙小也。小之失則輕。豫大也。大之失則怠。
噬嗑食也。賁无色也。兌見而巽伏也。隨无故也。蠱則飭也。（飭虞作飾）
　人无故而後隨人。飭者。取故舊而新之之謂。
剝爛也。復反也。晉晝也。明夷誅也。井通而困相遇也。
　通者由此達彼。遇者彼此不期而相值。井居其所而遷故曰通。困出於不意。故曰相遇。
咸速也。恒久也。渙離也。節止也。解緩也。蹇難也。睽外也。家人內也。否泰反其類也。
大壯則止。遯則退也。
　物有少壯究。大壯則止而不進。陽息之卦。臨與壯均有止象。
大有衆也。同人親也。革去故也。鼎取新也。小過過也。中孚信也。豐多故也。親寡旅也。
　故爲親戚故舊之故。豐則故多。旅則親寡。窮通之別也。
離上而坎下也。小畜寡也。履不處也。需不進也。訟不親也。
　小畜所畜者小。故寡。履者所以行也。故不處。又關氏易傳。履而不處者。其周公乎。需而不進者。其仲尼乎。
大過顚也。姤遇也。柔遇剛也。漸女歸待男行也。頤養正也。既濟定也。歸妹女之終也。未濟男之窮也。夬決也。剛決柔也。君子道長小人道憂也。（姤虞作遘。憂作消。學者多言此卷姤字從古。阮氏校勘記以爲非是。）

自大過以下。或以爲錯簡。而從蔡氏改定本。大過顚也。頤養正也。既濟定也。未濟男之窮也。歸妹女之終也。漸女歸待男行也。姤遇也。夬決也。剛決柔也。君子道長。小人道憂也。其說未嘗不可通。但雜卦如碎金散玉。觸處皆通。非如序卦之必按次第。錯亂以出之。原無可疑。況其間尤有微意之可尋。不得以錯簡論也。虞仲翔曰。大過死象。兩體遘夬。故次以遘而終以夬。按六十四卦。上經首乾坤。終坎離。下經首艮兌（咸）。震巽（恒）。亦終坎離。（既未濟）。是乾坤坎離者。終始諸卦者也。然坎離出於乾坤。乾坤雖並列。而乾資始。坤承天。其尊卑不同。故言乾坤則坎離可概。言乾則坤可概也。大過具姤夬兩體。姤夬者陰陽消息之卦。皆屬乾體。頤漸歸妹大過。則震巽艮兌之所成也。既未濟則坎離之所成也。此六卦者。以姤夬終始之。是以乾坤終始之也。姤夬皆乾體。是以乾終始之也。於此可見聖人之言。雖若無意而爲之。而亦有未可輕言更移者也。

未濟陰陽皆失位。男窮者對歸妹而言。且濟險之責。在陽不在陰也。

周易折中雜卦明義。謂六十四卦。中四爻相互。成乾坤剝復大過頤姤夬漸歸妹解蹇睽家人既濟未濟十六卦。雜卦之次。所以明互。今按其以互卦明雜卦。所排比稍涉牽強。然亦可參看。以煩多不備錄。

學易初稿卷之七

萊陽于元芳習

筮例

揲蓍之法。已詳易傳大衍註中。卦成之後。或用彖辭。或用爻辭。或用變卦之彖爻辭。或於彖爻辭以外別求其緒。因其得卦之變否。而占驗亦顯有不同。自秦以來。筮無專官。漢焦京等人。各出新法。王弼輩惟即辭而窮其理。於是古法浸失。雖以用九用六之明定於經者。亦成聚訟之門。宋晦庵朱子作啟蒙。其考變占章。所載頗詳。茲先列朱子之說。而後疏證其得失之故。

朱子曰。（錄周易折中本。）凡卦六爻皆不變。則占本卦彖辭。而以內卦爲貞。外卦爲悔。（彖辭爲卦下之辭。）孔成子筮立衛公子元。遇屯。曰利建侯。秦伯伐晉筮之。遇蠱。曰貞風也。其悔山也。

一爻變則以本卦變爻辭占。　沙隨程氏曰。畢萬遇屯之比。初九變也。蔡墨遇乾之同人。九二變也。晉文公遇大有之睽。九三變也。陳敬仲遇觀之否。六四變也。南蒯遇坤之比。六五變也。晉獻公遇歸妹之睽。上六變也。

二爻變則以本卦二變爻辭占。仍以上爻爲主。經傳無文。今以例推之當如此。

三爻變則占本卦及之卦之彖辭。而以本卦爲貞。之卦爲悔。前十卦主貞。後十卦主悔。凡三爻變者。通二十卦。有圖在後。沙隨程氏曰。晉公子重耳筮得國。遇貞屯悔豫皆八。蓋初與四五。凡三爻變也。初與五用九變。四用六變。其不變者二三上。在兩卦皆爲八。故云皆八。而司空季子占之曰皆利建侯。（元芳按。如程氏之說。則凡卦之由坤變者。無不得八。其不可通亦明矣。詳見後。）

四爻變則以之卦二不變爻占。仍以下爻爲主。經傳無文。今以例推之當如此。

五爻變則以之卦不變爻占。穆姜往東宮。筮。遇艮之八。史曰。是謂艮之隨。蓋五爻皆變唯得八故不變也。法宜以係小子失丈夫爲占。而史妄引隨之彖辭以對。則非也。

六爻變則乾坤占二用。餘卦占之卦彖辭。蔡墨曰。乾之坤曰見羣龍无首吉是也。然羣龍无首。即坤之牝馬先迷也。坤之利永貞。即乾之不言所利也。

於是一卦可變六十四卦。而四千九十六卦。在其中矣。所謂引而伸之。觸類而長之。天下之能事畢矣。豈不信哉。今以六十四卦之變。列爲三十二圓。得初卦者。自初而終。自上而下。得末卦者。自終而初。自下而上。變在第三十二卦以前者。占本卦爻之辭。變在第三十二卦以後者。占變卦爻之辭。凡言初終上下者。據圖而言。言第幾卦前後者。從本圖起。（以上皆朱子原文。下圖從略。）

按朱子三十二圖。謂變在第三十二卦以前者。占本卦爻之辭。變在第三十二卦以後者。占變卦爻之辭。於古無徵。業爲先儒所譏。即其所列六爻不變。以至六爻皆變諸例。參以古法。亦未盡合。竊謂古筮例之可見於今者。惟左傳國語二書。茲將二書關於卜筮各辭。列述於下。

且爲探本窮源起見。詳載無遺。以期得其真例之所在。

一。莊二十二年。陳厲公生敬仲。其少也。周史有以周易見陳侯者。陳侯使筮之。遇觀䷓之否䷋。（坤下巽上觀。坤下乾上否。觀六四爻變而爲否。）曰。是謂觀國之光。利用賓于王。（此周易觀卦六四爻辭。易之爲書。六爻皆有變象。又有互體。聖人隨其意而論之。）此其代陳有國乎。不在此其在異國。非此其身。在其子孫。光遠而自他有耀者也。坤土也。巽風也。乾天也。風爲天。於土上。山也。（巽變爲乾。故曰風爲天。自二至四有艮象。艮爲山。）有山之材。而照之以天光。於是乎居土上。（山則材之所生。上有乾。下有坤。故言居土上。照之以天光。）故曰觀國之光。利用賓于王。（四爲諸侯。變而之乾。有國朝王之象。）庭實旅百。奉之以玉帛。天地之美具焉。故曰利用賓于王。（艮爲門庭。乾爲金玉。坤爲布帛。諸侯朝王陳贄幣之象。旅陳也。百言物備。）猶有觀焉。故曰其在後乎。（因觀文以博占。故言猶有觀。非在己之言。故知在子孫。）風行而著於土。故曰其在異國乎。若在異國。必姜姓也。姜太嶽之後也。（姜姓之先。爲堯四嶽。）山嶽則配天。物莫能兩大。陳衰此其昌乎。（變而象艮。故知當興於太嶽之後。得太嶽之權。則有配天之大功。故知必衰。）及陳之初亡也。（昭八年。楚滅陳。）陳桓子始大於齊。（桓子。敬仲五世孫陳無宇。）其後亡也。（哀十七年。楚復滅陳。）成子得政。（成子陳常也。敬仲八世孫。陳完有禮於齊。子孫不忘德。德協於卜。故傳備言其終始。）

按此爲一爻變之卦。占法取本卦爻辭。兼論本卦變卦卦體。

二。閔元年。畢萬筮仕於晉。遇屯䷂（震下坎上。）之比䷇。（坤下坎上。屯初九變而爲比。）辛廖占之曰吉。屯固比入。吉孰大焉。其必蕃昌。（屯險難所以爲堅固。比親密所以得入。）震爲土。（震變爲坤。）車從馬。（震爲車。坤爲馬。）足居之。（震爲足。）兄長之。（震爲長男。）母覆之。（坤爲母。）衆歸之。（坤爲衆。）六體不易。（初一爻變。有此六義。不可易也。）合而能固。安而能殺。公侯之卦也。（比合屯固。坤安震殺。故曰公侯之卦。）公侯之子孫。必復其始。（畢萬。公高之後。）

按此亦一爻變之卦。占法不取爻辭。但論本卦變卦卦體。

三。閔二年。成季之將生也。筮之。遇大有䷍（乾下離上。）之乾䷀。（乾下乾上。大有六五變而爲乾。）曰。同復于父。敬如君所。（筮者之辭也。乾爲君父。離變爲乾。故曰同復于父。敬如君所。）

按此亦一爻變之卦。占法不取爻辭。但論本卦變卦卦體。

四。僖十五年。秦伯伐晉。卜徒父筮之。吉。（徒父秦之掌龜卜者。卜人而用筮。不能通三易之占。故據其所見雜占而言之。）涉河侯車敗。詰之。（秦伯之軍涉河。則晉侯車敗也。秦伯不解。謂敗在己。故詰之。）對曰。乃大吉也。三敗必獲晉君。其卦遇蠱䷑（巽下艮上）曰。千乘三去。三去之餘。獲其雄狐。夫狐蠱必其君也。（於周易。利涉大川。往有事也。亦秦勝晉之卦。今此所言。蓋卜筮書雜辭。以狐蠱爲君。其義欲以喻晉惠公。其象未聞。）蠱之貞風也。其悔山也。（內卦爲貞。外卦爲悔。巽爲風。秦象。艮爲山。晉象。）歲云秋矣。我落其實。而取其材。所以克也。（周九月。夏之七月。孟秋也。艮爲山。山有木。今歲己秋。風吹落山木之實。則材爲人所取。）實落材亡。不敗何待。

按此爲不變之卦。取本卦卦體。兼及時令與其他各象。

又僖十五年。初。晉獻公筮嫁伯姬於秦。遇歸妹䷵（兌下震上。）之睽䷥。（兌下離上。）史蘇占之曰不吉。其繇曰。士刲羊亦無衁也。女承筐亦無貺也。（周易歸妹上六爻辭也。衁血也。貺賜也。刲羊士之功。承筐女之職。上六無應。所求不獲。故下刲無血。上承無實。不吉之象也。離爲中女。震爲長男。故稱士女。）西鄰責言。不可償也。（將嫁女於西。而遇不吉之卦。故云有責讓之言。不可報償。）歸妹之睽。猶無相也。（歸妹女嫁之卦。睽乖離之象。故曰無相。相助也。）震之離。亦離之震。（二卦變而氣相通。）爲雷爲火。爲嬴敗姬。（嬴秦姓。姬晉姓。震爲雷。離爲火。火動熾而害其母。女嫁反害其家之象。故曰爲嬴敗姬。）車脫其輹。火焚其旗。不利行師。敗于宗丘。（輹。車下縛也。丘猶邑也。震爲車。離爲火。上六爻。在震則無應。故車脫輹。在離則失位。故火焚旗。言皆失車火之用也。車敗旗焚。故不利行師。火還害母。故敗不出國。近在宗邑。）歸妹睽孤。寇張之弧。（此睽上九爻辭也。處睽之極。故曰睽孤。失位孤絕。故遇寇難。而有弓矢之警。皆不吉之象。）姪其從姑。（震爲木。離爲火。火從木生。離爲震妹。於火爲姑。謂我姪者我謂之姑。謂子圉質秦。）六年其逋。逃歸其國。而弃其家。（逋亡也。家謂子圉婦懷嬴。）明年其死於高梁之虛。（惠公死之明年。文公入殺懷公于高梁。高梁晉地。凡筮者用周易則其象可推。非此而往。則臨時占者。或取於象。或取於氣。或取於時日之相。以成其占。若盡附會以爻象。則構虛而不經。故略言其歸趣。他皆仿此。）及惠公在秦。曰。先君若從史蘇之占。吾不及此夫。韓簡侍曰。龜象也。筮數也。物生而後有象。象而後有滋。滋而後有數。先君之敗德及。可數乎。史蘇是占。勿從何益。（言龜以象示。筮以數告。象數相因而生。然後有占。占所以知吉凶。不能變吉凶。故先君敗德。非筮數所生。雖復不從史蘇。不能益禍。）

按此亦一爻變之卦。占法取本卦變卦爻辭。兼論本卦變卦卦體。

五。僖二十五年。晉侯使卜偃筮之。遇大有䷍（乾下離上。）之睽䷥。（兌下離上。大有九三變而爲睽。）曰吉。遇公用亨于天子之卦。（大有九三爻辭也。三爲三公。而得位。變而爲兌。兌爲說。得位而說。故能爲王所宴饗也。）戰克而王饗。吉孰大焉。（言卜筮協吉。）且是卦也。（方更總言二卦之義。不繫於一爻。）天爲澤以當日。天子降心以逆公。不亦可乎。（乾爲天。兌爲澤。乾變爲兌。而上當離。離爲日。日之在天。垂曜在澤。天子在上。說心在下。是降心逆公之象。）大有去睽而復。亦其所也。（言去睽卦還論大有。亦有天子降心之象。乾尊離卑。降尊下卑。亦其義也。）

按此亦一爻變之卦。取本卦爻辭。兼論本卦變卦卦體。

六。宣六年。鄭公子曼滿與王子伯廖語。欲爲卿。伯廖告人曰。無德而貪。其在周易。豐䷶（離下震上。）之離䷝。（豐上六變而爲純離。）弗過之矣。（豐上六曰。豐其屋。蔀其家。闚其戶。闃其无人。三歲不覿凶。義取無德而大其屋。不過三歲必滅亡。弗過謂不過三年。）間一歲鄭人殺之。

按此係斷章取義。如詩曰書云之類。非筮而得斯爻。所謂以言者尚其辭也。

七。宣十二年。知莊子曰。此師殆哉。周易有之。在師䷆之臨䷒（坎下坤上師。兌下坤上臨。師初六變而之臨。）曰。師出以律。否臧凶。（此師卦初六爻辭。律法。否不也。）執事順成爲臧。逆爲否。（今彘子逆命不順成。故應不臧之凶。）衆散爲弱。（坎爲衆。今變爲兌。兌柔弱。）川壅爲澤。（坎爲川。今變爲兌。兌爲澤。是川見壅。）有律以如己也。（如從也。法行則人從法。法敗則法從人。坎爲法象。今爲衆則散。爲川則壅。是失法之用。從人之象。）故曰律。否臧且律竭也。（竭敗也。坎變爲兌。是法敗。）盈而以竭。夭且不整。所以凶也。（水遇夭塞。不得整流。則竭涸也。）不行之謂臨。（水變爲澤。乃成臨卦。澤不行之物。）有帥而不從。臨孰甚焉。此之謂矣。（譬彘子之違命。亦不可行。）

按此亦係斷章取義。取本卦爻辭。兼論本卦變卦卦體。

八。成十六年。公筮之。史曰吉。其卦遇復䷗。（震下坤上。）曰。南國蹙。射其元。王中厥目。（此卜者辭也。復陽長之卦。陽氣起子。南行推陰。故曰南國蹙也。南國勢蹙。則離受其咎。離爲諸侯。又爲目。陽氣激南。飛矢之氣。故曰射其元王中厥目。）國蹙王傷。不敗何待。

按此爲不變之卦。專取本卦卦體。

九。襄九年。穆姜薨於東宮。始往而筮之。遇艮之八。䷳（艮下艮上。周禮太卜掌三易。然則雜用連山歸藏周易三易。皆以七八爲占。故言遇艮之八。）史曰。是謂艮之隨。䷐（震下兌上。史疑占易遇八爲不利。故更以周易占變爻得隨卦而論之。）隨其出也。（史謂隨非閉固之卦。）君必速出。姜曰。亡。（亡猶無也。）是於周易。曰。隨元亨利貞无咎。（易筮皆以變者占。遇一爻變義異則論象。故姜亦以象爲占也。史據周易。故指言周易以折之。）元體之長也。亨嘉之會也。利義之和也。貞事之幹也。體仁足以長人。嘉會足以合禮。利物足以和義。貞固足以幹事。然故不可誣也。是以雖隨无咎。（言不誣四德。乃遇隨无咎。明無四德者。則爲淫而相隨。非吉事。）今我婦人而與於亂。固在下位。（婦人卑於丈夫。）而有不仁。不可謂元。不靖國家。不可謂亨。作而害身。不可謂利。棄位而姣。（姣。淫之別名。）不可謂貞。有四德者。隨而无咎。我皆無之。豈隨也哉。我則取惡。能无咎乎。必死於此。弗得出矣。（傳言穆姜辯而不德。）

按此係五爻變之卦。專論變卦彖辭。

十。襄二十五年。崔武子見棠姜而美之。筮之。遇困䷮(坎下兌上。)之大過䷛。(巽下兌上。困六三變爲大過。)史皆曰吉。示陳文子。文子曰。夫從風。(坎爲中男故曰夫。變而爲巽。故曰從風。)風隕。妻不可娶也。(風能隕落物者。變而隕落。故曰妻不可娶。)且其繇曰。困于石。據于蒺藜。入于其宮。不見其妻凶。(困六三繇辭。)困于石。往不濟也。(坎爲險爲水。水之險者。石不可以動。)據于蒺藜。所恃傷也。(坎爲險。兌爲澤。澤之生物而險者蒺藜。恃之則傷。)入于其宮。不見其妻凶。無所歸也。(易曰非所困而困焉名必辱。非所據而據焉身必危。既辱且危。死期將至。妻其可得見邪。今卜昏而遇此卦。六三失位无應。則喪其妻。失其所歸也。)崔子曰。嫠也何害。先夫當之矣。遂取之。

按此亦一爻變之卦。取本卦爻辭。兼論本卦卦體。

十一。昭五年。穆子之生也。莊叔以周易筮之。(莊叔。穆子父得臣也。)遇明夷䷣(離下坤上。)之謙䷎。(艮下坤上。明夷初九變爲謙。)以示卜楚丘。(卜人姓名。)曰。是將行(行出奔。)而歸爲子祀。(奉祀祭。)以讒人入。其名曰牛。卒以餒死。明夷日也。(離爲日。夷傷也。)日之數十。(甲至癸。)故有十時。亦當十位。自王以下。其二爲公。其三爲卿。(日中當王。食時當公。平旦爲卿。雞鳴爲士。夜半爲皁。人定爲輿。黃昏爲隸。日入爲僚。晡時爲僕。日昳爲臺。隅中日出。闕不在第。尊王公。曠其位。)日上其中。(日中盛明。故以當王。)食日爲二。(公位。)旦日爲三。(卿位。)明夷之謙。明而未融。其當旦乎。(融明也。離在坤下。日在地中之象。又變爲謙。謙道卑退。故曰明而未融。日明未融。故曰其當旦乎。)故曰爲子祀。日之謙當鳥。故曰明夷于飛。(離爲日爲鳥。離變爲謙。日光不足。故當鳥。鳥飛行故曰于飛。）明而未融。故曰垂其翼。（於日爲未融。於鳥爲垂翼。）象日之動。故曰君子于行。（明夷初九。得位有應。君子象也。在明傷之世。居謙下之位。故將辟難而行。）當三在旦。故曰三日不食。（旦位在三。又非食時。故曰三日不食。）離火也。艮山也。離爲火。火焚山山敗。（離艮合體故。）於人爲言。（艮爲言。）敗言爲讒。（爲離所焚故言敗。）故曰有攸往主人有言。言必讒也。（離變爲艮。故言有所往。往而見燒。故主人有言。言而見敗。故必讒言。）純離爲牛。（易離上離下離。畜牝牛吉。故言純離爲牛。）世亂讒勝。勝將適離。故曰其名曰牛。（離焚山則離勝。譬世亂則讒勝。山焚則離獨存。故知名牛也。豎牛非牝牛。故不吉。）謙不足。飛不翔。（謙道冲退。故飛不遠翔。）垂不峻。翼不廣。（翼垂下故不能廣遠。）故曰其爲子後乎。（不遠翔故知不遠去。）吾子亞卿也。抑少不終。（旦日正卿之位。莊叔父子世位亞卿。位不足以終盡卦體。蓋引而致之。）

按此亦一爻變之卦。取本卦爻辭。兼論本卦變卦卦體。

十二。昭七年。衛襄夫人姜氏無子。嬖人婤姶生孟縶。孔成子夢康叔謂己立元。史朝亦夢康叔謂己。晉韓宣子爲政聘于諸侯之歲。婤姶生子。名之曰元。孟縶之足不良。弱行。孔成子以周易筮之。曰。元尚享衛國。主其社稷。（今著辭。）遇屯䷂。（震下坎上。）又曰。余尚立縶。尚克嘉之。遇屯䷂之比䷇。（坤下坎上。屯初九爻變。）以示史朝。史朝曰。元亨。又何疑焉。（周易曰屯元亨。）成子曰。非長之謂乎。（言屯之元亨。年長。非謂名元。）對曰。康叔名之。可謂長矣。（善之長也。）孟非人也。將不列於宗。不可謂長。（足跛非全人。不可列爲宗主。）且其繇曰。利建侯。（繇卦辭。）嗣吉何建。建非嗣也。（嗣子有常位。故無所卜。又無所建。今以位不定。卜嗣得吉。則當從吉而建之也。）二卦皆云。（謂再得屯卦。皆有建侯之文。）自其建之。康叔命之。二卦告之。筮襲於夢。武王所用也。弗從何爲。（外傳云。大誓曰。朕夢協朕卜。襲於休祥。戎商必克。此武王辭。）弱足者居。（跛則偏弱。居其家不能行。）侯主社稷。臨祭祀。奉民人。事鬼神。從會朝。又焉得居。各以所利。不亦可乎。（孟跛利居。元吉利建。）故孔成子立靈公。

按此。一爲不變之卦。取本卦彖辭。一爲一爻變之卦。取本卦彖辭及爻辭。

十三。昭十二年。南蒯枚筮之。（不指其事。汎卜吉凶。）遇坤䷁（坤下坤上。）之比䷇（坤下坎上。坤六五爻變。）曰。黃裳元吉。（坤六五爻辭。）以爲大吉也。示子服惠伯曰。即欲有事何如。惠伯曰。吾嘗學此矣。忠信之事則可。不然必敗。外彊內溫忠也。（坎險故彊。坤順故溫。彊而能溫。所以爲忠。）和以率貞信也。（水和而土安正。和正信之本也。）故曰黃裳元吉。黃中之色也。裳下之飾也。元善之長也。中不忠不得其色。（言非黃。）下不共不得其飾。（不爲飾裳。）事不善不得其極。（失中德。）外內倡和爲忠。（不相違也。）率事以信爲共。（率猶行也。）供養三德爲善。（三德謂正直剛克柔克也。）非此三者弗當。（非忠信善。不當此卦。）且夫易不可以占險。將何事也。且可飾乎。（夫易猶此易。謂黃裳元吉之卦。問其何事。欲令從下之飾。）中美能黃。上美爲元。下美則裳。參成可筮。（參美盡備。吉可如筮。）猶有闕也。筮雖吉未也。（有闕謂不參成。）

按此亦一爻變之卦。取本卦爻辭。

十四。昭二十九年。蔡墨曰。周易有之。在乾䷀（乾下乾上。）之姤䷫。（巽下乾上。乾初九變。）曰。潛龍勿用。（乾初九爻辭。）其同人䷌（離下乾上。乾九二變。）

曰。見龍在田。（乾九二爻辭。）其大有䷍（乾下離上。乾九五變。）曰。飛龍在天。（乾九五爻辭。）其夬䷪（乾下兌上。乾上九變。）曰。亢龍有悔。（乾上九爻辭。）其坤䷁（坤下坤上。乾六爻皆變。）曰。見羣龍无首吉。（乾用九爻辭。）坤之剝䷖（坤下艮上。坤上六變。）曰。龍戰于野。（坤上六爻辭。）若不朝夕見。誰能物之。（物謂上六卦所稱龍各不同也。今說易者皆以龍喻陽氣。如史墨之言。則爲皆是真龍。）

按此亦斷章取義。非筮而得斯也。

十五。昭三十二年。史墨曰。在易卦雷乘乾曰大壯䷡。天之道也。（乾爲天子。震爲諸侯。而在乾上。君臣易位。猶臣大強壯。若天上有雷。）

按此亦斷章取義。專論本卦卦體。

十六。哀九年。陽虎以周易筮之。遇泰䷊（乾下坤上。）之需䷄（乾下坎上。泰六五變。）曰。宋方吉不可與也。（不可與戰。泰六五曰。帝乙歸妹。以祉元吉。帝乙紂父。立爲天子。故稱帝乙。陰而得中。有似王者嫁妹。得如其願。受福祿而大吉。）微子啟。帝乙之元子也。宋鄭甥舅也。（宋鄭爲婚姻甥舅之國。宋爲微子之後。今卜得帝乙卦。故以爲宋吉。）祉祿也。若帝乙之元子。歸妹而有吉祿。我安得吉焉。乃止。（吉在彼則我伐之爲不吉。）

按此亦一爻變之卦。專論本卦爻辭。（以上左傳。純錄杜注。）

十七。國語周語下。晉孫談之子周。適周。事單襄公。襄公有疾。召頃公而告之曰。必善晉周。將得晉國。其行也文。能文則得天地。天地所祚。小而後國。成公之歸也。（成公。晉文公庶子成公黑臀也。歸者。自周歸晉也。趙穿殺灵公。趙盾逆公子黑臀於周而立之。）吾聞晉之筮之也。（筮立成公也。）遇乾䷀（乾下乾上。）之否䷋（坤下乾上。）曰。配而不終。君三出焉。（乾天也。君也。故曰配。配先君也。不終。子孫不終爲君也。乾下變而爲坤。坤地也。臣也。天地不交曰否。變有臣象。三爻故三世而終。上有乾。乾天子也。五體不變。周天子國也。三爻有三變。故君三出於周也。）一既往矣。後之不知。其次必此。（一謂成公已往爲晉君。後之不知。不知最後者在誰也。其次必此。次成公而往者必周也。）

按此係三爻變之卦。專論本卦變卦卦體。

十八。晉語四。公子親筮之。曰。尚有晉國。（尚上也。命筮之辭也。禮曰某子尚享之。）得貞屯䷂悔豫䷏皆八也。（內曰貞。外曰悔。震下坎上屯。坤下震上豫。得此兩卦。震在屯爲貞。在豫爲悔。八謂震兩陰爻在貞在悔皆不動。故曰皆八。謂爻無爲也。）筮史占之。皆曰不吉。（筮史。筮人。掌以三易辨九筮之名。一夏連山。二殷歸藏。三周易。以連山歸藏占此兩卦皆言不吉。）閉而不通。爻無爲也。（閉壅也。震爲動。動遇坎。坎爲陰阻。閉塞不通。無所爲也。）司空季子曰。吉。是在周易。皆利建侯。（建立也。以周易占之。二卦皆吉也。屯初九曰利建侯。豫大象曰利建侯行師。）不有晉國。以輔王室。安能建侯。我命筮曰。尚有晉國。筮告我曰。利建侯。得國之務也。吉孰大焉。（務猶趨也。）震車也。（易坤爲大車。震爲雷。今云車者。車亦動聲象雷。其爲小車也。）坎水也。坤土也。屯厚也。豫樂也。車班內外。順以訓之。（車震也。班徧也。徧內外。謂屯之內有震。豫之外亦有震。坤順也。豫內爲坤。屯二與四亦爲坤。）泉原以資之。（資財也。屯三至五。豫二至四。皆有艮象。三至五有坎象。艮山坎水。水在山爲泉原。流而不竭。）土厚而樂其實。不有晉國。何以當之。（屯豫皆有坤象。重坤故厚。豫爲樂。當。應也。）震雷也。車也。坎勞也。水也。衆也。（易以坤爲衆。坎爲水亦衆之類。）主雷與車。（內爲主也。）而尚水與衆。（坎象皆在上。故上水與衆。　按韋注皆字非是。此處專指屯言。）車有震武。（震威也。車聲隆象有威武也。）衆順文也。（坤爲衆爲順爲文。象有文德。爲衆所歸也。）文武具厚之至也。故曰屯。（屯厚也。）其繇曰。元亨利貞。勿用有攸往。利建侯。（繇卦辭。亨通也。貞正也。攸所也。往之也。小人勿用有所之。君子則利建侯行師。）主震雷長也。故曰元。（內爲主。震爲長男爲雷。雷爲諸侯。故曰元。元者善之長。）衆而順嘉也。故曰亨。（嘉善也。衆順服善故曰亨。亨者嘉之會。）內有震雷。故曰利貞。（屯內有震。賈侍中云。震以動之利也。侯以正國貞也。利義之和也。貞事之幹也。）車上水下必伯。（車震也。坎水也。車動而上威也。水動而下順也。有威而衆從故必伯。）小事不濟。壅也。故曰勿用有攸往。（濟成也。小事小人之事。壅。震動而遇坎。坎爲險阻。故曰勿用有攸往。）一夫之行也。（一夫一人也。易曰。震一索而得男。故曰一夫。又曰爲作足。故爲行也。）衆順而有武威。故曰利建侯。（復述上事。）坤母也。震長男也。母老子彊。故曰豫。（豫樂也。）其繇曰。利建侯行師。居樂出威之謂也。（居樂母在內也。出威震在外也。居樂故曰利建侯。出威故利行師。）是二者得國之卦也。（二謂屯豫。）

又晉語。秦伯納公子。董因迎公於河。公問焉。曰。吾其濟乎。對曰。必有晉國。臣筮之。得泰之八。（乾下坤上泰。遇泰無動爻。無爲侯。泰三至五震爲侯。陰爻不動。其數皆八。故得泰之八。與貞屯悔豫皆八義同。）曰。是謂天地配。亨。小往大來。（陽下陰升故曰配亨。小喻子圉。大喻文公。陰在外爲小往。陽在內爲大來。）今及之矣。何不濟之有。（以上國語。純錄韋注。）

按以上二筮。與左傳襄九年穆姜之筮。或言得八。或言遇八。杜於穆姜注稱。周禮太卜掌三易。然則雜用連山歸藏周易三易。皆以七八爲占。故言遇艮之八。韋注稱八。謂震兩陰爻。在貞在悔皆不動。故曰皆八。又稱。筮人掌以三易辨九筮之名。一夏連山。二殷歸藏。三周易。以連山歸藏占此兩卦皆不吉云云。杜韋均非學易專家。玩杜注蓋謂雜用三易。則以七八爲占。韋注蓋謂夏商二易占七八。然皆以八爲不動爻。故史疑得八爲不吉。乃更以周易占之。信如杜韋之說。則是未筮之先。與既筮之後。懷貳心以事神明。欲所占之無忒能乎。夫連山歸藏。雖不傳於後。意其序卦取象之間。或有不同。筮人掌之。以存舊制。其揲蓍占驗之法。未必與周易異也。（世本。巫咸作筮。在夏殷前。）如杜說。雜用三易。則占七八。如韋說。用連山歸藏。則占七八。其結果。凡筮者強半得八。而皆謂之不吉可乎。何則。揲蓍之法。七八多。九六少。例如一爻變。則其餘五爻。凡屬陰者皆八。二爻變。則其餘四爻。凡屬陰者皆八。三四五爻變。則其餘陰爻之不變者皆八。惟六爻皆變。而後非八。卦之六爻皆變者。十不獲一也。而皆謂之不吉可乎。或曰。七八多。九六少。乃周易揲蓍之法耳。連山歸藏。未必悉與周易同。曰。假令連山歸藏。別有所謂揲蓍之法。不知晉侯與穆姜諸人。其命蓍之時。用連山歸藏之法耶。用周易之法耶。抑混合爲之。而別有折中之法耶。將揲蓍時用連山歸藏。卦成後用周易耶。是數說者。無一而可通者也。且七八之占。占其動耶。抑占其不動耶。如占其動。則爲九六而非七八矣。如占其不動。則韋注所謂震兩陰爻不動。乃其宜矣。而筮史疑之何也。彼於屯豫泰三卦之八。專以震之陰爻不動言。亦難索解。八卦除乾外。餘七卦無不有陰爻。如韋說。是震卦有八。而他卦無八矣。其可乎。或曰。杜注言三易以七八爲占。韋注祇言以連山歸藏占此兩卦不吉。未嘗明言連山歸藏占七八也。曰。韋氏苟非以連山歸藏占七八。則愈滋惑矣。彼以晉侯董因之筮。其得卦皆不動。而後謂之八耶。則屯豫泰三卦。陽爻甚多。何獨指陰爻而言之。彼以晉侯之筮。謂屯豫震二陰爻皆不動。其餘皆動。而後謂之八耶。則當言屯之晉。豫之泰。不當言貞屯悔豫。是數者。又無一而可通者也。或曰。朱子五爻皆變唯得八之説信乎。曰。周易占變。五爻變而占不變之一爻。未見其說之有據也。然則傳之所謂八者何也。曰。天下之事。以歧而分。以一而神。繫辭傳曰。天下之動。貞夫一者也。故一爻變者一也。六爻不變。與六爻皆變者亦一也。變不一變。而又不至於六爻皆變。則紛歧而無所適從。其占與六爻皆不變者等。爲其別於六爻皆不變也。故名之曰八。奚以知其然也。曰。仍於傳之所載知之。

穆姜之筮也。初三四五六。凡五爻皆變。惟二爻未變。以其成卦名之。則謂艮之隨。以其爻勿用而象有用言之。則謂艮之八。凡遇此等卦。宜占本卦彖辭。有時或及於變卦之彖辭。而爻辭不與焉。艮之彖曰。艮其背不獲其身。行其庭不見其人。穆姜之往東宮。得此彖辭。其不出宜矣。且以卦體言。艮之止亦不如隨之無故。史故從其變者言之。曰。是謂艮之隨。隨其出也。姜乃據隨彖以折之。而自知其弗得出。蓋筮而得八。雖以本卦彖辭爲正占。而變卦彖辭。亦有可備參考之理。不然。據傳所言。穆姜非不知易。史乃故爲謾言以相欺。姜復從其謾言而釋之。豈人情也哉。或曰。晉侯董因之筮。不及變卦何也。曰。筮而得八。專占本卦者常也。兼及變卦者非常也。亦猶一爻變之卦。專占本卦爻辭。而晉獻筮嫁伯姬。兼及變卦爻辭。彼蓋引伸觸類。期盡前知之能事。然要不得以晉獻之占變卦。遂疑專占本卦者而非。故曰易不爲典要。

晉侯之筮也。蓋初筮得屯之八。以其紛歧而無所適從也。故再筮之。再筮而得豫之八。史以兩筮皆無所適從。故皆曰不吉。(韋注。震兩陰爻。在貞在悔皆不動。亦指初筮得屯再筮得豫而言。非屯之豫也。）且以卦體言。屯內震。外坎。互艮。震以動之。遇險而止。閉而不通之象。豫內坤。外震。互坎艮。凡占內我而外人。豫內順外威。坎險艮止在前。亦閉而不通之象。繫辭傳曰。象者言乎象者也。爻者言乎變者也。故變而後取爻。言爻則其變可知。今變而無所適從。故曰爻無爲。爻無爲者。變而無爲用也。或曰。內卦爲貞。外卦爲悔。傳有明文。今謂初筮爲貞。再筮爲悔。亦有說乎。曰。以傳文考之。固當然耳。夫傳不曰貞屯悔豫皆八乎。若非再筮。則當曰得屯之八。或曰遇屯之豫。不當曰皆八。傳又曰。是二者得國之卦。若非再筮。則其論卦體也。當曰水從雷。震爲土。不當分論而無變象。然則車班內外者何解。曰。兩卦同筮。往往於兩卦之相同者。兼取並論。如昭七年孔成子屯比之筮是也。（詳見前。）龜蓍同時。往往於卜筮之相同者。相提並論。如僖二十五年晉侯大有之筮。卜偃謂戰克王饗（詳見前。）是也。宋蔡沈書集傳。謂遇卦爲貞。之卦爲悔。下引此條爲証。是蓋於國語原文未深體驗。然貞悔之說。本可不限於內外卦。周禮春官太卜。凡國大貞。卜立君。卜大封。則眂高作龜。國大遷大師。則貞龜。左傳哀十七年。衛侯貞卜。是貞之名且可施於卜。故先儒本卦爲貞之卦爲悔之說。理有可通。（朱子。沙隨程氏。均如此說。朱子且有前十卦主貞。後十卦主悔之說。均見前。）但不當徵引此條耳。

或曰。杜韋注皆言以連山歸藏占之不吉。故穆姜司空季子引周易以折之。今言得八亦周易之法。然則是於周易。是在周易二語。作何解。非以別於夏商而言耶。曰。周易者乃當時言易之通稱。姜引周易以及隨象。此猶宣十二年。知莊子之引周易。昭二十九年。蔡墨之引周易。同爲順序所宜然。如以別於夏商而言周。則艮之隨一語。已自別於連山歸藏。姜何用再爲區別耶。知此則司空季子之引周易。亦可不煩言而解矣。或曰。七八皆不動爻。何以罕言七而專言八。曰。今不可考。以義揣之。九六爲老陰老陽。七八爲少陰少陽。老變少不變。故變言九六。不變言七八。變而與不變等者。亦言七八。而七爲少陽。八爲少陰。陽動陰靜。故卦之具有七八者。得簡稱之爲八。必有七而無八者。始不得稱八。故乾之否不曰乾之八。此如用九用六。係於乾坤之下。他卦非純陰純陽。不稱用九用六。唯其意可通耳。

董因之筮也。得泰之八。其占亦以泰之彖辭爲本。此與晉侯之得屯豫。皆未詳言其所變之爲何爻。蓋以本卦爲主。而變卦在所不計耳。或曰。周語所載遇乾之否。何以異是。曰。專占本卦者常也。兼及變卦者非常也。且筮之道不拘一端。或主卦體。或主卦辭。或兼及於其他各象。要在相機而爲之。單襄專以卦體言。故不及彖辭耳。

由上列觀之。可得如下之數例。

一。六爻皆不變之卦。　僖十五年。秦伐晉。筮。遇蠱。占本卦卦體。兼及時令與其他雜繇。成十六年。晉與楚戰。筮。遇復。占本卦卦體。而別成爲繇。昭七年。孔成子筮。遇屯。占本卦彖辭。

二。一爻變之卦。莊二十二年。陳敬仲筮。遇觀之否。占本卦爻辭。兼論本卦變卦卦體。閔元年。畢萬筮。遇屯之比。占本卦變卦卦體。閔二年。成季筮。遇大有之乾。占本卦變卦卦體。僖十五年。晉獻筮嫁伯姬。遇歸妹之睽。占本卦變卦爻辭。兼論本卦變卦卦體。及其他雜繇。僖二十五年。晉侯筮。遇大有之睽。占本卦爻辭。兼論本卦變卦卦體。襄二十五年。崔武子筮。遇困之大過。占本卦爻辭。兼論本卦變卦卦體。昭五年。叔孫穆子筮。遇明夷之謙。占本卦爻辭。兼論本卦變卦卦體。及其他各象。昭七年。孔成子筮。遇屯之比。占本卦彖辭及爻辭。昭十二年。南蒯筮。遇坤之比。占本爻辭。哀九年。陽虎筮。遇泰之需。占本卦爻辭。

三。六爻皆變之卦。　此雖無成筮。觀乾坤用九用六。及蔡墨乾之坤一語。固知遇此等卦。宜占本卦變卦卦體。

四。多爻變之卦。　襄九年。穆姜筮。遇艮之隨。占變卦彖辭。周語。成公筮。遇乾之否。占本卦變卦卦體。晉語。晉侯筮。得貞屯悔豫皆八。占本卦彖辭及卦體。董因筮。得泰之八。占本卦彖辭。

由上列觀之。唯一爻變之卦。則占爻辭。（亦有不占爻辭者。）其餘概以卦體及彖辭爲本。繫辭傳曰。存亡吉凶。則居可知矣。知者觀其彖辭。則思過半矣。豈不信哉。

又晉書郭璞傳。璞既過江。宣城太守殷祐。引爲參軍。時有物大如水牛。灰色。卑腳。腳類象。胷前尾上皆白。大力而遲鈍。來到城下。衆咸異焉。祐使人伏而取之。令璞作卦。遇遯䷠之蠱䷑（共三爻變。）其卦曰。艮體連乾。其物壯巨。山潛之畜。匪兕匪虎。身與鬼并。精見二午。法當爲禽。兩翼不許。遂被一創。還其本墅。按卦名之。是爲驢鼠。卜適了。伏者以戟刺之。深尺餘。遂去不復見。郡綱紀上祠請殺之。巫云。廟神不悅。曰。此是邪亭驢山君鼠。使詣荆山。暫來過我。不須觸之。又元帝初鎮建業。導令璞筮之。遇咸䷞之井䷯。（共二爻變。）璞曰。東北郡縣有武名者。當出鐸。以著受命之符。西南郡縣有陽名者。井當沸。其後晉陵武進縣人。於田中得銅鐸五枚。歷陽縣中井沸。經日乃止。及帝爲晉王。又使璞筮。遇豫䷏之睽䷥（共三爻變。）璞曰。會稽當出鐘。以告成功。上有勒銘。應在人家井泥中得之。繇辭所謂先王以作樂崇德殷薦之上帝者也。及帝即位。太興初。會稽剡縣人。果於井中得一鐘。長七寸二分。口徑四寸半。上有古文奇書十八字云。會稽嶽命。餘字時人莫識之。

又璞上疏曰。臣不揆淺見。輒依歲首。粗有所占。得解䷧之既濟䷾。（共五爻變。）按爻論思。方涉春木王龍德之時。而爲廢水之氣。來見乘加。升陽未布。隆陰仍積。坎爲法象。刑獄所麗。變坎加離。厥象不燭。以義推之。皆爲刑獄殷繁。理者有壅濫。按解卦繇云。君子以赦過宥罪。既濟云。思患而預防之。臣愚以爲。宜發哀矜之詔。引在予之責。蕩除瑕釁。贊陽布惠。使幽斃之人。應蒼生以悅育。否滯之氣。隨谷風而紓散云云。

右所筮。或爲二爻變之卦。或爲三爻變之卦。或爲五爻變之卦。璞所占雜以他繇。不盡守周易範圍。然亦可見卦之變不一變。而又不至於六爻皆變者。未可以爻辭占也。朱子二爻變仍以上爻爲主。四爻變仍以下爻爲主之說。非惟於古無徵。抑亦欲從莫由矣。

占解

書洪範曰。汝則有大疑。謀及乃心。謀及卿士。謀及庶人。謀及卜筮。若是則人謀居其三。卜筮居其一。又曰。汝則從。龜從。筮逆。卿士逆。作內吉。作外凶。春秋傳曰。筮短龜長。不如從長。若是則龜居其一之半而強。筮居其一之半而弱。比象稱原筮。原者再也。禮稱卜筮不過三。晉文筮國。得貞屯悔豫。是筮之數可及於再。洪範曰。立時人作卜筮。三人占則從二人之言。是筮之人可至於三。吾固非謂筮與龜不同道也。但既有龜筮之分。則專以龜或專以筮者。其可從之範圍減矣。非謂筮之數必至再。筮之人必持論互異也。但既有再筮之數。三人之衆。則凡一卦之吉凶。一人之論斷。其可從之範圍又減矣。雖然。地球之於太陽系。人身之於地球。一手一足之於一身。渺乎小焉者也。由一手一足。而知人身之強弱率。由人身而知地球之寒熱帶。由地球而知太陽之吸引力。則即謂一手一足之有關於太陽系。亦無不可。龜象也。筮數也。象有定。而象象者無定。數可知。而數數者不可知。聖人即有定以馭無定。即可知以馭不可知。夫亦曰天下之大。事務之賾。有非人謀之所得概者。灼龜而命之。揲蓍而求之。因靜及動。因微及顯。庶可以減其疑慮焉耳。況內外傳所載卜筮之事。類多忠信克己之言。博學而詳說之。亦修身之一助也。故附占解於筮例之後云。

莊二十二年。陳敬仲筮。遇觀䷓之否䷋。（傳文及注均見前筮例內。餘仿此。）解此須知敬仲爲陳公子。用賓于王。諸侯有國之象。若已爲諸侯者。得此則必有錫命之榮。如晉文公筮卦。得公用亨于天子是也。敬仲未爲諸侯。且非世子。猶有觀焉。巽爲進退。爲不果。故曰其在後。風行必遷其地。故曰其在異國。知其爲姜姓者。蓋有二因。一。懿氏卜有將育于姜之繇。（古卜筮往往合論。）二。當時諸國。惟姜姓爲太嶽之後。竊意說卦諸象。不過略舉其例。古筮書取象蓋繁。氏族一門。某某取象於某。當有專章。姜艮象也。他姓亦必有所取象。今不可考矣。餘詳杜注。

又按觀有得民之象。否有以陰剝陽之象。田氏在齊。得民而欺君。亦隱具於此。　又左傳哀九年。晉趙鞅卜救鄭。遇水適火。（水火之兆。）史龜曰。是謂沈陽。（火陽得水故沈。）可以興兵。利以伐姜。不利子商。（姜齊姓。子商謂宋。）伐齊則可。敵宋不吉。史墨曰。盈水名也。子水位也。（趙鞅姓盈。宋姓子。水盈坎乃行。二姓又得北方水位。）名位敵不可干也。（二水俱盛。故言不可干。）炎帝爲火師。（神農有火瑞。以火名官。）姜姓其後也。水勝火。伐姜則可。史趙曰。是謂如川之滿。不可游也。（既盈而得水位。故爲如川之滿。不可馮游。言其波流盛。）鄭方有罪。不可救也。（鄭以孌寵伐人。故以爲有罪。）救鄭則不吉。不知其他。（救鄭則當伐宋。故不吉也。）

按此則姜又爲火象。豈卜筮異用耶。抑各即其所見而言耶。又古稱神農居姜水。以水爲姓。若然則姜又屬水矣。書缺有間。誰能起古人而問之乎。

閔元年。畢萬筮。遇屯䷂之比䷇。 屯爲草昧初開之卦。有國者筮此。則有不安其位之象。在野者筮此。則有開國承家之象。傳論卦體。未引初九爻辭。然所以獲吉。全在初九爻變。蓋震本坤體。爲坤之子孫。震變爲坤。子孫復始之象。雷發於地。車行在馬。震變爲坤。則震爲土。車從馬。各歸其類。仕而得君之象。震爲足。在下卦。故曰足居之。震爲長男。在內卦。故曰兄長之。坤爲母爲衆。變爲坤。故曰母覆之。衆歸之。有此六義。故曰六體不易。餘詳杜注。 說卦坤爲大輿。以其能載之故。內外傳俱言震爲車。以其能行之故。觀此則古筮書之不傳於今者多矣。

閔二年。成季筮。遇大有䷍之乾䷀。大有初至上皆陽。惟六五一爻爲陰。此如恭儉之主。上下皆賢。爲君者筮此。主得賢輔。爲臣者筮此。主得國政。成季卜辭。既曰間于兩社。爲公室輔。筮辭祇略言大體。蓋離本乾體。乾爲君父。爲敬。離變乾。故曰同復于父。敬如君所。爻辭厥孚交如威如吉。成季忠於公室。厥孚交如之謂。逐慶父。立僖公。威如吉之謂。

僖十五年。秦伯筮。遇蠱䷑。 杜注。謂卜徒父不通三易之占。故據其所見。雜占而言之。此未必然。春秋時卜筮繇辭。當別有專書。不盡如周易所云云。且豈獨春秋時。後世之深於易者。亦未有拘拘於易辭者也。然吉凶禍福之理。則未之或悖。如象稱利涉大川。筮辭則曰涉河。象稱三日。（涉川三日。詳初稿中。）筮辭則曰三敗三去。蠱互震。故曰侯車。曰千乘。（震爲侯爲車。）外艮互大坎。故曰狐。（坎爲狐。艮爲黔喙之屬。亦爲狐。）雄狐蓋當時淫亂之通稱。南山之詩是也。晉惠蒸於賈君。故以雄狐爲喻。卦貞勝於悔。故曰必獲晉君。時當秋令。故曰落實取材。晉亂秦治。故以車敗狐蠱屬之晉。涉河獲狐屬之秦。觀此則卜筮一端。宜即時與事參酌而爲之。

僖十五年。晉獻筮嫁伯姬。遇歸妹䷵之睽䷥。歸妹非吉卦。上六非吉爻。婚媾筮此。必多不利。然若敗于宗丘。死於高梁之虛等句。似非筮辭所宜有。意者史蘇見晉獻荒淫。大亂將作。雜取童謠與其他各象。藉筮以納諫。觀韓簡先君之敗德及可數乎之言。尤足証明史蘇之詭詞。且婚媾一事。以男女自身之吉凶爲吉凶。而室家之吉凶次之。試問伯姬嫁秦。夫婦子女之間。有何不利。晉獻因驪姬之變。盡逐羣公子。骨肉相殘。於伯姬之嫁何涉。惠文之入也。秦納之。惠因此而喪。文因此而霸。於伯姬之嫁又何涉。韓之戰秦雖敗晉。殽之戰秦非敗于晉乎。秦晉相隣。疆埸之役。一彼一此。何常之有。故由秦晉歷史觀之。亦足証明史蘇之詭詞。

然彼之所以工於附會者。亦有可以解釋之地。今按士刲羊四句。乃歸妹上六爻辭。（詳解見易初稿。）西鄰責言。兌西方。爲口舌。又震上六。震不于其躬于其鄰。婚媾有言。車脫輹。火焚旗。極言睽違之狀。震爲車。離爲火爲旗。（離爲甲胄戈兵。又象文明。故爲旗。）應兌毀折。故脫輹焚旗。震爲草木。離爲火。離動則害震。震貞離悔。故曰爲嬴敗姬。曰不利行師。寇張之弧。睽上九爻辭。姪其從姑。則歸妹之象。古諸侯一娶九女。娣姪從焉。歸妹非正體夫婦。故姪其從姑。以上諸象。皆卦爻所應有。其餘絕似童謠或卜辭。史蘇當日。亦曲盡譎諫之道矣。又按睽上九。先張之弧。後說之弧。（弧或作壺。婦承姑之禮。）匪寇婚媾。往遇雨則吉。是睽爻不盡凶辭。史蘇顧舍此而引彼。想亦意別有在。

僖二十五年。晉侯筮。遇大有䷍之睽䷥。此條杜注既詳。惟於此可得如下之二例。

一。凡筮雖有變卦。終以本卦爲主。（睽六三上六均非吉。歸妹之睽則凶。大有之睽則吉。）

二。凡筮可與卜辭相參。（卜遇黃帝戰阪泉之兆。筮言戰克王饗。）

成十六年。晉侯筮。遇復䷗。此易中言陰陽之卦。專就一陽初復上取象。姬姓陽也。異姓陰也。中國陽也。蠻夷陰也。陽長陰消。主楚不利。陽氣自北而南。楚在南故曰南國。陽來消陰。如射然。爲最初之一爻。故知所射在王。所傷在目。蓋王者國之首。目者首之要。今人稱國家主權者曰元首。稱士卒之首曰頭目。猶本古意。由此推之。所中當爲左目。（震爲左。且左先於右。）但傳未明言耳。杜注從方位着想。陽氣起子之說允矣。至因南國遂解爲離。恐未的確。蓋本卦無離也。

襄二十五年。崔子筮。遇困䷮之大過䷛。 此條傳未明言周易。而陳文字所引。純係周易繇辭。可見當時筮人。無不用周易者。傳或明言。或未明言。均行文之便耳。困于石。據于蒺藜。乘承皆剛也。入于其宮。不見其妻。無應與也。九家坎爲蒺藜。說卦艮爲石。以其外堅。六三承四五兩陽爻。陽堅故以石爲喻。困爲故廬。故言宮。 又按崔子筮婚。爻辭不見其妻。甚屬明顯。若所筮事與彖爻辭不類。自當於卦體或其他各象上探討。觀內外傳所載諸筮。大抵如是。是亦可爲筮例之一端矣。

昭五年。莊叔筮。遇明夷䷣之謙䷎。莊叔此筮。全引周易爻辭。十時十位之說。因莊叔父子世居卿位。故取象於是。今按每一晝夜。有日出。食時。隅中。日中。日昳。晡時。日入。黃昏。人定。夜半。雞鳴。平旦。十二時。每一旬中。有甲乙丙丁戊己庚辛壬葵十日。左傳宇尹無宇對楚王曰。天有十日。人有十等。下所以事上。上所以共神也。故王臣公。公臣大夫。大夫臣士。士臣皁。皁臣輿。輿臣隸。隸臣僚。僚臣僕。僕臣臺。馬有圉。牛有牧。由無宇之言觀之。卿與大夫爲一位。圉牧與臺爲一位。以十位配十日。則甲當王。乙當公。丙爲大夫。以次遞推。以十位配十二時。則時踰於位者凡二。故日中當王。食時當公。平旦爲卿。雞鳴爲士。夜半爲皁。人定爲輿。黃昏爲隸。日入爲僚。晡時爲僕。日昳爲臺。隅中日出。闕不在第。使其數適相符。而爲之說曰尊王公也。此猶先甲後甲。先庚後庚。在當時原無深意。自後人以深求之。則穿鑿可笑矣。明夷明入地中。變之謙。其明尚小。謙小也。豐大也。豐彖稱日中。則謙之明小可知。平旦與黃昏明皆小。變在初。故不爲黃昏而爲平旦。平旦爲卿。變而適當卿位。故曰爲子祀。離爲飛鳥。此常解也。傳言日之謙當鳥。故曰明夷于飛。杜注離爲日爲鳥。離變爲謙。日光不足。故當鳥。鳥飛行故曰于飛。似於傳文未能吻合。當鳥云者。與當旦同意。古時筮書。於日之十二時。某時當何物。必有專載。特今不可考耳。又常解震爲言。以發聲之故。杜注艮爲言。按之傳文極合。意者言出於口。口容止。故取象於艮。艮五。艮其輔。言有序。山之未敗者也。火焚山敗。故曰敗言。咸六。咸其輔頰舌。滕口說也。兌爲口舌。咸而動之。則出言矣。故曰滕口說。然則兌之爲口舌。象形者也。發而爲言。則其聲屬震。其容之宜止屬艮。艮變離則有言无咎。（漸初六。）離變艮則敗言爲讒。錯綜觀之。義亦可通。餘詳杜注。　又按小過二陽在中爲鳥身。四陰在外爲鳥翼。有飛鳥之象。明夷之謙。一陽在中。五陰在外。亦象飛鳥。故曰明夷于飛。上三陰下二陰。象翼之不均。故曰垂其翼。又日古文乙。象形。謂其中有鳥。明而未融。日光不見。惟鳥而已。故曰當鳥。總之古筮書不傳於後。其詳難臆測也。

昭七年。孔成子筮。遇屯䷂。又筮。遇屯之比䷇。　縶長子也。宜立。元非長子。不宜立。屯爲草昧初開之卦。初九爻利下不利上。使元筮之則得國。縶筮之則失國。利建侯亦初九爻辭。杜注卦辭。未得其全。弱足者居。允合盤桓居貞之義。嗣吉何建。釋此卦之利建侯。尤爲得解。　按此條可得如下之四例。一。若二人同時並筮。其利害不同時。則分別占之。二。兩卦不妨並論。三。繇辭須擇其最切者用之。如元亨弱足者居二語。是。四。繇辭且可分用。如以盤桓利居貞屬縶。利建侯屬元是。

昭十二年。南蒯枚筮。遇坤䷁之比䷇。坤爲安貞之卦。五爲至尊之爻。若以在位之君筮此則吉。若叛臣筮此則凶。子服惠伯所言。不過泛論占易之道。即專論卦爻。亦不宜妄動。南蒯以爲大吉。非知易者。

哀九年。陽虎筮。遇泰䷊之需䷄。　此與南蒯之筮。同屬吉爻。南蒯以占非其事而凶。此以敵方之得祿而止。知敵則知我矣。按泰爲小人道消之卦。宋鄭之爭。其曲在鄭。伐宋而救鄭。非卦旨也，需待也。險在前也。泰變之需。宜靜以待之。坤地也。坎水也。宋子姓。水位也。地水師象。地變爲水。又當水位。水盛則難犯。故以卦體論之。亦不宜伐宋。

國語周語下。晉筮。遇乾䷀之否䷋。　此本可即乾象以爲占。因乾象渾然。莫明迹象。而下三爻全變。上三爻全不變。爲迎君於周而筮。適可於此取象。然自晉悼後。迄於晉亡。晉君無出於周者。則單襄三出之言。爲不驗矣。意者單襄欲頃公之善晉周。故附會其說以成之。不然。則傳聞之異辭也。不然。則筮史之陋也。按乾爲純陽之卦。其象爲君。否爲陰消之卦。象臣弒君。乾變爲否。以臣弒君之象。三爻變則與不變者等。仍以乾卦爲主。故成公卒得立。周。晉之君也。內變外不變。迎君於周。尤合卦象。然晉之公室。自此益卑。終至三家分晉。三爻變者。三家之象也。前此武公嘗篡國矣。然此宗室之變。非異姓之變。韓趙魏異姓也。靈公之弒。其最先者乎。否之彖曰。大往小來。靈公適。大也。成公庶。小也。今日弒適立庶。爲大往小來。異日廢俱酒爲家人。則有小而無大矣。由是以推。凡傳言繇曰者。固有之辭也。僅言曰者。或筮史自爲之辭。或原本繇辭與他書。而參以己意者也。繇辭切於人事則引之。（如元亨帝乙之類。）苟非切於人事。則不引可也。（此例甚多。不悉舉。）筮史之辭。有驗有不驗。學者固當分別觀之。

晉語四。董因筮。得泰䷊之八。重耳與夷吾均非適。子圉爲夷吾之子。小於重耳。故曰小往大來。按此則私爲人占。古亦有之。

此外若襄九年穆姜之筮。宣六年伯廖言豐之離。宣十二年知莊子言師之臨。昭二十九年蔡墨言乾之姤。昭三十二年史墨言大壯。暨國語所載貞屯悔豫。或已詳於筮例。或爲斷章取義。非筮時所引。均從略云。

於此不無可疑之處。即生今之世。用古之筮。是否能受命如響。如古所云也。曰。古者國有守龜。天子巨尺二寸。諸侯尺。大夫八寸。士六寸。天子蓍九尺。諸侯七尺。大夫五尺。士三尺。龜千歲而靈。蓍百年而神。以其長久。故能辨吉凶。而山澤之區。往往以蓍爲薪。（韓詩外傳。有婦人中澤而哭曰。鄉者刈蓍薪。亡吾蓍簪。）龜蓍既爲當時習見之物。而又積年多。致用神。故聖人假之以卜筮。今則龜卜之法久亡。蓍草之僅留一線於孔林者。亦復無根莖之可見。好事者乃代之以蒿。其數則是。其本則非矣。古者天子諸侯卿大夫之等有辨也。故貴賤分。朝聘會同冠婚喪祭之禮有章也。故度數明。人物之名稱。郡邑之沿革。氏族之承襲。舟車器械之製造。在在與後世異。故其取象也。簡而約。偏而不備。自秦漢時。焦京諸人。已不能守其故轍。況時殊勢異。如今日者耶。雖然。吉凶禍福者。亘古今。歷中外。而未有術以決焉者也。謂天道福善禍淫乎。則仁者不必壽。惡者不必夭。謂君子吉而小人凶乎。則否以匪人而不利。无妄以行人而得牛。謂適者生存。乃公例之所在乎。何以同一適者。而或生或不生。或存或不存。同一生存。而久暫殊焉。盛衰判焉。夫不可知者謂之命。不可以人力勉強者謂之命。龜枯骨也。蓍枯草也。龜以象告。則凡有象可見者。龜之類也。蓍以數知。則凡有數可推者。蓍之類也。後世之錢卜（金錢課。）字測。（梅花數。）數推者也。推數而不與蓍數同。故不得援引周易以斷吉凶。則凡與蓍同數著。非蓍而視爲蓍可也。（揲蓍。七八多。九六少。而六尤少。故變者少。不變者多。與錢卜字測異數。）且夫易之象。出於天然者半。出於人爲者半。而人爲之中。有義推者。（如乾健坤順之類是。）有形似者。（如巽床艮山之類是。）有類從者。（如坎爲水則爲月。離爲火則爲日之類是。）有沿襲者。（如震東兌西之類是。）象固難於劃一。物亦莫定主名。今之王。古之帝。夏商已不同於唐虞。坎爲衆。震爲車。左國又迥殊於說卦。康叔名之可謂長。雄狐之蠱必其君。占者每因時因地因人以爲變。後儒不察。於古人所言之象。不敢稍更其例。此解經之道。非占易之道也。然則占易之道何在。曰變通而已矣。蓍之變而爲錢也。卦之有歸魂遊魂也。則京氏之學也。首用九九。策用六六。則揚氏之學也。先天後天。方圖圓圖。則邵氏之學也。數者皆別於易傳而獨立。解經者羣非之。非之誠是也。然其深窺制作之原。熟習造化之理。迥非俗儒所可及矣。

今將占易之法。約之如下。

一。凡占時。無蓍可代以蒿。或用其他代蓍之物。

二。卦成後須審占者之地位。所占之事體。與當時之月令。有對方或其他關係人。則兼審對方與其他關係人之地位。

三。凡筮得某卦。其繇辭切於所占之人。或所占之事。可即繇辭判其吉凶。否則舍繇辭而別尋意緒。（古卜筮人所占繇辭。或是舊辭。或別造辭。皆無定例。）

四。所占之事。爲易象之所無者。則可以義推論之。

以上所述。占易之法。畧具於是。惟象之爲用。乃占易者根本之圖。且非一言所可概。當別立專章。以推斷云。

國家圖書館出版品預行編目資料

學易初稿 / 于元芳著. -- 初版. -- 臺北市：博客思出版事業網,2025.08

面； 公分. -- (現代哲學; 12)
ISBN 978-626-7607-16-9(平裝)

1.CST: 易經 2.CST: 注釋

121.12 114007540

現代哲學 12

學易初稿

作　　者：于元芳
總 編 輯：楊容容
主　　編：盧俊方
美　　編：陳勁宏
校　　對：沈彥伶、古佳雯
封面設計：塗宇樵
出　　版：博客思出版事業網
地　　址：台北市中正區重慶南路 1 段 121 號 8 樓之 14
電　　話：(02) 2331-1675 或 (02) 2331-1691
傳　　真：(02) 2382-6225
E - MAIL：books5w@gmail.com 或 books5w@yahoo.com.tw
網路書店：http://www.bookstv.com.tw/
https://shopee.tw/books5w
博客來網路書店、博客思網路書店
三民書局、金石堂書店
經　　銷：聯合發行股份有限公司
電　　話：(02) 2917-8022　傳真：(02) 2915-7212
劃撥戶名：蘭臺出版社　帳號：18995335
香港代理：香港聯合零售有限公司
電　　話：(852) 2150-2100　傳真：(852) 2356-0735
出版日期：2025 年 08 月 初版
定　　價：新臺幣 550 元整（平裝）

ISBN：978-626-7607-16-9